HISTOIRE
DE FRANCE

PAR

J. MICHELET

NOUVELLE ÉDITION, REVUE ET AUGMENTÉE

TOME QUINZIÈME

PARIS

LIBRAIRIE INTERNATIONALE

A. LACROIX & C°, ÉDITEURS

13, rue du Faubourg-Montmartre, 13

1877

Tous droits de traduction et de reproduction réservés

HISTOIRE
DE FRANCE

PRÉFACE

Je fais une histoire générale et non celle d'un règne. Il m'a fallu resserrer en un volume la période qui s'étend de 1661 à 1690, période énormément chargée de faits et d'événements, d'actes religieux et politiques, d'œuvres littéraires. Forcé d'abréger ou d'omettre une infinité de détails, j'ai d'autant plus sérieusement examiné, pesé leur importance relative. L'histoire ne doit pas dire seulement des choses vraies, mais les dire dans la vraie mesure, ne pas les mettre toutes à la fois sur le premier plan, ne pas subordonner les grandes en exagérant les petites.

Appréciation difficile, en ce que les contemporains l'aident fort peu. Au contraire, ils travaillent tous à nous tromper en cela. Chacun, dans ses Mémoires, ne manque pas de mettre en saillie sa petite importance, telle chose secondaire, qu'il a vue, sue ou faite.

Nous-mêmes, élevés tous dans la littérature et l'histoire de ce temps, les ayant connues de bonne heure, avant toute critique, nous gardons des préjugés de sentiment sur telle œuvre ou tel acte dont la première impression s'est liée à nos souvenirs d'enfance. Nous savons beaucoup de choses, mais fort inégalement. Tel détail est pour nous énorme, et tel grand fait, appris plus tard, nous semble insignifiant. Nous sommes contrariés et désorientés quand *notre* histoire, *nos* anecdotes, certains mots de prédilection, établis dans notre mémoire depuis longues années, sont réduits à leur valeur par l'histoire sérieuse. Les *on dit*, par exemple, d'une dame de province, qui voit bien peu Versailles et le colore de son charmant esprit, nous sont restés agréables et chers, bien plus que les récits de ceux qui y vivaient, qui voyaient et jugeaient; je parle des courageux Mémoires de la grande Mademoiselle et de Madame, mère du Régent.

C'est une œuvre virile d'historien de résister ainsi à ses propres préjugés d'enfance, à ceux de ses lecteurs, et enfin aux illusions que les contemporains eux-mêmes ont consacrées. Il lui faut une certaine force pour marcher ferme à travers tout cela, en écartant les vaines ombres, en fondant, ou rejetant même, nombre de vérités minimes qui encombreraient la voie. Mais s'il se garde ainsi, il a pour récompense de voir surgir de l'océan confus la chaîne des grandes causes vivantes.

Connaissance généralement refusée aux contemporains qui ont vu jour par jour, et qui, trop près des choses, se sont souvent aveuglés du détail. Ils ont vu les victoires, les fêtes, les événements officiels, fort rarement senti la sourde circulation de la vie, certain travail latent qui pourtant un matin éclate avec la force souveraine des révolutions et change le monde.

La grande prétention de ce règne est d'être un règne politique. Nos modernes ont le tort de le prendre au mot là-dessus. Le grand fatras diplomatique et administratif leur impose trop. Une étude attentive montre qu'au fond, dans les classes les plus importantes, la religion prima la politique. Sous ce rapport, le règne de Louis XIV, même en son meilleur temps, est une réaction après l'indifférence absolue de Mazarin et les hardiesses de la Fronde.

La papauté remonta sous ce règne. Elle était fort

déchue et un peu oubliée. Ranke l'a remarqué. Actif et influent au traité de Vervins (1598), le pape est simple spectateur, non demandé, non consulté, au traité de Westphalie (1648), et n'assiste même plus au traité des Pyrénées (1659); Mazarin lui ferme la porte. Louis XIV lui rend de l'importance. Comme évêque des évêques, le roi toujours regarde Rome; tantôt pour, tantôt contre, il s'en occupe toujours. Sous les formes hautaines d'une demi-rébellion, le roi la sert dans le point désiré, demandé cent ans par l'Église, et frappe le grand coup d'État manqué à la Saint-Barthélemy.

La place que la *Révolution* occupe dans le xviiie siècle est remplie dans le xviie par la *Révocation de l'édit de Nantes*, l'émigration des protestants et la Révolution d'Angleterre, qui en fut le contre-coup.

Tout le siècle gravite vers la *Révocation*. De proche en proche on peut la voir venir. Dès la mort d'Henri IV, la France s'y achemine. Elle ne succède à l'Espagne qu'en marchant dans les mêmes voies. Ni Richelieu ni Colbert n'en peuvent dévier. Ils ne règnent qu'en obéissant à cette fatalité et descendant cette pente.

La conquête de quelques provinces qui tôt ou tard nous venaient d'elles-mêmes, l'établissement d'un Bourbon en Espagne qui ne servit en rien la France, ce n'est pas là le grand objet du siècle. — La centralisation, si impuissante encore, un majestueux entassement d'ordonnances (mal exécutées) n'est pas non plus ce grand objet. — Encore bien moins les petites querelles intérieures du Catholicisme. Dès 1668, le Jansénisme apparaît une impasse, une opposition volontairement impuissante, beaucoup de bruit pour rien. La clameur gallicane s'apaise encore plus aisément. Cette fière Église, Bossuet en tête, au premier changement du roi, fait amende honorable à Rome, se montrant ce qu'elle est, la servante de la royauté, rien qu'une ombre d'Église qui s'humilie devant une ombre.

La Révocation n'est nullement une affaire de parole. C'est une lourde réalité, matériellement immense (effroyable moralement).

L'émigration fut-elle moindre que celle de 1793? je n'en sais rien. Celle de 1685 fut très-probablement de trois ou quatre cent mille personnes. Quoi qu'il en soit, il y a une grosse différence. La France, à celle de 93, perdit les oisifs, et à l'autre les travailleurs.

La Terreur de 93 frappa l'individu, et chacun craignit pour sa vie. La Terreur de la Dragonnade frappa au cœur et dans l'honneur; on craignit pour les siens. Les plus vaillants ne s'attendaient pas à cela, et défaillirent. C'est la plus grave atteinte aux religions de la Famille qui ait été osée jamais. Elle eut l'aspect, étrange et inouï, d'une jacquerie militaire ordonnée par l'autorité, d'une guerre en pleine paix contre les femmes et les enfants.

Les suites en furent choquantes. Le niveau général de la moralité publique sembla baisser. Le contrôle mutuel des deux partis n'existant plus, l'hypocrisie ne fut plus nécessaire; le dessous des mœurs apparut. Cette succession immense d'hommes vivants, qui s'ouvrit tout à coup, fut une proie. Le roi jeta par les fenêtres; on se battit pour ramasser. Scène ignoble. Ce qui resta, dura pour tout un siècle, c'est l'existence d'un peuple d'îlotes (guère moins d'un million d'hommes) vivant sous la Terreur, sous la Loi des suspects.

Le déplorable dénoûment du règne de Louis XIV ne peut cependant nous faire oublier ce que la société, la civilisation d'alors, avaient eu de beau et de grand.

Il faut le reconnaître. Dans la fantasmagorie de ce règne, la plus imposante qui ait surpris l'Europe, depuis la solide grandeur de l'empire romain, tout n'était pas illusion. Nul doute qu'il n'y ait eu là une harmonie qui ne s'est guère vue avant ou après. Elle fit l'ascendant singulier de cette puissance qui ne fut pas seulement redoutée, mais autorisée, imitée. Rare hommage que n'ont obtenu nullement les grandes tyrannies militaires.

Elle subsiste, cette autorité, continuée dans l'éducation et la société par la grâce, par le caractère lumineux d'une littérature aimable et tout humaine. Tous commencent par elle. Beaucoup ne la dépassent pas. Que de temps j'y ai mis! Les trente années que je resserre ici m'ont, je crois, coûté trente années.

Non que j'y aie travaillé tout ce temps-là de suite. Mais, dès mon enfance et toute ma vie, je me suis occupé du règne de Louis XIV. Ce n'est pas qu'il y ait alors grande invention, si l'on songe à la petite Grèce (ce miracle d'énergie féconde), à la magnifique Italie, au nerveux et puissant xvie siècle. Mais que voulez-vous? C'est une harmonie. Ces gens-là se croyaient un monde complet, et ignoraient le reste. Il en est résulté quelque chose d'agréable et de suave, qui a aussi une grandeur relative.

J'étais tout jeune que je lisais cet honnête Boileau, ce mélodieux Racine; j'apprenais la fanfare, peu diversifiée, de Bossuet. Corneille, Pascal, Molière, La Fontaine, étaient mes maîtres. La seule chose qui m'avertit et me fit chercher ailleurs, c'est que ces très-grands écrivains achèvent plutôt qu'ils ne commencent. Leur originalité (pour la plupart du moins) est d'amener à une forme exquise, des choses infiniment plus grandioses de l'Antiquité et de la Renaissance.

Rien chez eux qui atteigne la hauteur colossale du drame grec, de Dante, de Shakespeare ou de Rabelais.

———

On a très-justement vanté le caractère littéraire de l'administration d'alors. Ses actes ont une élégance de style, une noblesse peu communes. Tels diplomates écrivent comme madame de Sévigné. Tout cela est plein d'intérêt, et je ne m'étonne pas de l'admiration passionnée avec laquelle mes amis ont publié ces documents. La valeur en est très-réelle. Toutefois ne l'exagérons pas. Derrière cette pyramide superbe des ordonnances de Colbert, derrière cette diplomatie si vivante et si amusante de Lyonne, etc., il y a bien autre chose, une puissance supérieure et souvent contraire, — le maître même, son tempérament, son action personnelle qui, par moments, se jette, brusque, sans ménagements, tout au travers des idées de Colbert, n'en tient compte, parfois même semble les ignorer. Exemple (1668) : au moment où le ministre organise laborieusement son grand système commercial et industriel, le roi, bien au-dessus de ces basses idées mercantiles, écrit en Angleterre, comme un Alexandre le Grand, que, « si les Anglais se contentent d'être les marchands de la terre et de le laisser conquérir, on s'arrangera aisément. Du commerce du monde, les trois quarts aux Anglais et un quart à la France, » etc. (*Négoc. de la succ. d'Esp.*, Mignet, III, 63.)

On dira qu'il voulait tromper, amuser les Anglais. Erreur. Ce n'est point une ruse. Et ce n'est une boutade. Sa conduite y est conséquente.

Leibnitz, jeune et crédule en 1672, s'imagine que le roi est un politique, qu'on peut le détourner de sa guerre de Hollande par la facilité de conquérir en Orient. Il ne sait pas, ou ne veut pas savoir ce que le roi et Louvois avaient dit : « C'est une guerre religieuse. » Si elle eût réussi, elle commençait la croisade générale d'Angleterre et d'Europe qu'espérait l'Église de France.

La publication de la *Correspondance administrative* nous a rendu un grand service. Ce n'est qu'un spécimen (4,000 pages in-4°). Les matières les plus vastes y sont réduites à quelques pièces. La grande affaire du siècle, celle des protestants et de la Révocation n'y occupe que peu de pages. Les introductions sommaires de l'éditeur, M. Depping, sont loin de suppléer à la prodigieuse quantité de pièces qu'il a écartées. Cependant du peu qu'il donne on tire de grandes lumières. Pour la première fois, on a vu le dessous, on a pu passer derrière cette colossale machine de Marly qui imposait tellement par l'immensité de ses rouages. La machine, vue ainsi, reste grande, certainement, mais plus grossière qu'on n'aurait cru. Ce sont d'énormes roues en bois, mal engrenées, dont les frottements sont fort pénibles, qui gémit, qui crie, grince, qui souvent tournerait à rebours si on n'y avait la main. Il faut qu'à chaque instant elle intervienne, cette main humaine, pour rajuster, refaire, faciliter, pour forcer un obstacle qui arrêterait. On voit même que, de temps en temps, il y a des parties de la machine qui ne vont plus ; ou, si elles vont, c'est qu'elles sont poussées, et quelqu'un travaille à leur place. Le grand machinateur Colbert, à chaque instant, se fait machine et roue. On souffre, on peine à voir que généralement, sous cette vaine montre d'une mécanique impuissante, l'agent réel c'est un homme vivant

Vu par devant et à bonne distance, cela fonctionne avec des effets assez réguliers. On admire. On respecte. On se souvient de Montesquieu, du noble effort de l'homme pour ressembler à Dieu « qui obéit toujours à ce qu'il a ordonné une fois. » De près, c'est autre chose. Rien de général, la loi est peu, l'administration est tout. Dans l'administration même, certaine volonté violente intervient et trouble la règle d'exceptions fantasques. Variations d'autant plus saisissantes qu'elles contrastent avec la pose des grands acteurs, la redoutable gravité de Colbert, la majestueuse immobilité de Louis XIV. Du centre immobile, ou cru tel, par l'irrégularité. Le gouvernail, dans la main de Colbert, sous la main supérieure, à chaque instant gauchit. C'est bien pis, après lui. Dès que le grand administrateur a disparu, l'administration, déjà surchargée, va s'emmêlant de plus en plus, elle tombe au détail des rapports individuels, dans la surprenante entreprise de *diriger* la France, homme par homme, *diriger* non-seulement la conduite, mais l'âme, la forcer de faire son salut.

Qui tient trop, ne tient rien. Les grands objets échappent. On a trop à faire des petits. Les mœurs de telle religieuse, ou telle élection de couvent occupent plus que la paix de Ryswick. La succession d'Espagne est une affaire : mais combien secondaire devant celle du quiétisme! Le testament de Charles II ne tient pas plus de place dans les pensées du roi de France que la réforme de Saint-Cyr et ses dames cloîtrées malgré elles, que le mortel combat de Bossuet et de Fénelon pour madame de la Maisonfort.

Il faut des procédés très-divers pour étudier ce règne. Une fine interprétation est nécessaire pour lire certains mémoires. Mais, généralement, c'est par une méthode simple, forte, disons mieux, grossière, qu'on peut comprendre la matérialité du temps. Ne vous y trompez pas. Il s'agit, avant tout, d'un homme, d'importance énorme, j'allais dire unique, qui, dans les choses décisives, tranche, selon son humeur et son tempérament variable. Avec toute cette masse de documents politiques, on se tromperait à chaque instant, si l'on n'avait une boussole dans l'histoire minutieuse *et datée attentivement* des révolutions de la cour, mieux encore, dans le livre d'or où, mois par mois, nous pouvons étudier la santé de Louis XIV, racontée par ses médecins, MM. Vallot, d'Acquin et Fagon.

L'immutabilité de la santé du roi est une fable ridicule. Il faut en croire ces docteurs qui l'ont connu toute sa vie, et non pas Saint-Simon, qui ne l'a vu que dans ses dernières années où il était ossifié et ne changeait plus guère.

Nous sommes maintenant si cultivés, si raffinés, que nous revenons difficilement à l'intelligence de cette robuste matérialité de l'incarnation monarchique. Ce n'est plus dans notre Europe actuelle, c'est au Thibet et chez le grand Lama qu'il faut étudier cela. Du moins pénétrons-nous du journal des médecins, livre admirable, dont le positif intrépide n'atténue pas l'adoration. Le roi, de page en page, est purgé et chanté. Imbibons-nous encore de la légende de Dangeau, si scrupuleux, si ponctuel à noter cette vie divine en tous ses accidents. Élevons-nous, si nous pouvons, aux amours extatiques de Lauzun pour son maître, lorsque disgracié il jure de ne plus se raser. Mieux encore, comprenons les dévotions de La Feuillade, qui, de sa statue, fit chapelle, voulut y mettre un luminaire. La Madone était détrônée.

Voilà nos maîtres. Eux seuls font bien comprendre le règne de Louis XIV.

———

Ce qui donne une idée bien forte de l'ascendant de terreur qu'exerçait ce Dieu en Europe, c'est la multitude de faits qu'on n'ose écrire pendant longtemps, même hors de France, et qui ne se révèlent que fort tard, vers la fin du règne. Les souvenirs de la Fronde, qui l'avait fait fuir de Paris, lui rendaient la presse odieuse. Il la ménagea peu. Les faiseurs de brochures furent poursuivis à mort. En 94, l'imprimeur d'un pamphlet est pendu, sans procès, sur un simple ordre du lieutenant de police, et le relieur même est pendu. Nombre de personnes, pour la même affaire, sont mises à la question et meurent à la Bastille.

On savait que le roi *avait les bras longs* hors de France, et faisait enlever en pays neutres les gens qui parlaient mal ou qui agissaient contre lui. L'enlèvement de Marcilly en Suisse effraya tout le monde. Celui du patriarche arménien Avedyk n'eut pas un moindre effet. On se contait tout bas, portes fermées, le mys-

PRÉFACE.

tère du Masque de fer. La fameuse cage de Saint-Michel, où Louis XI enferma La Balue, fut occupée sous Louis XIV par l'auteur d'un pamphlet contre l'archevêque de Reims.

Non moins grande était la terreur à la cour et tout près du roi.

J'ai dit l'anxiété où fut Madame (Henriette) pour certaines choses imprudentes qui lui étaient échappées, et comment on abusa de sa peur. Cette timidité générale rend l'histoire de la cour obscure. La grande Mademoiselle, et Madame, mère du Régent, ont seules leur franc parler. Saint-Simon vient très-tard ; on a tort de le citer pour les commencements.

Comment remplir les graves lacunes que les mémoires nous laissent? *Nullement avec les romanciers*, anecdotiers, les Bussy, les Varillas. *Nullement avec les pamphlétaires;* le peu qu'ils ont de vrai est mêlé de beaucoup de faux. Il faut patiemment recueillir, rapprocher les lueurs sérieuses que l'histoire littéraire et les correspondances politiques donnent sur l'histoire intérieure de la cour. Il faut surtout dater les moindres faits par mois, par jour, autant qu'on peut. Le seul rapport de date peut aider à trouver le rapport de causalité. Ce qui précède dans le temps n'est pas toujours une *cause*, mais à coup sûr ce n'est pas un *effet*.

Voilà déjà une connaissance négative, qui toutefois ouvre souvent un jour inattendu.

———

Ce qui domine, au reste, toute méthode, toute critique, ce qui me semble le point de vue supérieur et essentiel, c'est ce que j'ai dit tout à l'heure pour un des aspects de ce temps, et qui est vrai pour tous : c'est qu'à l'exception de la machine bureaucratique, qui est sa création propre, il *achève et finit* beaucoup de choses, mais *n'en commence aucune.*

Louis XIV enterre un monde. Comme son palais de Versailles, il regarde le couchant. Après un court moment d'espoir (1661-1666), les cinquante ans qui suivent ont l'effet général du grand parc tristement doré en octobre et novembre à la tombée des feuilles. Les vrais génies d'alors, même en naissant, ne sont pas jeunes, et, quoi qu'ils fassent, ils souffrent de l'impuissance générale. La tristesse est partout, dans les monuments, dans les caractères ; âpre dans Pascal, dans Colbert, suave en Madame Henriette, en La Fontaine, Racine et Fénelon. La sécurité triomphale qu'affiche Bossuet n'empêche pas le siècle de sentir qu'il a usé ses forces dans des questions surannées. Tous ont affirmé fort et ferme, mais un peu plus qu'ils ne croyaient. Ils ont tâché de croire et y sont parvenus, à la rigueur, non sans fatigue. Cet attribut divin (commun au xvɪᵉ siècle), à pas un n'est resté : *La Joie !* La joie, le rire des Dieux, comme on l'entendit à la Renaissance, celui des héros, des grands inventeurs, qui voyaient commencer un monde, on ne l'entend plus depuis Galilée. Le plus fort du temps, son puissant comique, Molière, meurt de mélancolie.

Le siècle qui va suivre Louis XIV ne sera ni protestant ni catholique. Les deux esprits en lutte au xvɪɪᵉ, ayant fait leur suprême effort, dès lors produiront peu dans la sphère religieuse.

Rome, dès 1607, sur le conseil de saint François de Sales, défendit la spéculation, la discussion se réfugia dans le silence. Le réformateur Saint-Cyran, sincère et vrai prophète, prédit que sa réforme ne servirait de rien. Le génie catholique suivit sa voie intime dans la Direction (casuistique ou quiétiste), voie sinueuse, obscure, mais illuminée à la fin par le duel de Bossuet et de Fénelon.

Le génie protestant, théologico-politique, à travers

les hommes et les révolutions, eut sa transformation dans Milton, Sidney, Jurieu, Locke et la constitution de 1688. Heureux événement pour toute religion. Car la liberté politique qui garde les autres libertés, celle surtout de l'âme religieuse, permet seule à cette âme de chercher librement son Dieu.

Donc, ainsi qu'un fruit mûr, rejetant une à une ses enveloppes, finit par dévoiler son noyau intérieur, ce siècle, vers la fin, révèle le fond mystérieux que les deux grands partis couvaient. — L'un aboutit à la dispute sur la direction mystique, la minorité éternelle de l'âme et la *mort de la volonté*. — Et l'autre, se posant en face, donne l'*appel à la volonté*, le dogme du contrat social et la déclaration des droits.

———

Cet appel à la volonté, nos protestants le firent en 1689. Ils réclamèrent les États généraux. Les *Lettres* de Jurieu, les *Soupirs de la France esclave*, ces livres qui feront toujours vibrer les cœurs, n'ont pas un autre sens. On y dit que la résolution épouvantable d'une telle amputation ne pouvait pas se prendre sans savoir de la France si elle voulait être ainsi mutilée. On y dit qu'il ne s'agit pas seulement de faire rentrer les protestants, mais de délivrer les catholiques et de rendre à la nation la disposition de ses destinées.

Grande et notable différence entre les deux émigrations. L'émigré royaliste, le Vendéen de 93, dans leurs vaillants efforts, que rapportaient-ils? Rien du tout. Rien que nos vieilles misères. Le despotisme usé. L'émigré protestant, s'il eût eu ici un écho, s'il n'eût été dispersé dans l'Europe par la jalousie des puissances, eût rapporté la délivrance commune.

Ce qu'il ne fit pour sa patrie, du moins il aida puissamment à le faire pour le monde. La folie des prophètes qui réalisent à force de prédire, le Mirabeau d'alors, Jurieu, la savante épée de Schomberg, et, ce qui est bien plus, le brûlant dévouement des nôtres, tout cela contribua directement et indirectement à la glorieuse révolution anglaise.

Je prie mes amis d'Angleterre de me permettre d'y insister un peu. Car ce point a été trop légèrement indiqué par leurs historiens, même par l'illustre et regretté Macaulay. Nos réfugiés donnèrent à Guillaume et leur vie et leur dernier sou pour la croisade des libertés communes. Outre les régiments qu'ils lui firent, ses sept cent trente-six officiers étaient Français. Notre France n'était pas absente au jour où l'Angleterre écrivit le grand mot moderne, le vrai droit divin, le *libre contrat*.

Et ce droit promulgué dans la mesure prudente d'une nation politique, les nôtres l'universalisèrent pour toute nation dans la généralité philosophique qui le rendait fécond et conduisait à l'appliquer. Dès 1689, Jurieu, contre Bossuet, posa le droit des peuples, en défendant la cause de l'Angleterre devant l'Europe. Locke, comme on sait, n'écrit qu'en 1690. Sidney (antérieur, il est vrai) n'était pas imprimé. Dans la presse, Jurieu le devance.

De même que Leibnitz et Newton trouvèrent en même temps le calcul de l'infini, l'Anglais Sidney et le Français Jurieu, chacun de son côté, formulent le contrat social.

HISTOIRE
DE FRANCE

CHAPITRE PREMIER

LE ROI ET L'EUROPE — FOUQUET — COLBERT

1661

L'Europe data, non sans raison, l'avénement du roi de la mort du ministre (9 mars 1661), et observa curieusement quel serait le début du règne. Le premier acte put en donner l'augure, et faire prévoir la grande révolution qui devait en marquer la fin.

Entre les corps et les députations qui vinrent complimenter le roi, il fit fermer la porte aux ministres protestants, fit chasser de Paris par un exempt le président Vignole, envoyé de leur chambre de Castres. Il leur renouvela la défense de chanter les psaumes même chez eux, supprima leurs colloques, enfin autorisa les enfants à se déclarer contre leurs pères. Les filles de douze ans, les garçons de quatorze, purent se dire catholiques, s'affranchir, élire domicile hors de la maison paternelle. Ordre aux parents de n'y pas mettre obstacle et de pensionner l'enfant converti, quelque part qu'il voulût aller (24 mars).

Trois coups en quinze jours, le dernier très-sensible. Tous les trois étaient demandés d'avance par la dernière Assemblée du clergé, qui avait voté ces demandes dès le 6 octobre (1660) et les remit en mars. Accordé sans difficulté. La banqueroute imminente que Mazarin léguait au roi le rendait fort docile pour un corps si puissant, et le seul riche, celui qu'on pouvait dire le grand propriétaire de France, avec qui il aurait si souvent à négocier!

Le roi, *donné de Dieu*, était fort impatiemment attendu du clergé. D'autre part, le peuple misérable, excédé des dix-huit années de l'interminable ministre, plaçait un grand espoir de soulagement dans son jeune roi. Il semblait que la France dût rajeunir. Dès le temps de la Fronde, la blonde figure de cet enfant sévère, quand on le mettait à cheval pour un lit de justice, charmait la foule, faisait larmoyer les bonnes femmes, comme celle d'un ange sauveur. Il n'avait pas douze ans, que les visionnaires, Morin, Davenne et autres, lui adressaient leurs rêveries et le nommaient le bras de Dieu.

Plus tard, un demi-fou, un brûlot des Jésuites, l'intime ami du confesseur du roi, Desmarets, le promet aux dames dévotes comme un vengeur suprême qui purgera l'Europe des Turcs, des Huguenots, surtout des Jansénistes.

L'objet de cette grande attente, le roi n'en était nullement étonné. Il était né en plein miracle; il était le miracle même, demandé par son père, consacré par sa mère dans la fondation du Val-de-Grâce, formé, nourri dans cette religion, hors de l'humanité à une distance prodigieuse. Ses Mémoires, écrits (ou du moins copiés) de sa main, témoignent de sa conviction forte, paisible : il croyait Dieu en lui.

Cela ne s'est jamais vu au même degré ni avant ni après. Comment réussit-on à opérer ce vrai miracle d'une foi si robuste, d'un tel culte du moi? Nulle flatterie n'y aurait suffi. Il y fallut une chose, en réalité grande et rare, l'assentiment public et l'universelle espérance.

L'adoration peut faire un sot. Et, d'autre part, le plaisir et l'empressement des femmes pouvaient faire un homme énervé. L'effet fut autre. Il resta judicieux, haut, sec et dur, très-froid. Tout cela lui venant comme chose due, agit peu sur lui. L'orgueil le conserva, dans sa forte médiocrité. Même en ses passions et ses plus grands emportements, au fond, il ne se livrait guère.

Il avait encore une bonne chose pour rester ferme dans sa divinité, une grande ignorance. S'il eût su un peu, il aurait douté. Il eût hésité quelquefois. Mazarin y pourvut. Sauf quelques mots de l'Europe au sujet du mariage, quelques conseils *in extremis*, il ne lui apprit rien. Il dut se former lui-même, et de ce que plus tard Colbert, Louvois, lui dirent, il ne prit que ce qu'il voulait. De là cette sérénité, cette grâce souveraine qu'il n'eût eues jamais, s'il eût su les obstacles et les difficultés réelles, les frottements de la machine. Dans ses instructions à son fils, il lui conseille de se fier à Dieu, qui agira par lui, de savoir peu, et **de** trancher.

Mais ce qu'il sut très-bien, grâce à la pénurie où Mazarin l'avait laissé dans son enfance, c'est qu'un roi qui voulait de l'argent devait tenir les clefs de la caisse et se faire son propre intendant. Cela lui donna une grande assiduité au conseil, et pour toute sa vie.

Lorsqu'à la mort de Mazarin les ministres lui demandèrent à qui désormais ils devaient s'adresser, il répondit : « A moi. »

Dans cette déclaration, très-populaire, du roi, tout le monde admira, bénit la grandeur de courage qu'il témoignait en prenant une telle charge. Le surintendant des finances, Fouquet, en rit sous cape, ne croyant pas à sa persévérance, et ne voyant pas derrière lui son mortel ennemi, son successeur Colbert.

Les Colbert offraient le contraste d'une origine fort roturière et de marchands, avec une grande bravoure, le courage militaire et l'intrépidité d'esprit. Colbert eut trois fils tués sur le champ de bataille, ou blessés. Ce courage, dans un des membres de la famille (leur oncle, le conseiller Pussort), tournait à la férocité. Pour le ministre, ceux qui le virent avouent n'avoir rencontré nulle part un homme de tant de cœur, qui eût un caractère si fort, mais si violent.

Un honnête homme était sorti de la plus sale maison de France. Colbert était intendant de Mazarin. Il avait manié ses vols, en gardant les mains nettes, très-probe à l'égard de son maître. Du reste, il n'eut pas du tout la tradition de Mazarin, mais plutôt quelque chose de l'âme de Richelieu, son patron, son idole, et l'unique saint de son calendrier.

Comment prit-il le roi? par deux choses très-simples :

1° en lui donnant dans la main plus d'argent qu'il n'en avait vu de sa vie; 2° en lui persuadant qu'il ferait tout lui-même, lui montrant pièces et chiffres, du moins quelques calculs sommaires, qui lui firent croire qu'il tenait tout.

La fortune de Mazarin, la plus grande qu'un particulier ait jamais faite, était de cent millions d'alors. Il y avait quinze millions en espèces, cachés dans des forteresses. Fouquet n'en dit rien, et Colbert le dit. Le roi, en laissant à la famille la fortune apparente, saisit la fortune cachée, et se trouva un moment le seul riche des rois de l'Europe.

Fouquet se croyait fort. Il était aimé de la reine mère, et il avait gardé sa première place, celle de procureur général au Parlement. Il ne pouvait être jugé que par ses collègues.

Fils d'armateurs bretons, ce jeune homme plein d'esprit et de feu avait apporté aux affaires le génie paternel, les goûts aléatoires des grands joueurs de mer, sur terre hardis pirates. Il comprit tout d'abord le fin du gouvernement d'alors, qui était une exploitation. Prendre peu, c'était hasardeux. Mais, en prenant beaucoup, on pouvait se créer une police qui tiendrait tout, le roi et les ministres même. Police? parlons mieux, amitié avec les grands seigneurs, que lui, Fouquet, *aiderait à soutenir leur rang*, et qui diraient ce qu'ils verraient ou ce qu'ils auraient entendu. M. de Brancas avait eu de Fouquet 600,000, M. de Richelieu 200,000, M. de Créqui 100,000 livres. La Beauvais, dont les yeux, disons mieux, l'œil unique, eut le premier amour du roi et en qui il avait encore confiance pour ces petites choses de jeunesse, eut aussi 100,000. Combien coûtait à Fouquet le beau Vardes, l'homme le plus couru des belles dames, le mieux posé pour voir, savoir, pour tirer d'elles le secret des maris?

Avec tout cela Fouquet n'était pas fort. Et, s'il se maintint sous Mazarin, malgré Colbert, c'est que Mazarin ne pouvait le prendre qu'en se prenant lui-même, en ouvrant au grand jour le gouffre de la ruine publique. Même après Mazarin, la ruine de Fouquet, effrayant la finance, aurait arrêté la machine. On attendit l'époque principale des rentrées de l'impôt, qui, dans ce royaume agricole, se faisaient après la moisson.

Retard de quatre mois (de mai en septembre). Profitons-en pour regarder l'Europe.

Sa situation favorise étonnamment le nouveau règne. Nous aurons beau y regarder, nous ne pourrons y découvrir le moindre obstacle qui puisse arrêter le jeune roi. Maître ici par l'effet d'une idolâtrie singulière, il le sera ailleurs par l'universel épuisement.

L'Espagne n'est plus une puissance; c'est une proie. Elle ne parvient pas seulement à arrêter les Portugais, qui y entrent quand ils veulent. La seule difficulté pour envahir l'Espagne, c'est désormais de s'y nourrir. « L'alouette ne traverse les Castilles qu'en portant son grain. »

Mais la Flandre n'en est pas là. Elle attend désormais nos armées, qu'elle entretiendra.

L'Empire soutiendra-t-il l'Espagne? la lassitude de la guerre de Trente-Ans subsiste, et les solitudes qu'elle fit ne sont pas repeuplées. Le jeune empereur Léopold aura assez à faire et contre sa Hongrie, et contre l'empire turc, galvanisé par les deux Kiuperli.

Cet empire turc qu'on croit fini, le second Kiuperli le fait marcher au Nord. Du désert turc, il tire deux cent mille hommes pour envahir le désert de Hongrie. Voilà l'effroi de Léopold. S'il pense à l'Occident, ce sera tout au plus pour s'entendre avec le plus fort et retenir part dans les vols.

Où sont donc aujourd'hui les colosses du XVIe siècle, les Charles-Quint, les Philippe II, les Soliman et les Élisabeth? Et l'Italie de Charles VIII, de François Ier, où est-elle? à quelle profondeur maintenant, reculée dans la mort, enterrée deux fois, oubliée presque! Rome même, la Rome de Jules II et de Sixte-Quint? Plus déchue encore en Europe que solitaire en Italie.

Le pape réel, qu'on ne s'y trompe pas, et l'*évêque des évêques*, c'est ce jeune roi de France. Bon danseur et beau cavalier, à ces traits il est reconnu le pilier de l'Église. La Vallière, Montespan, Fontanges, etc., n'y feront rien. Entre lui et le pape, c'est lui que les Jésuites suivent et choisissent (1681). En le menant, ils furent menés eux-mêmes par l'entraînement général, en le confessant l'adorèrent, et ne connurent guère d'autre Dieu. Rien, rien ne se présente qui puisse l'arrêter en ce monde.

L'Angleterre moins qu'aucune chose, comme on va le voir tout à l'heure.

En vérité, je ne vois sur le globe que l'imperceptible Hollande qui pourrait le contrarier. Mais elle est gouvernée par le parti français.

Avant que le roi ait rien fait, tous les rois vont lui céder la préséance. Du plus lointain orient de l'Europe, la Pologne vient lui faire hommage, implorer la sagesse du nouveau Salomon, le prier d'arrêter les Russes par son intervention, lui offrir la couronne pour un Conti ou un Condé.

CHAPITRE II

MADAME — CHUTE DE FOUQUET — LA VALLIÈRE

1661

L'aurore du nouveau règne, l'espoir illimité, vague, d'autant plus charmant, qui s'attache aux commencements en toute chose, s'exprima par l'apparition de madame Henriette, fille de la reine d'Angleterre et sœur de Charles II. Elle épousa Monsieur, frère de Louis XIV, le 30 mars, vingt jours après la mort de Mazarin.

Elle avait été élevée en France, était toute Française, et pourtant à son mariage, à son installation dans sa cour du Palais-Royal, puis à Fontainebleau, elle produisit tout les effets de la plus douce surprise. Dès ce jour, les gens de mérite sentirent qu'ils étaient vus, distingués, bien voulus, et par une personne qui sentait les moindres nuances. « Elle seul sut distinguer les hommes, dit la Fare, et personne après elle. » Molière, qui s'établit alors au théâtre du Palais-Royal, reçut le premier ce regard. Le charme d'Henriette n'est nullement étranger aux caractères de femmes qu'il traça alors et plus tard, surtout à celui de Léonor dans l'*École des Maris*, d'Henriette des *Femmes savantes*, etc.

Le roi ne fut pas le moins touché. Il l'avait dédaignée enfant : femme, il la regretta.

Il faut remonter quelque peu pour comprendre la cour.

La famille de Mazarin était un fléau. Le bataillon de ses nièces (fort nombreuses) était né, formé, sous l'étoile de la reine de Suède, qui vint à Paris en leur temps. Le cynisme altier de Christine, ses courses errantes et son dévergondage, comme d'un vaisseau sans gouvernail, enfin le coup royal qu'elle frappa sur Monaldeschi, tout cela les avait éblouies, si bien qu'elles prenaient son costume, et beaucoup trop ses mœurs. Une autre singularité de ces Mazarines, c'est que leur frère, à l'instar des Condés, admirait, célébrait, les charmes de ses sœurs, et vivait avec elles dans une peu édifiante union.

L'aînée, Marie, sombre Italienne aux grands yeux flamboyants, avec un esprit infernal et l'énergie du bas peuple de Rome, enveloppa un moment le froid Louis XIV d'un tourbillon de passion. Elle eût été reine à coup sûr si son oncle n'avait découvert son ingratitude : elle travaillait déjà à le perdre. Donc il maria le roi à l'infante d'Espagne, « qui étoit une naine, » replète, le cou court, la taille entassée. La question restait tout entière avec un tel mariage. Marie, que Mazarin voulait marier en Italie, croyait bien, à sa mort, qu'elle resterait ici, reprendrait ascendant. Mais elle eut beau prier, pleurer, se jeter à genoux, le roi confirma son exil.

Restait sa sœur Olympe, plus dangereuse encore, âme et visage noirs, qui n'en avait pas moins un attrait de malice. Elle avait été pour le jeune roi comme une camarade; elle jouait la comédie avec lui, se prêtait à tout pour le prendre. En vain. Mais, mariée, comtesse de Soissons, au moins par l'adultère, les basses complaisances, l'amusement d'un salon où elle attirait les plus belles, elle tenait le roi près d'elle, et il y venait tous les soirs. L'avénement d'Henriette heureusement ôta au roi le faible qu'il pouvait garder pour Olympe. Il chargea le beau Vardes de l'en débarrasser, de s'en faire le galant. L'un semblait né pour l'autre ; on n'eût pas pu trouver un couple plus pervers.

Henriette, au contraire, quelles qu'aient été les taches de sa vie, était d'une extrême bonté, qui ne s'est plus retrouvée en ce siècle. La Montespan n'amusa que par la méchanceté. Et madame de Maintenon eut un sobre esprit négatif, toute réserve, blâmant sans blâmer, qui séchait et stérilisait. Henriette n'était que bienveillance. Pour briller, elle n'avait nul besoin de critique, ni même de saillies. Elle fut toute douceur et lumière, sympathique pour tous, bonne même pour ses ennemis.

A dix-huit ans, elle annonçait une maturité singulière. Et, en effet, elle avait déjà traversé une longue vie. Elle naquit d'un moment ému ; et il y paraissait. En pleine guerre, Charles Ier, le roi errant des Cavaliers, rejoint à Exeter sa peu fidèle épouse, qui avait tant contribué à le perdre. N'importe, sans querelle, on s'embrasse pour la dernière fois. De là notre Henriette, qui naît attendrissante, d'une larme et du baiser d'adieu.

La mère accouche en pleine guerre, sous le canon, dans une place assiégée, fuit avec un amant, se sauve en France. Le berceau reste en gage aux mains des Puritains. Les exemples bibliques ne manquaient pas pour les meurtres d'enfants. Cependant elle vit, et à deux ans va rejoindre sa mère. C'était aller d'une révolution à une autre, du Long Parlement à la Fronde, des batailles aux batailles, alterner les misères. La cour de France fuit à son tour, et la reine d'Angleterre est oubliée au Louvre, souvent l'hiver sans pain ni bois. L'enfant restait au lit, faute de feu.

Elle avait cinq ans en 1649, quand on décapita là-bas son père. Ici sa mère, avec son bel Anglais (qu'elle épousa, dit-on), vivait fort mal : battue, pillée par lui, dès qu'il venait un peu d'argent. C'est toute la moralité que la petite eut sous les yeux.

Les trois enfants, Charles II, Jacques, et Henriette bien plus jeune qu'eux, vivaient ensemble, très-unis. Le premier, qui n'eut jamais ni cœur ni âme, adorait pourtant sa petite sœur. Pour elle, elle n'aima, je crois, jamais rien que ses frères, et ne vit jamais que leur intérêt, qui fut toute sa politique, toute sa morale. Jouet du sort et des événements, elle flottait et n'eut guère de foi que le sentiment de famille. Elle faillit mourir un jour de la fausse nouvelle que Jacques était tué. Pour rétablir, affermir Charles II, elle eût voulu épouser le roi et donner à son frère l'appui de la France. Mais elle ne fut jamais la femme matérielle qu'il fallait à Louis XIV. Alors surtout elle était maigre; il ne sentait pas sa grâce, ou, s'il en convenait, c'était pour regarder la charmante enfant, sage et douce, comme une relique, une sainte de chapelle. Ce qu'il exprimait par un mot assez sec : « J'ai peu d'appétit pour les petits os des Saints-Innocents. »

Henriette était élevée aux Visitandines de Chaillot, fondées par sa mère, et dirigées par mademoiselle de La Fayette, la divinité de Louis XIII, laquelle (on l'a vu) avait esquivé le trône de France. Cette dame, canonisée vivante, couvrait de sa sainteté un couvent très-mondain, un parloir très-galant, et qui de plus était un centre politique, le foyer souterrain de la révolution catholique d'Angleterre. Belle expiation pour la veuve, non irréprochable, de Charles Ier. L'instrument naturel de ce grand événement pouvait être la jeune Henriette, si elle épousait au moins Monsieur, frère de Louis XIV, et si elle gardait son jeune ascendant sur Charles II, qui l'avait tant aimée.

Charles II avait fait comme son grand-père maternel Henri IV. Pour régner, il fit « le saut périlleux. » Il jura tout haut la foi protestante, assurant tout bas la France et l'Espagne qu'il se referait catholique, autrement dit roi absolu. Sous le prétexte du mariage projeté de sa sœur avec Monsieur, la reine d'Angleterre alla le voir, le sommer de sa parole et le tenter par l'argent de Louis XIV; sa mère venait le prier de rentrer dans les voies de Charles Ier, dans le chemin de l'échafaud. Mais on n'espéra le corrompre qu'en lui menant son bijou, la délicieuse Henriette. Innocente Marie Stuart, dont on abusait pour la trahison.

La cour de France tentait le roi et tentait la nation. Au roi, on proposait un mariage de Portugal, énorme d'argent comptant. A la nation, l'avantage de voler l'Espagne sur toutes les mers. Louis XIV soldait une armée anglaise, auxiliaire du Portugal, contre son beau-père, le roi d'Espagne, dont la veille il venait de presser la main.

Madame émut fort la cour d'Angleterre. Elle avait l'attrait singulier de ceux qui ne doivent pas vivre; elle ressemblait plus au décapité qu'à sa pétulante mère. (*Voy.* le petit portrait, si pâle, de Charles Ier qui est au Louvre.) C'était l'ombre d'une ombre, comme une fleur sortie du tombeau. Sur le vaisseau même qui la ramena, de violentes passions éclatèrent. La traversée fut longue, elle fut très-malade et dangereusement, presque à mourir. L'ambassadeur Buckingham, et l'amiral qui la menait, se disputaient cette mourante, étaient près de tirer l'épée. Elle se remit un peu enfin, aborda, et on put la marier.

Pour cette personne si frêle, c'était un bonheur d'avoir un mari comme Monsieur, qui n'était guère un homme, qui n'aimait pas les femmes, et qui, selon toute apparence, sauverait à la sienne les fatigues de la maternité. Jusqu'à douze ou treize ans, on l'avait élevé en jupe de fille, et il avait l'air en effet d'une jolie petite Italienne. Il avait beaucoup vécu chez la Choisy, femme d'un officier de sa maison, dont le fils passa de même sa jeunesse habillé en fille, et comme telle, accepté des dames qui couchaient parfois avec elles cette poupée, sans danger pour leur sexe.

Monsieur était le plastron de son frère; le roi s'en moquait tout le jour. La reine mère, dans leurs disputes, ne manquait pas de juger pour l'aîné et de faire fouetter l'autre. Il eut le fouet jusqu'à quinze ans. Il faut voir dans Cosnac les efforts inutiles de ce bon domestique pour en faire un homme. Il n'y réussit pas. Madame se trouva avoir une fille pour mari.

Monsieur avait vingt ans, Madame dix-sept. Mais il était resté enfant. Il passait tout le temps à se parer, à parer les filles de la reine, ou ses jeunes favoris. Il reçut bien Madame, mais comme un camarade qui l'amuserait, sur qui il essayerait les modes. Il n'imaginait pas avoir à lui dire autre chose. Il la montrait, voulait qu'on la trouvât jolie, et pourtant, par moments, il craignait qu'elle ne le fût trop et plus que lui, qu'elle ne lui enlevât ses petits amis, Guiche, Marsillac et autres.

C'était là sa seule jalousie. Quand il la vit admirée, entourée, il fut ravi, pensant que sa cour deviendrait la vraie cour royale. Mais il le fut encore plus quand il vit le roi amoureux d'elle, pensant qu'elle le protégerait, que par elle il aurait ce que ses favoris voulaient et ce que refusait son frère, un apanage, comme avait eu Gaston, la royauté du Languedoc.

La joie de Monsieur fut au comble, lorsqu'à Fontainebleau il vit le roi ne pouvoir plus se passer de Madame, arranger tout pour elle, chasses, bals et parties, et la faire enfin la vraie reine. Il pensa qu'il gouvernerait. Madame aussi n'en était pas fâchée, et laissa faire. Elle fut la déesse, l'idole du lieu. Quelle que fût la légèreté de son âge, elle réfléchissait; sa puissance sur le roi était justement ce que sa famille avait le plus désiré, ce qui assurait Charles II sur ce trône branlant, sanglant, et tout chaud de Cromwell. Elle servait son frère, le sauvait peut-être dans l'avenir. Sa mère, au couvent de Chaillot, pensait que Dieu se sert de tous moyens, et que cet entraînement du roi pourrait avoir de grandes conséquences pour la conversion de l'Angleterre et le triomphe de la religion. Madame essaya plus tard de faire rompre son mariage. Mais je crois que, du premier jour, elle le trouva fort ridicule, conçut d'autres pensées. La jeune reine pouvait mourir; quoique son gros visage d'enfant bouffi ne fût pas sans éclat, elle venait d'une race malsaine, d'un père usé (qui eut trente ou quarante bâtards), et les enfants qu'elle eut, généralement ne vécurent guère. Sa survivance revenait à Madame incontestablement. Monsieur n'aurait fait nul obstacle; il l'aurait quittée avec joie pour épouser le Languedoc et trôner là avec ses favoris.

La reine, quoique enceinte à ce moment, fut oubliée tout à fait de Louis XIV à Fontainebleau. Il s'occupa uniquement de sa belle-sœur. Cette grande forêt mystérieuse et coupée de rochers, isolée, permet peu l'étiquette. Leurs promenades solitaires duraient fort tard la nuit, et jusqu'au jour (en juin). Madame, obéissante, n'objectait rien, ni l'opinion, ni sa santé. Le roi n'y pensait pas. Il eut toute sa vie l'insensibilité de l'homme bien portant qui ne ménage en rien les faibles. Le bon portrait du Louvre nous le donne, comme il était, jeune homme à cheveux bruns, à petites moustaches, l'air sec et positif. Il a de sa mère une délicatesse de teint très-noble et peu commune, mais la lèvre autrichienne du grand mangeur, une bouche déplaisante, sensuelle et lourde, et qui accuse aussi le mépris de l'espèce humaine.

Ce que Madame avait le plus à craindre, maladive et mal mariée, c'était une grossesse qui la tuerait peut-être ou confirmerait son mariage. Tous tournaient autour d'elle, Buckingham surtout, l'ambassadeur, fils de l'amant d'Anne d'Autriche, et le jeune comte de Guiche qui professait un culte pour elle, culte éthéré pour un esprit. Le roi était jaloux de Guiche qui était exactement de son âge, mais bien plus agréable, et que Madame ne semblait pas haïr. Cela plus qu'aucune autre chose dut le piquer, jaloux et absolu, comme il était. Sa vanité en jeu eût tout brisé pour un caprice, et pour être le maître. Madame, dès l'enfance, voyait en lui le roi, celui de qui pouvait dépendre le sort de sa famille. Elle le dit elle-même, elle lui fut toujours soumise et « seroit morte plutôt que de désobéir en aucune chose. »

Le 23 juin, Charles II, payé, marié de la main de Louis XIV, conformément à leur traité secret, consomma son mariage avec la Portugaise; et le 27, le jour où la cour de Fontainebleau eut la joie de cette nouvelle, la sœur de Charles II devint enceinte.

L'intime union des deux rois, si dangereuse à l'Angleterre, et qui rendit la France si terrible à l'Europe, se resserra ainsi de deux manières; mais bien aux dépens de Madame, qui redevint très-languissante. Elle ne dormait pas dans sa grossesse, sinon à force d'opium. Elle était toujours sur son lit. Mademoiselle de Montpensier, qui l'y vit, lui trouva bien mauvaise mine, et fut frappée de sa maigreur.

Madame de Motteville et Cosnac disent qu'à la naissance des enfants de Madame, c'était le roi qui s'en réjouissait, et qu'à leur mort, si Monsieur n'en riait, tout au moins il n'en pleurait pas. Cela se vit surtout à une couche où elle faillit périr; Monsieur s'en alla s'amuser.

Madame par trois fois eut prise sur le roi, les premières fois par l'amour, en dernier lieu par les affaires et par le besoin qu'il eut d'elle pour influer sur Charles II.

Monsieur avait d'abord été ravi de l'importance nouvelle que lui donnait sa femme. Mais on ne lui permit pas d'être si froid : on le força d'être jaloux. La reine mère, qui l'était extrêmement de Louis XIV, fit crier Monsieur, cria elle-même. Elle lui avait passé sa vieille femme de chambre, une négresse et autres; elle ne lui passa pas Madame, dont l'ascendant eût annulé le sien. De toutes parts on travailla. On rappela doucement au roi que la reine en serait chagrinée, et pourrait manquer son Dauphin. On lui rappela qu'il venait d'établir un conseil de conscience pour mieux régler l'Église; un tel amour allait-il bien avec ces prétentions d'austérité? Enfin, ce qui agit mieux, on exalta le génie de Madame : on fit entendre au roi qu'une personne supérieure à ce point voudrait le gouverner, ou que du moins on le croirait mené par elle.

Cela le rendit bien pensif. Et, d'autre part, Madame eut peur du bruit. Il fut convenu entre eux que le roi, pour aller chez elle, ferait semblant d'être épris d'une petite fille, la Vallière, que la Choisy venait de donner à cette princesse. Il y eut un grand accord pour cette affaire. Les complaisants habituels des plaisirs du roi travaillèrent dans le même sens que la reine mère et les dévots, pour le séparer de Madame. On poussa la Vallière, qui était très-naïve : on agit sur son cœur; on lui fit découvrir qu'elle aimait le roi. Puis, le bouffon Roquelaure, brutalement, chez Madame, la mène au roi tout droit, la dénonce, lui dit qu'elle est folle de lui. Le trait porte : le roi la voit rougissante, éperdue, abîmée dans sa honte; il devient lui-même amoureux.

Ce premier règne de Madame avait duré trois mois (mai-juin-juillet). En août, la Vallière succéda. Le 17, Fouquet invita toute la cour à son château de Vaux. Il y eut une prodigieuse fête, un dîner de six mille personnes. Le château, premier type de ce que le roi fit plus tard à Versailles, était une merveille d'eaux jaillissantes, une féerie. Fouquet, qui y mit des millions, comptait, selon toute apparence, prendre son jeune roi dans cette maison de voluptés, comme Zamet eut chez lui Henri IV, et Montmorency Henri II.

Molière y donna les *Fâcheux*. Fouquet lui-même, par un auteur à lui, en fit faire le prologue, où audacieusement on exaltait la *justice* du roi. C'était dire que Fouquet ne craignait rien pour lui. Le roi, outré, voulait le faire arrêter à l'heure même. Sa mère s'y opposa, et on sut le distraire par une puissante diversion.

Dans les *Fâcheux*, le roi avait, dit-on, dicté ou inspiré la jolie scène du chasseur. Le vrai fond de la fête de Vaux fut réellement une chasse. La chasse de Fouquet par ses ennemis pour le faire tomber au filet. La chasse de la Vallière pour la livrer au roi. Les complaisants y travaillaient. La petite personne avait deux singularités, très-ravissantes, au défaut de grande beauté, c'est qu'il n'y en eut jamais une si amoureuse, et pourtant si pudique, si craintive, si honteuse du mal (jusqu'à risquer sa vie). Il fallut une surprise. Vardes, Saint-Aignan et autres, dans le trouble de la fête, sous je ne sais quel prétexte, l'attirèrent; on la prit au piége (17 août).

On devinait si bien ce grand mystère, que Fouquet, qui avait des gens pour flairer tout, avait d'avance essayé d'acheter la protection de la future maîtresse. On en profita contre lui; on fit croire au roi, tout ému d'elle à ce moment, que Fouquet avait l'insolence de vouloir être son rival, que peut-être il l'était déjà. Il y avait une figure blonde aux peintures d'un salon; on dit au roi que c'était la Vallière; fable absurde, mais sa fureur jalouse l'accepta sans difficulté.

Pour perdre plus sûrement Fouquet, on le faisait très-redoutable. Et en cela on conseillait mal le roi pour sa dignité. On lui fit faire des choses basses, ruser, mentir, conspirer contre son sujet. Fouquet le voleur, au contraire, se conduisit en chevalier. Sur un mot qu'on lui dit que le roi ne pouvait lui donner certaine distinction, s'il gardait son ancienne place de procureur général au Parlement, il la vendit, en tira un million, et le remit au roi, qui accepta. Dissimulation honteuse, inutile. Le Parlement était par terre et ne pouvait se relever. La forteresse de Bellisle, que Fouquet avait fortifiée, n'eût pas tenu pour lui. Lui-même, en ses papiers, dit qu'il ne pouvait que se sauver; et encore, où? il ne le savait pas. Il eût été livré, où qu'il allât. Nul État ne l'aurait gardé contre Louis XIV. Le roi l'emmena jusqu'à Nantes pour l'arrêter (5 septembre). Il eût pu l'arrêter partout.

On put voir, ce jour-là, qu'il y avait deux peuples en France. Celui d'en haut, la cour, les belles dames et les beaux esprits, pleurèrent Fouquet. Mais le peuple d'en bas faillit le mettre en pièces. Les gardes eurent peine à le défendre. Il avait mérité ces sentiments divers. Sa police paraît avoir été dirigée par une dame Duplessis Bellièvre, qui lui achetait des femmes et des secrets, d'autre part, par le protestant Pélisson, que le roi employa plus tard à brocanter des consciences. Il y avait dans ses pensions de gens de lettres des choses surprenantes; il donnait, par exemple, 12,000 francs par an (somme énorme) à Scarron ; était-ce bien pour les beaux yeux du cul-de-jatte? La très-jeune madame Scarron, jolie, froide et discrète, tenait là un salon mêlé où tous se rencontraient, et le vieux Paris de la Fronde et des jeunes gens du nouveau règne; elle-même était bien chez les dames du parti dévot.

On trouva chez Fouquet de quoi le faire pendre, un plan de guerre contre le roi, des ordres pour fondre des balles, des serments de capitaines prêtés à lui, Fouquet. Sa défense consistait à dire que c'était un vieux plan, fait, non contre le roi majeur et fort, mais contre le roi alors sous Mazarin. Quant aux vols, tout ce qu'il disait, c'est que Mazarin volait aussi. Non content de voler, il aidait toute la finance à faire comme lui. Les financiers ne prêtaient plus à Mazarin, mais personnellement à Fouquet, qui se trouvait ainsi l'emprunteur universel. Il prêtait à l'État, et pour se rembourser il levait l'impôt, et le versait dans sa propre caisse.

Effroyable gâchis. A la banqueroute de 1648, Mazarin avait payé en papiers dont on ne donnait pas dix pour cent, Fouquet et ses amis les rachetaient à ce prix, et les mettant aux caisses publiques comme bons et valables, gagnaient ainsi 90. Le Parlement montra une lenteur, une mollesse coupables à juger un procès si clair, et il le finit honteusement par un arrêt de bannissement qui eût laissé Fouquet libre d'aller s'amuser à Venise et partout en Europe. La haine personnelle de Colbert ne le permit pas.

Sans cette haine, on n'eût pas fait justice. En frappant les petits voleurs on aurait épargné le grand. Le roi garda Fouquet et l'enferma à Pignerol jusqu'à sa mort.

Les financiers étaient un parti odieux, mais serré et compacte, qui avait ses racines et à la cour et dans la haute bourgeoisie. Ils avaient avec eux une classe plus intéressante, les petits rentiers, qui était tout un peuple dans Paris. L'émeute cependant n'était pas à redouter. Le danger était qu'on n'agît sur le roi, qu'on ne lui fît craindre les suites de mesures hardies que l'on allait prendre; mais la violence de Colbert trouva un ferme point d'appui dans la sèche dureté de son maître, dans ses besoins d'argent. La succession de Mazarin avait fourni l'été, que ferait-on l'hiver? Colbert se chargea d'y faire face par une grande razzia sur la finance et les comptables. La chambre de justice que l'on créa devait s'enquérir de leurs biens et des sources de leur fortune, en remontant à Richelieu et jusqu'à l'année 1635. Ordre de prouver en huit jours, sinon tout saisi dans un mois. *Appel du roi au peuple* dans toutes les chaires des églises, pour qu'il dénonce les abus.

La chambre de justice envoie ses agents en province pour encourager, *rassurer les dénonciateurs*. On frappe en haut, en bas.

Un Guénégaud (puissante famille de Paris) est mis à la Bastille, un financier pendu, des receveurs, des sergents même. Les traités que Fouquet avait faits pour l'État, annulés et cassés. Les rentes, rognées par Mazarin, sont réduites encore par Colbert.

Et, ce qui fut très-vexatoire, c'est qu'on chercha en remontant ceux qui avaient gagné à certaines époques où l'État remboursait, et qu'on les obligeât de restituer le gain fait par leurs pères ou par les premiers possesseurs. Le roi crut faire grâce à plusieurs en les réduisant des deux tiers.

Paris fut très-ému, mais généralement la province, surtout le petit peuple, salua *la Terreur* de Colbert de ses applaudissements. La vérification des dettes des villes, redoutée des notables qui en maniaient les fonds, causa une grande joie à ceux qui n'étaient rien. En Bourgogne particulièrement, les États et le Parlement, les honorables bourgeois voulaient résister à

Colbert; il y eut émeute, mais contre eux. La *populace*, se choisissant pour chefs des vignerons, des tonneliers, des savetiers, faillit tomber sur les *défenseurs des libertés provinciales;* elle prit les armes pour le roi, qui protégea les notables à grand'peine.

CHAPITRE III

LE COMPLOT CONTRE MADAME — MORIN BRULÉ VIF

1662-1663

On fait communément deux parts dans le règne de Louis XIV : les belles années où, sous l'influence de Colbert, il se serait maintenu indépendant des influences du clergé, et la mauvaise époque où il céda sans réserve. Division arbitraire. Dès les premières années, sauf un moment très-court, le roi fut l'instrument des rigueurs ecclésiastiques. Ce que chaque Assemblée du clergé avait voté et demandé au roi (en retour du don gratuit) fut, dans les intervalles d'une Assemblée à l'autre, exigé de lui par les représentants qu'elles avaient en permanence, lesquels suivaient la cour et ne la quittaient pas. Les ministres du roi, Colbert et le Tellier, qu'il employait sans façon aux services les plus bas, dans ses affaires d'amour, n'avaient nulle action dans la haute sphère morale et religieuse. Le roi, jeune alors, dépendait peu sans doute de son confesseur ridicule, le P. Canard (Annat), connu par ses plates brochures (le *Rabat-joie*, l'*Étrille du Pégase des Jansénistes*, etc.). Mais l'assesseur d'Annat, son futur successeur, le dangereux P. Ferrier, savait bien faire peser sur le roi le poids de tous ses entourages, d'une mère dévote et malade, de la cour, de la ville, d'une cabale immense qui dominait Paris.

L'archevêché en était le centre nominal. Mais le centre réel était dans les hôtels des saintes, dans les salons dévots de mesdames d'Aiguillon, d'Albret et Richelieu (Anne Poussart), chez mesdames de Guénégaud et de Lamoignon, etc. Noblesse, robe et finances, tout s'associait dans ces bonnes œuvres. Ces dames charitables, aveuglément zélées, faisaient par charité des actes étranges, par exemple des enlèvements d'enfants, et cela dans l'hôtel du premier président Lamoignon, qui avait la police du Parlement. Les dames d'Aiguillon et Richelieu, qui n'avaient pas de famille ou la perdirent bientôt, étaient tout entières, corps et biens, lancées de toutes leurs passions, de leur fortune immense, dans l'intrigue dévote, et ne reculaient devant rien.

Ces dames, fort imaginatives et romanesques, tout aussi bien que les mondaines, étaient menées par le roman religieux. J'appelle ainsi, non pas un narré d'aventures, mais le manége passionné, les alternatives orageuses de la direction mystique. Elles lisaient peu la *Clélie*, le *Cyrus*, les longs pèlerinages de *Tendre*, qui faisaient les délices des Précieuses et de l'hôtel de Rambouillet. Mais elles-mêmes faisaient de bien autres voyages dans le champ des visions allégoriques sous la direction pieuse et galante de Desmarets de Saint-Sorlin, l'excellent ami des Jésuites. Du reste, les deux mondes n'étaient pas séparés, autant qu'on pourrait croire. Aux parloirs des couvents, à Chaillot, aux Carmélites de la rue du Bouloi, les mondaines qui y donnaient des rendez-vous à leurs amants (*Voir madame de La Fayette*) y rencontraient aussi les saintes, négociaient et tripotaient ensemble, une oreille à la grâce, une oreille à l'amour. Les profanes attendrissements, les faiblesses de cœur, n'aidaient pas peu à préparer la sensibilité mystique, voie nouvelle où entraient alors les Jésuites, trop faibles sur le champ de la controverse.

Pascal venait de mourir, mais les *Provinciales* vivaient. Les Jésuites restaient frappés par deux choses incontestables : 1° Leur Société entière était atteinte; chaque auteur cité par Pascal portait l'approbation de la Société. 2° Le monde voyait trop que Pascal, par pudeur, les avait épargnés, omettant le plus fort, leur servile tolérance des choses sales, leur bassesse pour les avaler, enfin les tendresses équivoques de la galanterie religieuse.

Il avait soigneusement évité cela, craignant d'ébranler la confession et l'Église même. C'est là qu'ils se réfugièrent. Ils enfoncèrent précisément au lieu qu'il leur avait laissé. Ils y trouvèrent l'*illuminisme*, l'anéantissement moral, la mort voluptueuse qu'on appela plus tard quiétisme. C'était un grand parti sous terre qui gouvernait beaucoup de femmes, la plupart de ces grandes dames dévotes dont j'ai parlé. L'intendant de madame de Richelieu, l'académicien Desmarets de Saint-Sorlin, était, quoique laïque, leur directeur à la mode, et des salons son influence s'étendait aux couvents. Il s'offrit aux Jésuites, mordit leurs ennemis, et devint l'ami le plus cher des pères Annat, Ferrier, donc bien en cour et à l'archevêché. Ses livres les plus excentriques parurent armés et cuirassés des plus hautes approbations.

Il n'y avait pas trente ans que le célèbre capucin, le P. Joseph, avait dénoncé à Richelieu les *illuminés* dont les doctrines étaient celles de Desmarets. Le ministre controversiste aurait frappé; mais on lui dit qu'en Picardie seulement il y en avait soixante mille. Il en fut effrayé, et recula. Au fait, s'il eût puni, où se serait-il arrêté? Où commençait la culpabilité? Beaucoup rasaient l'abîme ou y avaient le pied. Tels allaient jusqu'au bout. Tels restaient à moitié chemin. Tels, adversaires de ces doctrines, en prenaient parfois le langage, s'égaraient par moments aux bosquets de l'*Épouse* dans les suavités ambiguës, dangereuses, du Cantique des cantiques. (*V.* lettres de Bossuet à la veuve Cornuau.)

On dit et on répète que ce siècle est toute convenance, toute harmonie. Erreur. Les plus violentes dissonances y crient à chaque instant. Le roi emploie Colbert pour l'accouchement de la Vallière et pour l'allaitement du poupon. Il emploie le Tellier, son vieux et important ministre, pour menacer la gouvernante des filles de la reine, qui a osé griller leurs fenêtres et les garder des visites nocturnes du roi. Dans les choses religieuses, mêmes dissonances, effrontées. Desmarets contient déjà Molinos. Il professe, sans détour, avec privilége du roi et l'autorisation de l'archevêque, que, si l'âme sait s'anéantir, *quoi qu'elle fasse, elle ne pèche plus*. « Dieu fait tout, souffre tout en nous. S'il y a des troubles par en bas, l'autre moitié l'ignore. Les deux parties, raréfiées, finissent par se changer en Dieu. Et Dieu habite alors avec les mouvements de la sensualité qui sont tous sanctifiés. »

Desmarets ne s'en tenait pas à enseigner ces belles choses aux dames du monde. Il les insinuait « à ses colombes, » les religieuses. Chose bien grave, si l'on songe à l'état maladif, dépendant, de ces pauvres âmes en qui l'enseignement du directeur n'est pas, comme chez les dames, balancé par la variété des impressions de la vie active, par la famille qui rappelle au devoir, au bon sens.

Ces doctrines n'étaient pas nouvelles. Desmarets les avait seulement parées de plates allégories et des grotesques fleurs du bel esprit du temps. Maître chez madame de Richelieu et disposant de sa fortune, il imprimait ses dangereuses sottises avec un luxe royal, de splendides gravures. Monument singulier d'ineptie prétentieuse, impudente. Dans ses *Délices de l'esprit*, ce prince des sots spirituels donne l'échelle des intelligences, s'établit au sommet, et se charge de nous faire monter.

Tel était le grand homme du temps et la situation religieuse, quand le jeune roi, qui voulait établir partout la préséance de ses ambassadeurs, fut insulté à

Rome dans la personne du sien (juin 1662). Il en poursuivit la réparation avec une âpreté d'orgueil extraordinaire. Et nulle satisfaction ne lui suffit. Le nonce envoyé ne fut pas reçu. Le roi demanda le passage des Alpes pour faire marcher des troupes sur Rome. Il se tint prêt à saisir Avignon. Le parlement de Paris et la Sorbonne firent des déclarations contre le pouvoir illimité des papes.

Tout le parti dévot était navré. Mais on savait très-bien, par l'histoire du passé, que les rois et les parlements ne manquaient guère, dans ces brouilleries avec Rome, de donner quelque signe très-fort de leur orthodoxie. On pleura chez le roi. On lui montra l'Église en deuil, et la nécessité de consoler la foi. Il ne fut pas insensible à cela, et il frappa les protestants. Il avait défendu leurs petites assemblées. Il défendit la grande qui se faisait tous les trois ans pour formuler leurs plaintes, et faire face aux attaques des toutes-puissantes Assemblées du clergé catholique. — Autre chose, de conséquence : les catholiques débiteurs ont trois ans pour payer à un créancier protestant; délai fort élastique et qui peut s'allonger. Le commerce dès lors est impossible aux protestants.

Mais ces persécutions n'avaient pas l'éclat suffisant. On regrettait l'époque où nos rois, en telle occurrence, raffermissaient la foi par un grand acte populaire, un sacrifice expiatoire, un *exemple* qui avertît les *libertins*. Obtiendrait-on cela? L'Édit de Nantes couvrait les hérétiques. On ne brûlait plus guère, sauf des sorciers. Des esprits forts, le dernier brûlé fut Vanini en 1619. Depuis, la cour en était pleine. L'athée Bautru avait été agent très-confident de Richelieu; sous Mazarin il amusait de ses impiétés la dévote Anne d'Autriche. Comment, après avoir enduré tout cela, croire qu'on reviendrait aux bûchers?

Le parti des Jésuites en avait bon besoin pour se relever de Pascal, faire peur aux Jansénistes. Mais le nerf et l'autorité morale leur auraient trop manqué. Il y fallait deux choses, des fous pour allumer le feu, et un fou à brûler. Leurs amis, les Illuminés, pouvaient procurer l'un et l'autre. Une rare circonstance, c'est que le Parlement, désolé de sa guerre au pape, était prêt à donner la main aux Jésuites mêmes, s'il le fallait, pour se laver de son impiété et glorifier la religion. Cela se fit ainsi. Cette chose énorme, et incroyable alors, s'exécuta par ce triple concert. Le doux parti mystique, la sainte cabale des bonnes dames, fit la chasse et prit la victime; le Parlement brûla; les Jésuites profitèrent.

Il faut rendre à chacun selon ses œuvres. La gloire en est à l'hôtel de madame de Richelieu (Anne Poussart), à son intendant Desmarets, le charmant directeur.

Il y avait, dans un grenier de l'île Saint-Louis, un voyant qui s'appelait Simon Morin. Il voyait et prophétisait depuis vingt ans sur le pavé de Paris. Ses doctrines ne différaient en rien de celles de Desmarets. Comme lui, il croyait que le saint, l'homme anéanti en Dieu, se déifie, donc *devient impeccable*. Dangereuse doctrine. Mais il ne la portait pas, comme lui, jusqu'au fond des couvents, il ne l'imposait pas à des filles enfermées, souffrantes, de molle obéissance, qui font vœu de ne pas vouloir. Il était marié et avait des enfants. Ses disciples étaient des gens libres, deux prêtres, deux dames veuves (la Malherbe et la Chapelle), tous d'âge et de position à se diriger librement.

Morin avait été persécuté souvent, et souvent enfermé, parfois à la Bastille, et parfois aux fous de Bicêtre, souffrant en grande patience, et favorisé de plus en plus de célestes visions. Ses pensées, imprimées (1647), sont fort troubles, au total, d'un pauvre esprit, mais simple et doux. Il a fait quelquefois de très-beaux vers, un sublime et profond : « Ne sais-tu que l'amour change en lui ce qu'il aime? »

De plus en plus, il se sentit changé; il aperçut que l'âme de Jésus était devenue la sienne. Il commença à croire qu'on avait bien assez longtemps pensé à la mort du Christ et à l'*état de grâce* où cette mort nous appelle, que le nouveau Jésus peut faire un pas de plus et mettre ici l'*état de gloire*, autrement dit, le paradis.

Cette illusion messianique, qui revient souvent dans le Moyen âge et que nous avons vue naguère dans l'honnête et très-pur Messie polonais, est chose naturelle à l'homme. Qu'on lui pardonne de sentir Dieu en lui.

Trois mois avant la mort de Mazarin, Morin, voyant que le roi allait régner, crut de son devoir de lui notifier aussi son propre avénement en sa qualité de Jésus. Il lui jeta dans son carrosse un opuscule intitulé : « Avénement du Fils de l'homme. » C'était le moment où Desmarets, dans ses « Délices de l'esprit, » venait de se poser en prophète, en révélateur. Si Morin était le Messie, il se voyait subordonné, ne pouvait plus être qu'Élie, saint Jean, où Jean-Baptiste. Cela était humiliant.

Lui-même a raconté la persévérance admirable, la trame habile de mensonges, de perfidies, de faux serments, par lesquels il réussit à perdre le nouveau Messie, égalant, surpassant l'apôtre du diable, Judas.

Par deux fois il lui jura qu'il était son disciple, le salua Messie. Morin le serra dans ses bras, contre son cœur, crut sentir son saint Jean. Il lui dit tout, et des choses qui n'étaient pas trop folles : qu'il voyait venir le règne enfin de Dieu le Père, que le roi n'était pas celui qui ferait les œuvres de Dieu, parce qu'il portait en lui l'âme de Mazarin. Ce mot fut un trait de lumière pour Desmarets. Il vit par où il pouvait perdre son maître. Il fit causer les femmes en son absence, et la dame Malherbe, interrogée par lui, dit ce qu'il désirait : « Que, si le roi ne se convertissait, *il faudrait qu'il mourût*, et que Dieu agît par son fils. » Desmarets n'en voulait pas plus. Avec cela, il court aux Jésuites et au Parlement; il a trouvé un homme qui veut *que le roi meure*, et Morin est un Ravaillac (23 mai 1662).

Il y avait six ans à peine que le Parlement avait déjà jugé Morin, et bien jugé, le traitant comme fou. Il fallait obtenir que ce grand corps se déjugeât, se démentît, le déclarât raisonnable, responsable et digne du supplice. On y travailla fort longtemps. L'accusation était à deux tranchants ; l'idée de régicide qu'on y mêlait, absurde et sotte, la rendait pourtant redoutable. On n'osait y répondre. Ceux qui l'eussent trouvée ridicule craignaient qu'on ne leur dît : « Vous faites bon marché de la vie du roi. »

Le roi était judicieux. Il eût empêché cet acte hideux, s'il eût eu près de lui quelqu'un qui l'avertît et lui fît voir la chose. Mais ses ministres, en ce qui semblait toucher sa personne, n'eussent jamais desserré les dents. Sa mère, bien moins ; elle était au fond de la cabale. Les femmes pouvaient beaucoup sur le roi, quelque dur qu'il fût pour celles qu'il aimait. Elles seules eussent pu, à tels moments, glisser un mot d'humanité, faire un peu contre-poids à la férocité dévote. C'est alors qu'on put voir combien la cabale gagnait à ce que le roi n'eût de maîtresse qu'une jeune sotte, timide à l'excès, perdue dans son amour et ne sachant rien autre, ne voulant rien savoir, ne se mêlant de rien. Si le roi fût resté sous l'influence de Madame, celle-ci aurait pu lui donner un conseil, lui parler au moins pour sa gloire.

Légère en galanterie, elle ne l'était point en affaires. Elle y était sensée, loyale. Par deux fois elle avait conseillé très-bien les deux rois.

Dans l'affaire de Fouquet, elle dit à Louis XIV qu'il s'abaissait en faisant à Fouquet l'honneur de le craindre, en allant à cent lieues arrêter un homme qu'on pouvait arrêter ici (La Fayette).

Et, dans une autre affaire plus délicate, quand Louis XIV racheta Dunkerque aux Anglais, Madame écrivit à son frère que cela le perdrait dans l'opinion

(Motteville). Ce rachat, utile à la France sans doute, lui était cependant funeste dans l'avenir. Il recommençait la ruine, la démolition des Stuarts, nos vrais agents en Angleterre et nos instruments naturels. Ainsi Madame conseilla loyalement pour l'un et pour l'autre.

Mais, au moment où nous sommes ici, on avait habilement séparé le roi et Madame, séparé et brouillé, occupant l'un de la Vallière et l'autre du comte de Guiche.

Le roi craignait et détestait l'esprit. Si la Vallière le retint, le reprit, c'est que c'était une pauvre fille, toute nature, toute passion, tout orage, un jouet vivant dans ses mains. La chaleur du sang plébéien (elle n'était guère noble par sa mère) fondit un moment la glace royale. Il vit avec surprise tant d'amour, tant d'honnêteté, de remords. Cela le charmait. Il prit goût à ses larmes. Et il les renouvelait sans cesse. Tantôt c'étaient des jalousies, feintes ou vraies. Tantôt des tyrannies. Plus elle était pudique, plus elle souffrait de blesser la reine ou Madame, sa maîtresse, plus le roi la trouvait touchante et jolie de sa honte. Il avait avec elle des rendez-vous furtifs. Mais, en même temps, il la forçait de paraître avec une parure royale. Il l'entretenait des heures entières chez Madame, dans un cabinet tout ouvert, prolongeant à dessein cette situation cruelle, et le déplaisir de Madame, et le supplice de la Vallière qui n'osait pas pleurer.

La situation de Madame était fort triste. Nous la connaissons tout entière par elle-même. Elle a fait tout écrire sous ses yeux par madame de La Fayette, ses fautes même, autant que la décence le permet. Ce sont celles qu'on peut attendre d'une princesse de dix-huit ans, née en pleine corruption, en pleine intrigue, n'ayant jamais eu d'autre exemple, ni de culture que des romans, mais avec cela d'un cœur doux et charmant et qui ne sut jamais haïr. Dans ce très-beau récit, modeste, mais bien transparent, on voit les chutes de Madame, mais en même temps le noir complot qui se fit pour la faire tomber. Le grand parti dévot, le tartufe de religion, lui avait fait perdre crédit. Un tartufe d'amour l'humilia, faillit la faire mourir, un moment l'annula, au moment même où sa douceur eût pu balancer près du roi la fureur du parti dévot.

Le triste et honteux mariage de Madame avec cette fille fardée, minaudière et coquette qu'on appelait Monsieur, constituait une lutte bizarre, étrangement immorale. Cela faisait deux petites cours jalouses. Les jolis jeunes gens qu'aimait Monsieur devaient se décider. Son premier favori, Guiche, laissa Monsieur pour Madame. Plus tard, un autre, le chevalier de Lorraine, opta contre Madame, prit Monsieur, la honte et l'argent.

Quand le roi la quitta pour la Vallière, Madame, enceinte et triste, se laissa consoler par une autre délaissée, Olympe Mancini, celle que le roi avait cédée à Vardes. Ce don Juan espion, qui n'était pas fort jeune, éclipsait tous les jeunes par l'agrément, l'adresse, les tours de chat, les petites noirceurs. Olympe l'accepta, espérant par leur ligue faire sauter la Vallière, abaisser, avilir Madame, et la rendre impossible dans l'avenir.

Si on pouvait d'abord obtenir de la princesse qu'elle chassât la Vallière, celle-ci, comme un lièvre éperdu qui se réfugie dans les jambes du chasseur, se fût laissé mener chez Olympe, qui l'aurait achevée, égarée, effarée, et, de gré ou de force, jetée dans quelque affreux faux pas.

Madame était bien autrement fine, d'ailleurs, si maladive, et (malgré ses yeux pleins d'amour) peu amoureuse. Elle ne donnait guère prise. Mais elle s'ennuyait, aimait à rire, surtout de Monsieur. On savait tout cela par une certaine Montalais, une de ses filles, qui l'amusait quand elle était au lit, et qui était en même temps confidente de la Vallière. La Montalais divertissait Madame surtout en lui parlant des folies du duc de Guiche. Ce qui l'amusait dans l'affaire, c'est que Monsieur y perdait Guiche et s'en désespérait.

Guiche avait vu dans mademoiselle Scudéry et ailleurs qu'un héros de roman ne peut écrire à la dame de ses pensées moins de quatre lettres par jour. La Montalais en lisait quelque chose à Madame, qui en avait bientôt assez et s'endormait, de sorte que, pour se faire lire, Guiche assaisonna ses soupirs de ce qu'elle aimait bien mieux, de plaisanteries sur Monsieur, enfin de traits hardis qui allaient au ciel même, au Dieu d'alors, au roi, jusqu'à dire que c'était un fanfaron et un dieu de théâtre. Madame était un libre esprit et cette impiété l'amusait.

Mais dans les romans de l'époque, les héros n'écrivent pas toujours. Ils parlent, trouvent moyen de pénétrer chez leur princesse sous mille déguisements. Donc, un matin, la Montalais amène chez Madame une diseuse de bonne aventure, fort embéguinée; c'était Guiche.

Madame de La Fayette assure qu'il n'y avait amour ni d'un côté ni de l'autre. Mais la chose était à la mode. Lauzun allait partout suivant la sœur de Guiche, déguisé en vieille, en valet. Ici surtout on ne pouvait guère penser à mal. Car Madame était au plus bas; ses médecins disaient qu'elle n'avait pas beaucoup à vivre. Pour Guiche il n'y voulait que le péril, la vanité d'avoir aimé si haut. Jamais, en toute sa vie, il ne fut amoureux que de lui-même. Molière l'a pris tout vif dans ce fat (du *Misanthrope*), l'homme si content de lui et si futile, qui perd le temps à se mirer et cracher dans un puits. Moquerie amère du puissant mâle à ce sylphe de cour, aimable papillon sans tête, qui ne fit rien que voltiger.

Cette folie n'eut pas moins un effet sérieux. La Montalais la conte à la Vallière, sous le secret. Mais celle-ci avait promis au roi de n'avoir pas de secret. Elle est embarrassée. Comment trahir Madame? comment cacher quelque chose au roi? Il vit qu'elle cachait quelque chose. Elle refuse de le dire. Il est dans une colère épouvantable. La Vallière, désespérée, veut mourir, s'enterrer au couvent de Chaillot. Elle y court, mais on n'ose la recevoir. Elle reste au parloir couchée par terre, hors d'elle-même. Le roi vient, en tire ce qu'il veut. Il court en accabler Madame, toute malade qu'elle est, lui reproche l'aventure de Guiche. Et l'on fait partir celui-ci.

Restaient ses lettres dangereuses, ses moqueries du roi. Madame craignait plus que la mort qu'il n'en eût connaissance. Vardes trouva moyen de les avoir, et dès lors, Madame est à la discrétion de Vardes et d'Olympe. Ils peuvent la perdre ou s'en servir. Ils la font d'abord leur complice. Sous ses yeux, ils écrivent une lettre anonyme à la reine où on lui conte les amours du roi. Le hasard voulut que la lettre parvînt au roi même. Il la montra à Vardes, qui accusa d'autres personnes, que le roi chassa de la cour. Le roi avait confiance en lui. Vardes lui disait chaque jour que le cœur de Madame était tout à son frère, qu'elle le conseillait contre nous. Mais il ne disait pas que lui, Vardes, avait persuadé à Madame que le roi ne l'aimait pas, et qu'elle devait d'autant plus s'appuyer sur Charles II.

Chacun voyait la disgrâce où Madame tombait, le froid mortel du roi. Vardes, par d'ingénieuses calomnies, trouva moyen de l'isoler, de faire partir tous ses amis. Alors, on put oser davantage contre elle. On la tenait par ses lettres qu'elle eût voulu ravoir. Vardes les promet, mais si Madame les veut, c'est chez Olympe, dans cette maison suspecte et ennemie, qu'il pourra les lui rendre. L'historien de Madame n'en dit pas plus, ne donne pas les conditions du traité. Ce qui prouve qu'elles furent dures et étranges, c'est l'insolence que Vardes montra dès ce jour-là.

La vanité de Vardes fut impitoyable et féroce, autant qu'Olympe pouvait le désirer. Pour lui, le succès en amour était d'humilier et de désespérer. Toute sa vie se passait à cela. Naguère il avait désolé, perdu, mis pour jamais en deuil la belle madame de Roquelaure, qui n'en put relever. Plus tard, à cinquante ans, il séduisit une demoiselle de vingt. Ce fut pour la briser de même. Elle mourut de désespoir. On en fit une pièce qui eût dû le rendre exécrable. Ce fut tout le contraire. Madame de Sévigné y pleura, mais en rit. Elle cache mal son admiration pour un si charmant scélérat.

Ici, vraiment, la chose était honteuse et douloureuse. C'était la perfidie, la méchanceté calculée qui insultait, je ne dis pas la princesse, mais la première femme de France par la grâce et l'esprit, une personne si bonne et si douce. D'autant plus glorieux, Vardes illustra la chose, fit voir qu'il disposait de Madame, la faisait aller comme il voulait. Il lui donna rendez-vous au lieu le plus public, au parloir de Chaillot, l'y fit attendre et ne daigna y venir.

Le roi, pendant ce temps, de plus en plus brouillé avec Madame, las par instants de la Vallière, était revenu à une demoiselle de la Mothe qu'Olympe voulait lui donner. C'était sa préoccupation pendant le procès de Morin et la querelle de Rome. Mais il en eut encore une autre. Au printemps de 1663, il prit la rougeole et fut un moment très-malade. Grand avertissement du ciel, blessé sans doute de cette guerre impie et des amours du roi. Lui-même se crut près de mourir, prit peur, fut brusquement dévot, — à ce point qu'au lieu de créer un conseil de régence dans la ferme main de Colbert, il lâchait tout, et donnait le Dauphin au dévot prince de Conti, radoteur avant l'âge, qui (dit l'évêque Cosnac) avait les os gâtés et mourut de la syphilis.

Le Parlement avait beau jeu, dans cette détente, pour faire un grand coup de sa tête et se montrer terrible. On avait ri un peu de lui depuis la Fronde. Mais il n'y eut plus de quoi rire. Les familles parlementaires avaient été durement humiliées par Colbert. Sa chambre de justice avait frappé la dynastie des Guénégaud (apparentés très-haut dans la noblesse). L'un d'eux avait eu le désagrément d'être condamné comme voleur, gracié, mais en faisant amende honorable et recevant sa grâce à genoux. Grande douleur pour toute la robe, plus encore au parti des saints, aux Guénégaud, Albret, Richelieu, Lamoignon, tous parents et amis. La magistrature avait vraiment besoin de se relever par la terreur.

L'arrêt avait été prononcé dès le 20 décembre 1662. Il ne fut confirmé que le 13 mars 1663, pendant la maladie du roi. Il était tel : *Morin brûlé vif*, deux prêtres ses disciples aux galères, la dame Malherbe flétrie, fouettée sur l'échafaud, et fouettée *nue*. Choquante addition, inusitée, qui témoignait honteusement de la fureur des juges. Morin n'en appela pas. Il avait toujours dit : « Je ne demanderai pas à Dieu *qu'il détourne de moi ce calice.* » La pauvre Malherbe appela en vain.

Un demi-siècle s'était écoulé depuis le bûcher de Vanini, et il y avait eu un grand changement dans les mœurs. Une si haute culture, une cour si élégante, un monde si poli, l'excès même et le ridicule de la politesse amoureuse dans les livres à la mode (des Scudéry et autres), tout cela rejetait bien loin l'idée de ces horreurs du Moyen âge. C'était précisément l'année où un illustre voyageur commençait à réunir chez lui les savants, les observateurs, les *curieux de la nature*. Glorieux berceau de l'Académie des sciences. Cette année, le grand Swammerdam, le Galilée de l'infini vivant, fit à Paris l'honneur insigne d'y apporter sa découverte, qui montrait la vie dans la vie, l'atome organisé contenant d'autres organismes, et cela sans fin, sans repos, sans autres bornes que la faiblesse de nos sens et l'imperfection de l'optique. Abîme ouvert aux profondeurs de Dieu !

Morin était un pauvre fanatique. Mais, dans la mort, il ne se montra pas indigne des penseurs qui, avant lui, honorèrent le bûcher. Giordano Bruno avait dit : « Vous tremblez plus à dire la sentence que moi à l'entendre. » Et Vanini : « Jésus sua du sang, et je meurs intrépide. » Morin se contenta de répondre à l'insulte avec une ferme douceur. L'Italien Mariani, qui était alors à Paris, se trouvait là (*Curiosités de la France*, Venise, 1676). La joie sauvage des juges était telle, telle leur ivresse du sang, que le président Lamoignon ne put s'empêcher de dire à cet homme qui allait mourir : « Il n'était pas écrit que le nouveau Messie dût passer par le feu. » A quoi Morin répliqua, avec présence d'esprit, par ce verset du Psaume XVI : « Seigneur, tu m'as éprouvé par le feu. Mais on n'a pas trouvé l'iniquité en moi. » (14 mars 1663).

CHAPITRE IV

MOLIÈRE ET MADAME

1663-1665

Le roi se rétablit heureusement. Autrement la cruelle victoire gagnée par le parti dévot ne se fût pas arrêtée à la mort de Morin. L'homme le plus en péril certainement était Molière qui, dans une comédie récente, l'*Ecole des femmes*, s'était moqué de l'enfer. Cette pièce avait été jouée le 26 décembre 1662, six jours après la première condamnation de Morin, mais elle eut un succès immense, et le plus grand que l'on eût vu depuis le *Cid*. Le public ne s'en lassait pas, la demandait et redemandait avec fureur. Molière ne pouvait l'arrêter, sans paraître avoir peur et s'accuser lui-même. On la joua des mois entiers, on la joua en mars pendant l'exécution. Chaque soir, cette terrible comédie, qui blessait, disait-on, tout ce qui doit être respecté, famille, morale, décence, religion, revenait irriter les haines, donner prétexte aux cabales qui poursuivaient Molière, dévots, précieuses, et savantasses, la fade littérature du temps.

La maladie du roi eut l'effet singulier que les beaux de la cour, les jeunes et les brillants qui servaient et imitaient ses galanteries, se portèrent où le vent soufflait, glissèrent à la dévotion. Ils n'avaient pas l'audace de se faire brusquement dévots. Mais, comme transition, ils aidèrent les dévots, et se mirent à déblatérer contre la pièce impie. Ils n'en attaquaient pas encore l'impiété, mais la grossièreté, l'indécence. L'élégance de cour affectait le dégoût de cette langue forte et hardie, de cette franche plaisanterie, bourgeoise, si l'on veut, mais le vrai génie de Paris, qui prenait sa revanche et emportait Versailles. Les marquis s'indignèrent. L'esclave la Feuillade, ce chien qui voulut être enterré comme un chien, aux pieds du maître, brilla par sa colère. Il crut flatter le roi, et sans doute aussi les dévots.

Grande surprise : le roi un matin est guéri, et se lève. Il se retrouve mieux portant que jamais, le même, jeune et fort, gaillard, galant. Il le prouve à l'instant. Le triomphe de la cabale, l'affreuse exécution avait eu lieu le 14 mars. Et le 19, la Vallière est enceinte. Elle l'avait craint extrêmement. Mais dans ce retour à la vie, le roi mit de côté les ménagements et pour elle et pour l'opinion, brava tout, se moqua de tout.

Il trouva fort mauvais qu'on osât critiquer une pièce écrite par un homme de sa maison. Molière avait l'honneur d'être valet de chambre tapissier du roi. Il lui permit de se défendre. De là la *Critique de l'École des Femmes,* où les marquis figurent de façon ridicule. Cela plut fort au roi, qui, justement alors, était excédé des étourdis qui l'entouraient, allaient sur ses brisées. A ce point qu'une nuit, allant chez une dame, il trouva que Lauzun l'avait prévenu et lui fermait la porte au nez.

Donc, cette année, 1663, il fit une Saint-Barthélemy des marquis, non sanglante, bien entendu. Il mit Lauzun à la Bastille, avec ce mot : « Pour avoir plu aux dames. »

Guiche s'était sauvé en Pologne. La Feuillade, comme on va voir, partit aussi. Vardes, peu à peu démasqué, commençait à être connu du maître, et il eût fait une fin tragique, si Madame n'eût été la clémence même.

Elle reprenait peu à peu près du roi. Et, quoique les femmes maladives eussent peu d'attrait pour lui, il l'avait fort admirée, comme tout le monde, aux bals de l'hiver. Sa danse était une chose surprenante, dit Cosnac; elle n'était qu'esprit, « et jusqu'aux pieds. » La grossesse de la Vallière fit de plus en plus ménager Madame chez qui elle était, et qui (sans le paraître) eut soin de sa rivale. Madame lui donna pour la crise un pavillon solitaire et commode qui se trouvait dans le jardin, vaste alors, du Palais-Royal. Les portes mystérieuses de ce jardin permettaient les secours, les visites de médecin, celles du roi peut-être. Mais cet état touchant de la Vallière et ses souffrances le reportaient cependant vers d'autres distractions. La nullité de sa maîtresse lui faisait apprécier Madame, et il l'admirait de plus en plus.

Elle fit une chose bien habile. Ce fut de se remettre au roi de tout, de se fier à lui, de le prendre pour confident, j'allais dire, confesseur. Elle lui mit en main ses relations. Le roi fut fort touché. Il haït d'autant plus ces audacieux, ces étourdis, ces traîtres. Il ne faut pas s'étonner des attaques de Molière cont les marquis.

Un hasard singulier se trouvait avoir uni les destinées de Molière et de Madame. Les triomphes de l'une furent les libertés de l'autre. Des dédicaces de Molière, qui sont souvent des plaisanteries, une est fort sérieuse, attendrie, et elle est en tête de la pièce bouffonne et douloureuse où il dit son cœur même, la torture de sa jalousie, l'*École des Femmes*, dédiée à Madame. C'est son cœur qu'il met à ses pieds.

Reprenons d'un peu haut, le mystère, sinon honorable, au moins cruel, de la vie du grand homme.

Les *Fâcheux*, faits pour la fête de Vaux et dont le roi avait, disait-on, inspiré une scène, montrèrent Molière en grand crédit, et firent de lui un personnage. Une de ses actrices, la Béjart, était sa maîtresse. Elle n'était pas jeune. Elle pouvait prévoir qu'un homme ainsi posé et dans la force du génie, lui échapperait. Elle voulut l'avoir pour gendre. Elle avait une jolie petite fille que Molière aimait tendrement et comme un père.

De qui était-elle née? dans le pêle-mêle de la vie de théâtre, la Béjart, très-probablement, ne le savait pas bien au juste. Ce qui est sûr, c'est que l'année 1645, où naquit la petite, était celle où Molière devint un des amants de la mère. En 1661, elle avait seize ans, Molière quarante. Il l'avait élevée. Que dirait le public de voir changer les rôles, de voir l'enfant, par lui régentée ou grondée, devenir tout à coup madame Molière? La Béjart ne s'arrêta pas à cela. Sa cupidité l'emporta. Molière, dans la vie infernale de travail et d'affaires qu'il menait à la fois, ne disputait guère avec elle. Il avait plutôt fait d'obéir que de guerroyer. C'est un effet aussi de ce violent et terrible métier, lorsque (comme Shakespeare et Molière) on est en même temps auteur, acteur et directeur. On vit d'illusion, on sait à peine si l'on veille ou l'on songe. État bizarre qui jette l'âme aux hasards de la fantaisie.

Dans cette fête de Vaux, fatale à tant de gens, où la Vallière perdit l'esprit, la féerie des eaux jaillissantes, nouvelle alors et inouïe, avait mis tout le monde hors du réel, dans le pays des rêves, quand d'une coquille qui s'ouvrit brusquement, vive et svelte jaillit la naïade, une enfant héroïque, qui dit les vers « Au plus grand roi du monde. » Beaucoup furent saisis et ravis, et Molière plus qu'un autre, et il tâcha de croire ce que la Béjart lui disait.

Le théâtre n'est pas sévère, et la cour l'était moins. Les Condés, les Nevers étaient ouvertement amoureux de leurs sœurs. Le roi, beau-frère de madame Henriette, passait pour son amant. Le mariage étrange de Molière ne pouvait déplaire à Madame. La chose était hardie, mais ne pouvait lui nuire en cour. Ces pensées, peu morales, agirent sur la Béjart et sur Molière peut-être qui voulait plaire pour être fort, libre de tout dire au théâtre, sous la protection de Madame et du roi.

Ce qui porterait à croire que la Béjart savait Molière père de l'enfant, c'est qu'elle prétendait faire un mariage nominal, faire sa fille épouse en titre et héritière, la retenir chez elle, et rester la vraie femme. Arrangement ridicule que Molière supporta neuf mois, et qu'il eût supporté toujours. Mais la petite madame de Molière n'entendait nullement rester à jamais sous sa mère. Elle rompit sa chaîne, un matin, alla s'établir dans la chambre de son mari, en prit possession et l'obligea de la prendre au sérieux.

Il en était jaloux, même avant. Il en a versé la douleur dans son chef-d'œuvre de l'*École des Femmes*, l'œuvre la plus personnelle qui soit sortie de son génie.

La *Critique*, plutôt la défense, qu'il en fit avec l'aveu du roi (juin 1663) exaspéra les marquis. La Feuillade, rencontrant Molière, court à lui et l'embrasse, mais en lui frottant le visage contre ses boutons de diamant, et répétant le mot attaqué de la pièce : « Tarte à la crème ! Molière, tarte à la crème ! » Faire cet affront à un homme du roi dans le palais du roi, c'était risquer beaucoup. La Feuillade fit comme les autres ; il partit comme volontaire dans les armées de l'Empereur.

Les dévots aussi bien que les marquis étaient en pleine déroute. Le roi frappa le pape (juillet), il saisit Avignon. Et il fit au clergé une douleur plus amère encore. *Il défendit les enlèvements d'enfants.* Il ordonna de rendre à leurs familles ceux qu'on tenait dans les couvents (sept. 1663). Tout le parti, Jésuites et Jansénistes, indifféremment, pleura et jeûna, prit le deuil et cria à la persécution. Il se crut au temps de Dioclétien. Les évêques allèrent trouver le chancelier, lui dirent que c'était une barbarie, qu'à cet horrible édit de tolérance *ils ne se soumettraient jamais.*

Mais d'où venait le mal? De ce que le roi certainement n'écoutait plus ses confesseurs. Et d'où venait cela? De ce que son retour à Madame le brouillait avec eux. Tout le mal était là. Comment l'en avertir, lui inspirer du moins la crainte de l'opinion? Au temps du roi Robert, on eût procédé hardiment par voie d'excommunication, et le roi, interdit, exclu du monde et rejeté des hommes, eût mangé seul avec ses chiens. On fit ce qu'on pouvait; on frappa, non le roi, mais à côté du roi, sur son Molière. Le petit monde du service, gens de la bouche, etc., déclarèrent que leur conscience ne leur permettait pas de manger avec ce valet de chambre comédien. Cela dit haut (et sans doute bas, l'accusation d'inceste). Le roi fut étonné, irrité. En présence de la conscience, il s'arrêta pourtant. Mais Molière fut vengé. Le roi, par une pension, l'adopta comme un homme à lui, et il le fit manger chez lui dans sa propre chambre à coucher. Il y avait toujours une volaille qu'on y mettait le soir, en cas qu'il eût faim, et qu'on appelait son *en cas.*

Il était bien loin de quitter Madame. Elle avait rompu avec Guiche, et elle avait hardiment chargé le roi de la rupture. Il fut ravi, se crut sûr d'elle, et elle eût tout son cœur.

Mais il était sujet aux jalousies rétrospectives. Il

avait fort tourmenté la Vallière pour une vieille affaire d'un premier amour. De plus en plus il haït Vardes pour Madame. C'est, je crois, pour ce marquis de Vardes, pour Guiche, pour Marsillac, pour tous ceux qui avaient aimé, courtisé, admiré Madame qu'il prit par devant elle une vengeance, la joie d'une pièce où ils furent bâtonnés de la forte main de Molière.

Molière, s'il n'eût agi pour la vengeance de son maître, n'eût pas hasardé le prologue où le marquis dans l'antichambre fait le pied de grue avec les valets, puis la formule dure qui est restée : « *Le marquis* est aujourd'hui le plaisant de la comédie. Et, comme dans les comédies anciennes, on voit toujours *un valet* bouffon qui fait rire, de même maintenant il nous faut *un marquis.* »

Jamais la cour ne fut plus bas, le roi plus haut, plus libre, plus hardi, méprisant plus l'opinion. Cinq ou six jours après cette flagellation de ses anciens amants, Madame devint enceinte (16 octobre 1663). Elle était reine alors, et serait restée telle, si sa misérable santé ne l'eût anéantie presque l'année suivante.

La Vallière, avancée alors dans sa grossesse, était pourtant en baisse. Elle accoucha (19 déc. 1663). Mais, bien loin que le roi reconnût l'enfant, Colbert le fit prendre secrètement au pavillon mystérieux du jardin et le fit baptiser sous un faux nom à une petite église de la rue Saint-Denis.

Fait très-inaperçu. On ne voyait que Madame et la guerre au pape. Le roi, réellement, préparait une armée; il avertit le pape qu'on marcherait sur Rome, si, le 15 février, il n'avait pas cédé. Il devait, comme amende, rendre Castro à notre allié, le duc de Parme. Il devait envoyer ses deux frères et deux cardinaux. Il avait fait pendre des Corses; il dut de plus casser la garde corse, déclarer ce peuple incapable de servir l'Église, enfin éterniser le souvenir de l'événement par une pyramide qui rappellerait moins le crime des Corses que l'humiliation du saint-siége.

Le 12 février, le pape s'humilia. Le 28, le roi et Madame, pour faire pièce au parti dévot, firent à Molière l'honneur d'être parrain, marraine, de son premier enfant. Solennelle justification de Molière? Le roi eût-il voulu tenir sur les fonds le fruit de l'inceste? *Siluit terra*.

Molière préparait autre chose. Il ne s'endormait pas. Dès que le nonce et l'ambassade du pape furent à Paris, il eut audience du nonce, et mit à ses pieds humblement l'ébauche d'une pièce qui s'appelait *Tartufe*.

Molière avait observé que certaines gens, laïques, sans caractère et sans autorité, sous ombre de piété, se mêlaient de *direction*, chose impie et contraire à tout droit ecclésiastique. Ces intrus, intrigants, hypocrites, usurpaient le spirituel, pour s'emparer du temporel, autrement dit du bien des dupes.. (On a vu que Desmarets était intendant de madame de Richelieu, et disposait de tout chez elle.) Rien ne pouvait servir la religion plus que de démasquer ces *directeurs laïques*.

Le légat fut édifié, et vit bien qu'on l'avait trompé en disant que les gens du roi étaient ennemis de l'Église. Muni de son approbation, Molière eut sans difficulté celle des prélats ultramontains qui se réglaient sur le légat. La pièce ne pouvait plus avoir pour ennemis que de mauvais sujets suspects d'*illuminisme*, ou des gallicans endurcis, des cuistres jansénistes. Molière expressément a fait Tartufe *illuminé*. Il dit à son valet Laurent : « Priez Dieu que toujours le ciel vous *illumine*. » C'est dire que, dans les trois degrés de la vie mystique (*l'ascétisme, l'illumination et l'union*), le valet est encore au second degré, *illuminatif;* mais son maître est monté à la vie *unitive;* il est *uni* à Dieu, perdu en Dieu, ainsi que Desmarets.

Molière, pour se réconcilier les courtisans et faire passer *Tartufe*, avait fait (ou fait faire) la *Princesse d'Élide*. La princesse *fille des rois*, dans son intention, était évidemment Madame. Mais, par un coup désespéré de la cabale, qui sans doute connaissait d'avance *Tartufe* et en craignait l'effet, il y eut un revirement. Deux complots furent tramés, l'un pour relever la Vallière, l'autre pour perdre Madame. En haine de Madame, la simple fille, acceptée de la cour, même des gens de la reine mère, est comme intronisée aux fêtes de Versailles. Pour elle, on joue la *Princesse d'Élide* (8 mai 1664), et les premiers actes du *Tartufe* (12 mai). Là, on obtient du roi ce qu'on voulait; il ne trouve rien à dire à la pièce, mais la défend *pour le public jusqu'à ce qu'elle soit achevée*. Le président Lamoignon, dit-on, travailla fort à cela. Il y avait intérêt, comme juge de Morin, et allié des dénonciateurs (de Desmarets-Tartufe).

L'autre complot pour perdre Madame eut pour agent le scélérat de Vardes. Il voyait sur la tête planer la foudre. Il agit en cadence avec la grande cabale. Il trompa Guiche encore et le fit écrire à Madame, mais écrire chez lui, Vardes, qui remettrait la lettre. Il la porta tout droit au roi, la lui montra, lui dit que Madame le trahissait. Puis, se chargeant du rôle du tentateur Satan, il porta la lettre à Madame. Elle vit heureusement le piége et refusa la lettre. Alors il se mit à pleurer, se roula à ses pieds, fit des serments terribles de sa sincérité, pleurant à chaudes larmes de ce qu'elle refusait de se mettre la corde au cou.

Sa rage fut telle qu'il ne put la contenir. Un mignon de Monsieur, le chevalier de Lorraine, faisait la cour à une fille de Madame; Vardes lui dit ce mot cynique : « Pourquoi tant courir la servante? Allez plus haut, à la maîtresse. Cela sera bien plus aisé. »

Un tel mot, d'un tel homme, avait grande portée. L'affront, enduré de Madame, l'eût avilie, et auprès du roi même.

Le maître qui se croyait si maître, dépendait fort pourtant du ridicule, s'éloignait des moqués.

Si Madame, cette fois, n'agissait, ils prenaient un ascendant définitif; « ils allaient être sur le trône. » (La Fayette.)

Mais voudrait-elle agir? Elle avait jusque-là épargné ses ennemis, souffert et abrité la Vallière, leur pauvre instrument.

Elle avait si peu de fiel qu'on pouvait croire que, comme son grand-père Henri IV, elle ne sentait ni le bien ni le mal.

Elle agit cependant.

Elle obtint que le roi vînt chez elle à Villers-Cotterets. Elle y fit venir Molière, qui, pour la seconde fois, joua *Tartufe*.

La cabale de la cour, qui était chez Madame avec le roi, forcée de subir son triomphe, avertit l'autre, la cabale dévote, qui fit une chose désespérée. On employa la reine mère, fort malade à Paris.

On écrivit au roi qu'elle s'était trouvée très-mal. Il accourut.

La malade lui fit la grâce inattendue de vouloir bien recevoir la Vallière. Cela coûta beaucoup à la reine mère, elle en eut honte et remords, en rougit devant ses domestiques. Mais les dames de haute piété et de grande vertu, telles que madame de Montausier, déclarèrent qu'elle avait bien fait. Et, ce qui est plus fort, on vint à bout de le faire approuver de la jeune reine elle-même.

Le roi ne resta pas près de sa mère ni près de la Vallière. L'attrait de Madame était grand dans les fêtes d'automne, la saison harmonique des grâces maladives.

Elle était devenue enceinte l'autre année, 1663, au milieu d'octobre, et elle avait accouché récemment, en juillet 1664.

Cette fois encore, au même moment, presque à l'anniversaire, au milieu du même mois d'octobre, elle eut le malheur d'être enceinte, sans être remise encore, et au grand péril de sa vie.

Grossesse fâcheuse en tout sens. Elle allait de nouveau être souvent agitée, maigrir, pâlir, et baisser près du roi.

Un beau champ pour ses ennemis, pour l'intrigue

de Vardes, pour l'entremetteuse Olympe. L'année nouvelle arrivait menaçante, incertaine, et la cour doutait.

Molière ne douta pas. Si prudent, il fut intrépide, se déclara et lança *Don Juan* (15 février 1665).

CHAPITRE V

MOLIÈRE ET COLBERT — DON JUAN — LES GRANDS JOURS

1665

Un portrait est au Louvre, un vigoureux tableau sans nom d'auteur. Il illumine la petite salle où il est, comme une flamme. L'artiste, un peintre secondaire, peut-être, mais ce jour-là en face d'un tel original, s'est trouvé transformé. Ce visage est celui d'un grand révélateur, et non pas moins celui d'un grand créateur, dont tout regard était un jet de vie.

La vigueur mâle y est incomparable, avec un grand fond de bonté, de loyauté et d'honneur. Rien de plus franc ni de plus net. La lèvre est sensuelle et le nez un peu gros. Trait bourgeois que le peintre a cru devoir ennoblir avec quelque peu de dentelle. A quoi bon? on n'y songe pas. L'intensité de vie qui est dans cet œil noir absorbe, et l'on ne voit rien autre. On en sent la chaleur, elle brûle à dix pas.

Ce portrait de Molière est placé à merveille, tout près de celui du Puget. Ce sont les deux moments du siècle. Dans le premier (l'homme de quarante ans), c'est l'élan, le combat, mais c'est l'espoir encore. Dans le second, hélas! bien vieux, une longue habitude de souffrir et de voir souffrir, un attendrissement maladif, ont plissé et ridé une figure trop endolorie.

Est-ce un contraste avec Molière? En celui-ci, volcan qui se dévore, la souffrance, pour être au dedans, n'est pas moins transparente. Un feu âpre en ressort qui rougit la peau, même au front. Tout médecin dirait : « Voilà un homme d'énergie redoutable, mais qui touche à la maladie. »

C'est la force, la force tendue de celui qui saisit un objet très-mobile, qui voit, surprend la vive occasion, ailée, légère et sans retour. On dit parfois *fixer* pour *regarder*. Ici, c'est très-bien dit. En regardant, il fixe. On sent que ses œuvres profondes ont apparu pourtant dans l'incident d'un jour. Telles, impossibles avant, furent impossibles après. Exemple, le *Tartufe*.

Comparer Molière à Shakespeare, c'est insensé. Shakespeare n'a pas vécu dans la chambre d'Élisabeth. Ce sublime rêveur vivait dans son propre théâtre; quoique si occupé, il eut les loisirs de la fantaisie. Molière fut partagé, tiraillé, entre ses deux rôles, mais avant tout valet de chambre du roi, faisant le lit du roi, toujours sur ce terrain de cour qui était un champ de bataille, attrapant le présent de minute en minute, et devinant le lendemain.

Ce grand effort dura sept ou huit ans, et Molière y périt. Avant les *Précieuses*, improvisateur ambulant, il fait des canevas pour sa troupe. Après le *Misanthrope*, c'est toujours un très-grand artiste ou un puissant bouffon. Mais ce n'est plus notre Molière, j'allais dire, le Molière de la Révolution, l'exécuteur des hypocrites.

Revenons au *Festin de Pierre*, à *Don Juan*, au Tartufe d'amour. Ce qui saisit dans cette fresque, brusquée sur l'heure et pour l'heure même, c'est l'audace de l'à-propos.

Les Italiens venaient de jouer dans leur langue cette vieille pièce espagnole. Molière se fit demander par sa troupe de faire un *Don Juan* français. Hardi de ce prétexte, il intervint dans l'intrigue de cour, et porta aux marquis le coup décisif et terrible.

Molière y risquait tout; on ne pouvait savoir comment la crise finirait. Madame, languissante de sa nouvelle grossesse, qui faillit l'emporter, avait baissé, pâli. Olympe remontait. Vardes, pour l'insulte à Madame, n'avait eu de punition qu'une petite promenade à la Bastille, où toute la cour, marquis et belles dames, alla le visiter.

La pièce ne fut pas bien reçue. Le public fut de glace. Molière persévéra, la joua quinze fois, quinze fois de suite la fit subir aux courtisans. On regardait le roi, on s'étonnait. Mais Molière, mieux qu'eux tous, vît la pensée du maître. Le 15 février, il joua ce qui dut se faire au 30 mars. Que Vardes tînt cour à la Bastille, cela ne plaisait pas au roi. Qu'il triomphât de sa disgrâce et d'avoir outragé deux trônes, c'était exorbitant. Le roi tira de sa complice l'aveu de leur lettre anonyme et de leurs calomnies qui allaient jusqu'à nous brouiller avec l'Angleterre. Vrai cas de lèse-majesté.

Colbert, dès l'année précédente, avait annoncé une grande enquête juridique qui se ferait par toute la France. Il eût voulu que le roi, imitant ses ancêtres, montât à cheval, prît l'épée de justice, fît en personne sa royale chevauchée contre les petits rois de province. Quoi de meilleur, pour ouvrir cette grande scène de jugement, que de frapper d'abord dans son palais, chez lui, sur *ses amis*, sur cette cour flatteuse et moqueuse, sur le brouillon perfide qui s'était joué du roi même?

La cour, contre Molière, admira don Juan, le trouva parfait gentilhomme. Il ment, il trompe, désespère celles qui l'aiment. A merveille; les larmes, c'est l'aveu du succès. Il bat celui qui lui sauve la vie... Mais c'est un paysan, on rit. Il est brave, c'est l'essentiel, cela rachète tout. Brave contre l'enfer même, et l'enfer a beau l'engloutir, il n'est pas humilié.

Donc, nul effet moral. Molière semblait manquer son coup. Il n'avait pas osé dégrader don Juan. Le roi même ne l'eût pas goûté. Il avait au fond du faible pour la noblesse; malgré Colbert, il fit toute sa Maison d'officiers nobles. Le don Juan escroc (du *Bourgeois gentilhomme*), le don Juan espion, comme avait été Vardes, auraient indisposé le roi contre la pièce. Molière, frappant moins fort, alla bien mieux au but. L'intérêt que la cour montra pour don Juan ne pouvait qu'irriter le roi, et sa justice n'en fut que plus sévère.

Le 30 mars, la main du Commandeur, cette main de

pierre qui avait muré, scellé Fouquet dans le tombeau, serra Vardes, l'enleva à deux cents lieues, le plongea au plus bas cachot d'une citadelle. Olympe fut chassée de Paris; on ferma son salon d'intrigante et d'entremetteuse.

Vardes resta là dix-huit mois, et n'en sortit que pour pourrir vingt ans à Aigues-Mortes, vieux petit fort fiévreux. Il ne s'en tira pas tant que vécut Colbert. Pour en sortir, il fit d'incroyables efforts et les dernières lâchetés. Ce qui le peint au vif, c'est qu'ayant enfin obtenu sa grâce, pour être souffert à Versailles, il eut le tact de se faire mépriser. Il vint sous les habits du temps où il avait quitté la cour. On rit, le roi aussi et il fut désarmé. « Sire, dit le vieux bouffon, quand on déplaît à Votre Majesté, on n'est pas malheureux seulement, mais ridicule. »

Voilà ce qui manque au don Juan de Molière pour être vrai et historique, la bassesse, la lâcheté. Les instructions de Colbert sur les poursuites à faire contre les tyrans de province, ses enquêtes, nous en apprennent bien plus. Là, don Juan, c'est le mangeur universel du bien public, voleur hardi sur ses vassaux, apparenté aux juges et spéculant sur les procès, etc.

L'ordonnance de 1662 pour liquider les dettes des villes, apurer les comptes de ceux qui en maniaient les fonds, fut un effrayant coup de tocsin pour les privilégiés. Mazarin avait pris pour lui l'octroi des villes, palpait leurs revenus; les notables, pour tout besoin municipal, empruntaient à des conditions usuraires sans surveillance, s'arrangeant en famille. Quand Colbert troubla ce bel ordre, un cri immense de tous les *honnêtes gens* de France monta au roi, et des menaces même. Et comme cela eut lieu dans une année de famine, on pensa faire sauter Colbert. Le petit peuple le soutint, se déclara pour le ministre. Il eut sa récompense. Colbert, en deux années, diminua la taille, l'impôt des pauvres gens, de huit millions.

Une note brève, mais bien éloquente, qu'il donne au roi, met en regard l'énorme changement qui se fit alors. En voici la substance :

En septembre 1661, le revenu était réduit à vingt et un millions, et encore mangé pour deux ans ; *aujourd'hui* (décembre 1662), en seize mois, il a augmenté de cinquante millions. — *Alors*, le roi payait vingt millions d'intérêts ; *aujourd'hui*, pas un sou. — Alors, le roi, dépendant des financiers, ne pouvait faire aucune dépense extraordinaire ; *aujourd'hui*, après son achat de Dunkerque, l'Europe l'a vu si riche, qu'elle tremblait de lui voir acheter toutes les places à sa convenance. — *Alors*, point de marine ; elle était ruinée ; *aujourd'hui*, vingt-quatre vaisseaux viennent d'être construits, lancés ; on a préparé des galères, etc. Sous cette protection, le commerce multiplie ses vaisseaux. — *Alors*, l'art et l'éclat, le luxe, étaient chez les ministres ; *aujourd'hui*, chez le roi. Le roi n'avait pas huit mille francs pour l'embellissement des maisons royales. Il vient d'y mettre de deux à trois millions.

Ceci en décembre 1662. C'est l'affermissement de Colbert. Il disposa du roi. Mais cette force, énorme à ce moment, eut pourtant un énorme obstacle dans l'étroite union des privilégiés. Les instructions que Colbert donna pour son enquête nous apprennent quatre choses : 1° une forte partie de la noblesse n'est pas noble, ou ne l'est que par privilége des charges judiciaires, financières ou municipales ; 2° les vrais nobles, les seigneurs, ont impudemment créé et inventé de tout nouveaux droits féodaux que n'eurent jamais leurs pères ; 3° les deux noblesses, la noblesse d'épée avec la judiciaire ou municipale, s'entendent pour reporter sur les pauvres le poids de l'impôt, pour dilapider les fonds des villes, pour acheter à vil prix les biens à leur convenance ; 4° enfin, tous, et nobles et notables, trouvent moyen de faire des biens de l'Église un supplément de leur fortune, donnant à leurs cadets oisifs et incapables les plus importants bénéfices, peuplant les couvents de leurs filles. De là, le zèle ardent de la noblesse pour l'Église, qui dispose de ce patrimoine immense de l'oisiveté.

Colbert, ayant le roi en haut, chercha la force en bas, par la réforme des finances des villes, et celles de la justice. Il défendit aux villes d'emprunter, de se ruiner. Il réforma les juges, il réforma la loi. Il eut la grande idée de promener en France la loi armée, autrement dit le roi, qui jugerait le peuple par son conseil. Les parlements eussent été suspendus, à ce moment, et Colbert avait de même sévèrement exclu Lamoignon et les parlementaires de la commission chargée de réformer les tribunaux. Mais tout cela était trop haut, trop fort. Cour, parlements, finance, tout travailla en dessous ; Colbert dut retomber à l'idée pauvre et routinière des commissions du parlement qui tiendraient les *Grands jours* dans les provinces du centre.

Aux rudes pays d'Auvergne, de Forez, de Vélay un autre Moyen âge était revenu, mais bizarre, fantasque, et d'une férocité moqueuse. Là, un joyeux seigneur, autorisé par trois ou quatre assassinats, se passait toutes ses idées, celle, par exemple, de murer un homme tout vif, de le tenir des mois dans son armoire, courbé, ni assis ni debout. Un autre ne tuait pas; il faisait tuer à petits coups par son fils, enfant de dix ans. Le viol était un jeu, et plus même que du temps des serves. La femme, moins passive, amusait par son désespoir.

Une scène laide, c'était le jour des noces. « L'aîné du paysan, dit la loi du Béarn (éd. 1842, p. 172), est censé le fils du seigneur, car il peut être de ses œuvres. » On exigeait toujours que la pauvre femme tremblante montât au château, et on marchandait devant elle. C'était pour le seigneur le meilleur jour pour pressurer son paysan. Il tirait parfois moitié de la dot.

Ce qui était plus fort, c'est qu'ils faisaient la guerre au roi. Si la justice se hasardait chez eux, c'était d'incroyables fureurs. Une assignation royale était un outrage qu'on lavait dans le sang.

Trois huissiers s'étaient mis ensemble pour aller assigner je ne sais quel marquis du Forez. Il s'en tint offensé à ce point, que, non content de les mettre à la porte, il monta à cheval, les poursuivit jusqu'à la nuit; les rejoignant dans une auberge, il les tua tous trois dans leur lit. Dix ans durant, il resta roi chez lui.

Le 31 août 1665, les Grands jours sont annoncés pour tout le centre du royaume (Auvergne, Bourbonnais,

Nivernais, Forez, Beaujolais, Lyonnais, Marche, Berri). L'année suivante, même chose dans les montagnes du Midi (Vélay, etc.).

Tout cela annoncé longtemps d'avance, de sorte que les coupables eurent bien le temps de se cacher ou de dresser leurs batteries.

Il n'y eut jamais si grande attente, jamais si petit résultat. Le peuple s'était fait de ces *Grands jours* un rêve merveilleux, fantastique, apocalyptique, un vrai *Jugement dernier*, où les grands seraient les petits. Plusieurs, par orgueil et bon cœur, offraient de protéger les nobles. Un paysan restant couvert en présence d'un seigneur, celui-ci lui jeta le chapeau par terre. « Ramassez-le, lui dit le paysan, ramassez-le; sinon, le roi vous coupera la tête aux *Grands jours*. » Le noble le ramassa.

Il n'y eut qu'un seigneur décapité, fort peu d'exécutions réelles, beaucoup sur le papier. Un d'eux, un meurtrier couvert de sang, brava le jugement, et fut banni seulement. Effet admirable et charmant des amitiés et des amours pour humaniser la justice. Les dames de Clermont se dévouèrent pour cette bonne œuvre. La scène est jolie dans Fléchier. Les *chats fourrés* n'y sont occupés que de galanterie. Pendant ces ennuyeux procès de gens absents, ils ne perdent pas leur temps; ils riment des vers à Iris. Cela dura trois mois, temps plus que suffisant pour attendrir les belles. En janvier, couronnés de roses, pleurés des dames auvergnates, ces vainqueurs revinrent à Paris.

« Tout père frappe à côté, » dit La Fontaine. Ce jugement du roi sur les nobles fut si peu sérieux, que tel des plus coupables, chargé de crimes horribles, rentra, à la faveur des guerres, et devint lieutenant général des armées du roi.

L'accord des deux noblesses, les égards des gens de robe pour la noblesse d'épée, parurent dans tout leur lustre. Colbert put voir le peu qu'on pouvait attendre des parlementaires. Les rudes magistrats du XVIe siècle n'existaient plus. Même ceux de la Fronde, mêlés au parti des Condés, avaient pris l'esprit de cour, les goûts, les manières des seigneurs. Ils vivaient aux belles *ruelles*, siégeaient peu (encore en bâillant), jugeaient au caprice des dames, de leurs nobles amis.

Les intendants, ces commis dictateurs, créés par Richelieu, furent l'instrument unique de Colbert. Administration, finances, travaux publics, mouvements des troupes, même affaires du clergé, tout passa dans leurs mains. Ils dominèrent les Gouverneurs, les Parlements. Sous Colbert, ils prennent encore un pouvoir qu'ils n'eurent pas sous Richelieu, le pouvoir judiciaire. Il ne leur manqua presque rien de l'autorité illimitée qu'eurent en 93 les Représentants en mission. L'affaire de Fargues effraya toute la France. C'était un Frondeur fort coupable d'excès, de trahisons, mais cependant couvert par l'amnistie. Il vivait richement, mais obscurément, oublié. Des courtisans égarés à la chasse, et bien reçus par lui, croient le servir auprès du roi, et louent son hospitalité. Le roi s'indigne : « Quoi ! Fargues vit encore ! si près d'ici ! » Le roi et la reine mère font venir Lamoignon, qui avait la police de Paris, pour faire éplucher l'homme et lui trouver un crime ; s'il le trouve, il aura ses biens. Ainsi dit, ainsi fait. Fargues, enlevé, est livré à une commission de petits juges d'Abbeville, sous l'intendant Machault; le tour est fait en un moment, et Machault le condamne à mort. (*V. S.-Simon* et le *Journal d'Ormesson*, dans Chéruel, II, 145.)

Ce monstrueux pouvoir des intendants n'était balancé que par une chose, leur mobilité. Colbert changeait souvent, et, au change, il ne gagnait guère.

Il roulait dans le cercle d'un personnel très-peu nombreux. Les petits dictateurs, placés pour arrêter partout les abus de la finance, de la judicature, etc., qu'étaient-ce en général? les fils ou les parents des juges mêmes et des financiers.

Ces commis souverains étaient des rois tremblants. Ils redoutaient Colbert, qui, dans mille affaires, les lançait contre les seigneurs, les évêques, etc. Mais, d'autre part, ils redoutaient ces puissances locales, et surtout le clergé. Leur seul moyen pour calmer les évêques, c'était d'agir contre les protestants.

Ils connaissaient le faible du ministre, sa passion, ses fureurs impatientes, et, si je l'ose dire, sa férocité dans le bien. A ce moment, il commençait l'œuvre énorme de sa Marine, une improvisation subite et quasi révolutionnaire, poussée avec la plus terrible violence. Il ramassait de l'argent ou par menace, ou par prière. Il ramassait des hommes pour ramer aux galères. Il en vint jusqu'à acheter des forçats turcs, juifs, grecs, même des catholiques. Nul présent ne lui était plus agréable qu'un forçat. Les intendants le savent bien; ils poussent, pressent les tribunaux pour qu'ils fassent plus de galériens. Trois lettres d'intendants (1662) témoignent de leur zèle. Non contents d'exciter les juges, ils se mettent à juger eux-mêmes. Une louable émulation s'établit entre eux et les procureurs généraux. Ceux-ci, à Bordeaux, à Toulouse, écrivent au ministre la *joie* qu'ils ont d'augmenter les forçats, parfois aussi la *confusion* qu'ils ont d'offrir au roi si peu de galériens. On prend pourtant tout ce qu'on peut, des mendiants, des gens trouvés en contravention pour le sel, des enfants de quinze ans, enfin, *des huguenots qui, aux processions, gardent le chapeau sur la tête* (26 juin 1662). Voilà une mine excellente, et qui promet. On ne manquera point de forçats.

CHAPITRE VI

LE MISANTHROPE — LE ROI DÉFIE L'EUROPE, ATTAQUE L'EUROPE

1662-1666

Dans cette même année 1665, où les Grands jours marquèrent l'apogée de son énergie, Colbert retomba rudement. L'Assemblée du clergé qui reste onze mois en permanence s'ouvre et finit par les cris calculés d'une furieuse douleur, des soupirs de colère, des larmes menaçantes. Le clergé pleure d'abord sur *les enfants rendus aux protestants*. Il pleure les *prêtres condamnés* aux Grands jours par des laïques, exécutés (pour meurtres). Douleur économique qui lui permet de garder son argent, de refuser secours au roi. Il tient bon. C'est le roi qui cède, pour avoir quelque chose. Il abandonne la réforme du clergé, qu'avaient demandée les Grands jours. Défense aux juges laïques d'intervenir dans les affaires de prêtres. *l'Église juge l'Église*; cette maxime du Moyen âge n'est pas expressément écrite, mais elle est pratiquée. Le monde saint est désormais fermé. Une décence admirable couvrira tout. Nul scandale ne rompra la noble harmonie de ce siècle.

Autre concession, immense, contre les protestants. Une déclaration royale convertit en lois générales tous les arrêts locaux rendus contre eux depuis dix ans.

En vain l'électeur de Brandebourg s'intéressa pour eux. En vain Colbert voulait les ménager dans l'intérêt de ses créations industrielles. Le roi donna de bonnes paroles à l'électeur. Et, pour Colbert, s'il put les protéger dans le haut commerce et la grande fabrique, il ne put empêcher qu'on ne les exclût de tous les petits métiers (chose bien autrement importante). Exemple : les lingères de Paris interdisaient l'aiguille aux pauvres protestantes et les faisaient mourir de faim.

Le clergé avait dit, quant aux enfants enlevés, qu'il n'obéirait point au roi, et ne les rendrait pas. Il tint parole. Quand on essayait de le faire, il ameutait son peuple de dévotes, ses mendiants, ses marchands, etc.

Les malades protestants, au lit de mort, étaient assaillis par les moines. Pour arrêter ce mal, on l'aggrava. Le moine ou le curé dut attendre à la porte; mais le juge du lieu entrait au nom du roi, demandait au malade *dans quelle foi il voulait mourir*.

Scène cruelle et souvent meurtrière; cette entrée solennelle de l'homme de la loi saisissait les malades; tel qui eût résisté au prêtre cédait au juge, aux craintes qu'on lui donnait pour sa famille, mourait désespéré, malgré lui catholique par autorité de justice.

La reine mère meurt en janvier 1666, en laissant à son fils une dernière prière, celle d'exterminer l'hérésie. Le roi était bon fils; il avait par moments blessé pourtant sa mère; d'autant plus dut-il prendre à cœur cette dernière parole par laquelle elle crut expier les faiblesses de sa vie. On ne lui demandait, du reste, que ce qu'il désirait lui-même. L'extinction de l'hérésie en France, en Europe, l'humiliation des protestants, surtout de la Hollande, la conversion de l'Angleterre (sans doute à main armée), c'était l'ambition naturelle du chef du monde catholique, de l'héritier futur des rois d'Espagne, du vrai successeur de Philippe II.

Chacun voyait venir la guerre, et la cour s'en réjouissait. Deux hommes seuls, à ce moment, les plus grands à coup sûr, Colbert, Molière, s'attristent. Colbert adresse au roi ses premières plaintes sur l'excès des dépenses. Il s'effraye de l'extension des couvents. Il donne des primes à la population, une pension à qui a dix enfants. Triste aveu de l'état du pays, sous une prospérité factice.

Le grand esprit du siècle, celui qui, jour par jour, en écrit la formule, Molière, comme s'il lisait la France au sourcil froncé de Colbert, donne cette année le *Misanthrope*. Une pièce infiniment hardie (plus que *Tartufe* peut-être et plus que *Don Juan*). Car, si Alceste gronde, c'est sur la cour, plus que sur Célimène. Mais qu'est-ce que la cour, sinon le monde du roi, arrangé pour lui et par lui? Ces mauvais choix pour les emplois publics qui révoltent Alceste, qui donc les fait, sinon le roi?

Le *Misanthrope* fut joué chez Madame d'abord, et, je crois, fait pour elle. Depuis un an, son influence avait pâli encore. On avait cru qu'elle mourrait presque avec la reine mère. La cabale avait imprimé en Hollande les *Amours de Madame et du comte de Guiche*. On stimulait Monsieur; tantôt il la persécutait pour qu'elle le protégeât auprès du roi et qu'elle lui obtînt le Languedoc; tantôt il faisait le jaloux à froid, et lui faisait affront, pour qu'elle en crevât de dépit. Enceinte après sa couche de 1664, elle était fort souffrante, et l'enfant mourut dans son sein (juillet 1665). Le pis, c'est qu'elle ne pouvait plus accoucher de ce cadavre, qui ne vint que par lambeaux. Monsieur, le même jour, partit avec son monde, gaiement et à grand bruit, tenant à constater que la chose ne le touchait guère. Le roi fut convenable, mais il n'aimait pas les malades. Il était très-flottant en cette année (1666). Cependant la Vallière, acceptée de sa mère et du parti dévot, le reprenait toujours; elle redevint enceinte.

Madame, éclipsée, un peu seule, languissait au Palais-Royal, lorsque Molière osa lui donner cette fête, une pièce d'opposition hardie, où il a mis son cœur autant que dans l'*École des femmes*. Il y mêle la cour, son ménage et sa jalousie, ses amours et ses haines. La prude Arsinoé (la vraie sœur de Tartufe) est évidemment de la pieuse cabale. La sensible Éliante, qui triomphe à la fin, a la douceur d'Henriette. Tous les visages étaient reconnaissables. C'est ce qui amusa le roi et lui fit supporter la pièce. Il aimait à humilier ses amis mêmes. Lauzun fort en faveur, Guiche encore en disgrâce, y étaient et firent rire. « Le grand flandrin, » qui perd le temps, etc., fut reconnu pour Guiche, le chevalier de Madame. Elle demanda grâce pour lui. Molière n'y voulut rien changer. Le roi probablement tenait à ce passage. Molière aussi; au fond, le trait était favorable à Madame; il répondait au libelle de Hollande, montrait le néant du héros de ce tout romanesque amour.

Le roi, à la mort de sa mère, avait quitté Paris, vivait à Saint-Germain ou à Fontainebleau, en attendant qu'il se fît un palais. Colbert craignait ce coup. Il voyait venir la terrible et ruineuse création de Versailles (qu'on ne referait pas avec un milliard d'aujourd'hui, dit justement M. Clément). Pour retenir le roi, Colbert se fait maçon. Il rebâtit le Louvre, il augmente les Tuileries. Il écrit, pour le Louvre, un pamphlet contre Versailles. Le tout en vain. Vers 1670 s'arrêtent les travaux de Paris; Versailles dès lors absorbe tout.

Paris parlementaire, Paris dévot, Paris railleur, Paris plein de cabales, tous ces Paris divers étaient insupportables au roi. Toute la bourgeoisie parisienne avait encore le costume de Louis XIII, le noir habit qu'adopta l'Angleterre puritaine. Choquant contraste, rébellion visible, devant le costume de la cour, historié de cent couleurs, pomponné de rubans, dentelles, surchargé du chapeau à plumes, et grotesquement léonin par la vaste crinière dont le courtisan pare son chef. Ces perruques, naguère destinées à symboliser la sagesse des magistrats, des gens en robe, qui, par la robe, avaient en bas une large et majestueuse base, elles étonnent sur la tête légère du blondin à la mode, dont la jambe (un peu sèche) offre un bien léger piédestal à l'ébouriffant édifice. Merveilleuse pyramide, large d'en haut, maigre d'en bas, qui, d'après toute loi mécanique, devrait faire la culbute et marcher sur la tête. Mais tout est miracle en ce règne.

L'Europe ne rit pas. Bruxelles admire, imite, malgré les Espagnols. Puis, peu à peu, toutes les petites cours d'Allemagne, d'Italie. Paris seul s'endurcit et rit. Ville irrévérencieuse. Toujours on y verra des *ruelles* critiques chez Ninon (déjà mûre), chez la toute jeune Mancini, duchesse de Bouillon, parmi les chats, les singes, et toutes sortes d'animaux malins qu'elle nourrit (entre autres, La Fontaine). Un très-mauvais esprit s'entretient là par les Chapelle, plus tard par les Chaulieu, la société impie du *Temple*.

Le carrousel fameux des Tuileries où le roi brilla à cheval a fermé les fêtes de Paris. Les triomphes de Versailles ont commencé en 1664 par une grande féerie de sept jours. Triomphe sans victoire, fête sans but, donnée, non pour la reine, et non pour la Vallière, une maîtresse déjà de trois années, mais donnée par le roi au roi. Louis XIV fêtait Louis XIV, essayait-là ce monde à part, une France royale et dorée, où il vécut comme hors de France, ne visitant plus le royaume (tant chevauché par les Valois). Là, vu des élus seuls, dieu solitaire de l'Empirée, il n'apparut plus aux mortels qu'aux jours où il lançait la foudre.

Colbert était terrifié. Il avait pris le pouvoir à une dangereuse condition, c'était de dire toujours au roi qu'il faisait tout, créait tout, pouvait tout. Mais le roi l'avait cru, et, sûr de sa divinité, voilà qu'il s'en allait d'un vol d'Icare se lancer dans les cieux. Colbert suivrait comme il pourrait.

Le roi, « par grandeur de courage, » avait ouvert son règne en défiant toutes les puissances. Il méprisait parfaitement les ménagements de Mazarin. Richelieu même, si fier, n'avait jamais bravé ainsi le monde; il fut très-attentif à se créer des alliances, et il eut toujours la moitié de l'Europe pour lui.

Quelle que soit mon estime pour les très-beaux travaux qu'on a faits sur ce règne, je ne puis accorder que ceci soit une continuation de la politique antérieure. J'y vois une déviation subite, étourdie, violente. Le talent des agents français, la dextérité de Lyonne, l'homme de Mazarin, ne changent rien au fond des choses. Ils n'en rendent pas plus raisonnable ce défi qu'un roi de théâtre lance à toute l'Europe. — Impunément, ce semble, pour le premier moment, mais en jetant partout des germes profonds de haine, en se créant d'infinis obstacles pour l'avenir, en préparant, de bravade en bravade, la honte, la banqueroute, et un tel amaigrissement de la France, qu'un siècle ne put l'en relever.

La grande proie, visée par Mazarin, était l'Espagne. Mais, en la poursuivant, il fallait bien savoir ce qu'on voulait. Quelle que fût sa misère, sa faiblesse actuelle, on ne pouvait oublier qu'il y avait là la ruine d'une grande nation. Devait-on l'affaiblir encore, en arracher des membres un à un, ou bien agir en bon parent, en héritier, et se mettre en voie d'obtenir un jour toute la grande succession? L'extinction probable de cette dynastie maladive en faisait prévoir l'ouverture pour un terme peu éloigné.

Encore une fois, qu'était Louis XIV? Gendre de Philippe IV, ou son ennemi?

Sa conduite, visiblement double, fut extrêmement irritante.

Un an à peine après son mariage avec l'infante, au mépris du traité, il donne au Portugal une épée, un poignard, contre l'Espagne, l'excellent général Schomberg et de bons officiers ; il solde des troupes anglaises pour envoyer aux Portugais et faire accabler son beau-père. Il l'humilie dans Londres, où il exige la préséance pour son ambassadeur à main armée. Mazarin avait stipulé l'égalité des deux couronnes. Louis XIV ne s'en contente plus, et, sur cette question d'étiquette, il menace de rompre. Beau-père et plus âgé, c'est le roi d'Espagne qui cède ; il envoie ses excuses à un gendre de vingt-trois ans (1662).

Ces procédés si violents n'empêchent pas qu'en même temps Louis XIV ne veuille obtenir d'amitié l'annulation des renonciations de sa femme à la couronne d'Espagne. Il se porte pour héritier et roi possible du peuple qu'il vient d'outrager.

Il négocia constamment en deux sens, contre l'Espagne et avec elle. D'une part, il détache d'elle la Hollande et les Suisses, leur demande de ne pas garantir les provinces espagnoles. Il s'intitule déjà duc de Milan; il menace les Pays-Bas, il veut la Franche-Comté. Que Philippe IV lui donne la Comté seulement et le fasse héritier (éventuel) de la monarchie espagnole, il l'aidera contre la Hollande et l'Angleterre, avec qui il vient de traiter. Étrange politique, double, violente, indifférente aux principes comme aux amitiés. Il s'offre à tous, menace ou corrompt tous, et semble avoir à tâche de leur inculquer bien qu'il n'y a aucun fond à faire sur la parole de la France, et que son allié le plus intime en pourra craindre tout.

Il en est tout de même pour les puissances maritimes, l'Angleterre, la Hollande. Le roi agit à leur égard tout à la fois en ami et en ennemi. Et ici, chez des peuples libres, le résultat est grave. Dans l'un et dans l'autre pays, il y avait un parti français. La France, en peu d'années, à force d'imprudences, va anéantir ce parti.

En 1662, lorsque le mariage de Madame semblait lier Louis XIV et Charles II, lorsque celui-ci en Portugal faisait au profit de la France la guerre contre l'Espagne, Louis XIV n'en irrite pas moins l'orgueil anglais pour la question du pavillon. L'Angleterre, après la Hollande, était la plus grande puissance maritime, et ses vaisseaux couvraient les mers. Louis XIV exige le salut de cette grande marine pour la sienne, qui n'est pas encore. Question d'avenir, qu'on devait ajourner. Une lettre violente et menaçante du roi provoqua les Anglais, humilia devant son peuple ce Charles II, instrument de la France et qu'elle eût dû ménager à tout prix.

Même année, autre coup, qui rend l'Angleterre irréconciliable. Le famélique et prodigue Charles II nous vend Dunkerque (1662). Très-importante acquisition, qui assurait notre frontière. Seulement une telle vente perdait dans l'avenir le roi sur lequel notre cour mettait tant d'espérance. Les Anglais surent dès lors qu'un Français (et un catholique) siégeait sur le trône d'Angleterre.

La même politique, inconséquente et violente, tua en Hollande le parti de la France. Le grand citoyen, Jean de Witt, était Français dans l'intérêt réel de sa patrie. Il y voyait grandir à l'horizon le jeune Guillaume d'Orange, le péril futur de la république, l'espoir du parti militaire et antimaritime, que patronnaient fort les Anglais. Jean de Witt alla loin dans son amitié pour la France, puisqu'elle obtint par lui que, si elle faisait la guerre à l'Espagne, la Hollande ne défendrait pas les Pays-Bas espagnols, laisserait prendre sa barrière naturelle de tant de places qui la couvraient. Grande et dangereuse concession d'avenir pour laquelle de Witt obtint l'avantage présent, très-doux au commerce hollandais, qu'on réduirait, pour ses vaisseaux, les droits mis par Mazarin sur l'entrée des navires étrangers.

Louis XIV haïssait la Hollande, et Colbert jalousait son énorme prospérité. Ni l'un ni l'autre ne sentait combien il était important pour nous de maintenir à la tête du pays de Witt et son gendre Ruyter, l'immortel amiral, l'ennemi naturel des Anglais, autrement dit, combien il importait de tenir divisées les deux puissances maritimes que la victoire du parti orangiste eût réunies. Si une telle union se faisait, il était facile à prévoir que la marine de Colbert, que toutes ses créations, colonies, industrie, commerce, courraient de grands hasards.

La Hollande achetait nos vins, nos eaux-de-vie, et les portait dans tout le Nord. En échange, elle nous donnait des draps, des toiles. Le petit peuple de Hollande vivait de ces fabrications. La rude guerre maritime que les Anglais, sans cause ni raison, commencèrent par la saisie des vaisseaux hollandais, gêna fort le commerce de cette république, et, par suite, son industrie. Louis XIV la secourut très-faiblement. Il lui avait porté le très-sensible coup de frapper de gros droits les draps et toiles, quarante livres par pièce de drap! Arrêt dans la fabrication, chômage, etc. Le 13 juin, une grande défaite de la flotte hollandaise exaspéra le peuple, fit crier à la trahison.

Cette situation terrible n'effraya pas de Witt. Elle fit éclater la grandeur de son caractère. Ce politique, ce savant, cet élève de Descartes, homme jusque-là de cabinet, monte sur la flotte. Mais la mer est anglaise, elle le repousse à la côte. De Witt ne s'effraye pas. Il repart après la tempête, entre dans la Tamise, et, sous les batteries des Anglais, lui-même, hardi pilote, fait tranquillement le sondage des passes principales du fleuve. Menace redoutable d'invasion qui avertissait les Anglais. Ils respectèrent la flotte de Hollande, n'acceptèrent point la bataille. Et de Witt rentra en triomphe.

A ce moment, Louis XIV portait les derniers coups à son beau-père, Philippe IV. Ce prince infortuné, souffrant de maladies cruelles (paralysie, rétention d'urine, etc.) avait cédé à l'insolence de son gendre, dans l'espoir de trouver en lui un protecteur pour son fils au berceau, le petit Charles, qui allait rester orphelin. Cependant son abaissement ne lui avait pas profité. Louis XIV ne lui permettait pas seulement d'entretenir ses fortifications des Pays-Bas, d'en compléter les garnison. Par un luxe de perfidie qu'on ne peut expliquer, il renouvelait à Madrid la vieille idée d'une croisade de la France et de l'Espagne pour la conquête de l'Angleterre, — et cela au moment où le roi d'Angleterre, en nous rendant Dunkerque, ne révélait que trop à quel point il était Français.

En 1665, ce qu'on avait longuement préparé arrive enfin et s'exécute. Schomberg, nos officiers français, conduisant l'armée portugaise, accablent celle d'Espagne à la bataille décisive de Badajoz. Et Philippe IV en meurt. L'Espagne et l'infant Charles restent aux mains de la veuve, une Allemande, dirigée par son confesseur, le Jésuite autrichien Nithard. La veuve et Nithard ne font rien, ne préparent nulle défense. Et pourquoi? Ils ne pouvaient rien; en essayant d'armer, ils n'auraient fait que provoquer Louis XIV. C'était à lui, époux de l'infante d'Espagne, de voir s'il voulait faire la guerre au frère de sa femme, âgé de deux ans, à son propre neveu, son pupille naturel, sans défense, qui, contre ses coups, n'avait d'abri que son berceau.

A lui, héritier très-probable de cet enfant malade, à lui de voir s'il voulait outrager l'Espagne dans sa tombe, ce noble peuple, déchu par ses fautes sans doute, mais aussi par sa grandeur même, qui l'avait épuisé, dispersé par toute la terre.

Le mourant, en bon Espagnol, n'avait formé qu'un vœu : que, si l'Espagne devait recevoir un maître étranger, du moins ce fût un maître faible qu'elle absorberait, assimilerait et ferait Espagnol. Voilà pourquoi il avait marié sa seconde fille à son cousin d'Autriche, et sans lui faire faire de renonciation. Au contraire, unie à la France, l'Espagne avait à craindre de se perdre. Cette préférence pour Léopold n'avait rien d'injurieux pour nous. On ne voulait rien qu'exister. Mais, sous un roi si dur, si outrageusement hautain pour ses parents (Philippe IV), pour ses amis (le roi d'Angleterre), pour le vieux pape lui-même, l'Espagne ne pouvait qu'attendre la honte, l'anéantissement.

Le prétexte de l'invasion fut ridicule. Dans une province des Pays-Bas, il était de droit civil qu'un des époux mourant, la propriété de tous leurs fiefs passât à leurs enfants; le survivant n'avait qu'un usufruit. Le but unique était d'empêcher ce survivant de se remarier. Jamais cette coutume de Brabant n'avait été étendue aux autres provinces, jamais elle n'avait eu de portée politique, n'avait réglé la haute question de la souveraineté des États.

Louis XIV allégua, de plus, qu'il n'avait pas reçu la dot d'argent promise au mariage, qu'il voulait se payer en terres. Mais ne fallait-il pas auparavant, entre parents, s'entendre et s'expliquer, chercher un arrangement, tout au moins avertir et assigner le débiteur, un mineur, un enfant? Fallait-il employer pour contrainte le fer et le feu, se mettre en garnisaire chez l'orphelin, et, pour ce payement, l'égorger.

Du reste, Louis XIV ne dit point cela au moment naturel, à la mort de Philippe IV. Au contraire, il rassura la veuve et Nithard. Il dupa celui-ci, fut plus jésuite que le Jésuite. Il dit : « Le jeune roi est mon beau-frère. Je le protégerai, lui donnerai toutes les marques d'amitié, de tendresse, qui sont en mon pouvoir. »

Dès lors il préparait la guerre, et, par des négociations habiles et suivies par toute l'Europe, il assurait, complétait l'isolement de l'orphelin.

Un portrait admirable, gravé de la main de Nanteuil (*Bibl. de Sainte-Geneviève*), nous donne naïvement le roi d'alors. Il triomphe de sa fausseté, s'en félicite et s'en admire. Il cligne malicieusement de l'œil, semble dire : « Ah! que je suis fin! »

A quoi bon? je ne le vois pas. Il était le seul fort. L'Espagne se fiait à lui, était comme à ses pieds. Pour un léger secours de recrues allemandes qu'il lui avait permis de faire venir, l'ambassadeur reconnaissant embrassa ses genoux. L'Angleterre, frappée de la peste, de l'incendie de Londres, des intrigues papistes, de la guerre de Hollande, n'en pouvait plus. Et cette dernière, gouvernée par de Witt, par le parti français, écoutait crédulement tout ce qu'il lui plaisait de dire.

Dès avril 1667, il avait acheté un à un les princes

du Rhin pour qu'ils ne secourussent pas l'Espagne. Il avait assuré au Portugal un subside annuel, énorme, à condition qu'il ne ferait jamais la paix avec l'orphelin de Madrid.

Mais le plus admirable, un vrai tour de Scapin, c'est la manière dont il attrape et l'Angleterre et la Hollande. Il jure aux Hollandais qu'il ne fera rien aux Pays-Bas sans eux, bien plus, que, s'unissant à eux, il aidera leur amiral Ruyter à forcer la Tamise. Pendant ce temps, la bonne vieille reine d'Angleterre a accommodé les deux rois, réglé la double trahison. Louis trahira la Hollande, aidera Charles contre son peuple. Charles trahira l'Angleterre et laissera faire aux Pays-Bas.

Le premier résultat probable, c'était que les Hollandais, livrés par le roi leur ami, arrivant seuls au terrible rendez-vous de la Tamise, seraient éreintés, écrasés; que les boulets anglais, travaillant pour Louis XIV, les mettraient hors d'état de se mêler de nos affaires et d'empêcher notre conquête.

Tout était prêt. L'Espagne n'avait aucun moyen d'empêcher rien. Cependant, pour se moquer d'elle, le 1er mai, on la rassure; le 8, on lui déclare la guerre (1667).

CHAPITRE VII

LA CONQUÊTE DE LA FLANDRE — MONTESPAN — AMPHYTRION

1667

La guerre de Flandre, pour la cour, c'est le mometu joyeux du règne de Louis XIV, une amusante fête; c'est presque un tournoi de parade; comme le fameux carrousel, le bal à cheval, donné devant les Tuileries. Tous étaient jeunes, tous étaient gais; l'argent roulait (la Fare). Avec la reine mère étaient partis les vieux. Un horizon s'ouvrait de conquêtes plutôt que de guerres, seulement de brillants coups de main, de quoi conter aux dames. Sécurité parfaite sous le sage Turenne. Les dames aussi partirent bientôt en guerre, par carrossées, dans les grandes et commodes voitures dorées, salons roulants, où l'on riait, mangeait. C'est ce qui amusait le plus le roi. Il suivait à cheval, entrait souvent dans ces carrosses, aimait à voir manger, distinguait les belles mangeuses. Les petits accidents de cette vie mobile, les dîners, les couchées, avaient aussi leurs aventures. La conquête de Flandre en entraîna une autre qui changea toute la cour, et fut hardiment célébrée par Molière dans l'*Amphytrion*, l'imbroglio galant qui mit Jupiter chez Alcmène.

Le digne monument de cette agréable campagne est notre porte Saint-Martin (quoique datée d'une autre époque). Monument héroï-comique, bas, lourd, farci de vermicels, et tout empreint de la grasse matérialité du moment. Cette masse sourit, égayée par la figure unique du grand acteur qui couvre tout. L'art paraît ici songer moins à consacrer la gloire du roi que sa beauté et la perfection de ses formes. Dans sa belle nudité classique, et grandi du cothurne, un Hercule en perruque écrase la Belgique, qui ne combattit point, et la Hollande, qui le fit reculer.

Le danger n'était pas fort grand en cette guerre. Le gouverneur espagnol, homme de cœur, avait un fort bon général français, Marsin, mais point de troupes. Quand il avait voulu se fortifier, on l'avait grondé de Madrid. On lui avait fait honte d'avoir de telles pensées sur le roi très-chrétien. Tout ce qu'il put, ce fut de raser les petites places pour se concentrer dans les grandes. Mais il n'eut pas le temps; on le surprit le marteau à la main.

Cependant Turenne avança avec une prudence excessive. Sa responsabilité d'avoir là le roi en personne ajoutait encore à sa circonspection naturelle. Le 2 juin, il prit Charleroi abandonné. Il avait trente-cinq mille hommes ; plus, deux corps d'armée le suivaient de côté, vers le Rhin, vers la mer. Il occupait la route, fort libre, de Bruxelles. Nos jeunes gens voulaient y aller. Turenne resta là quinze jours, pour fortifier, disait-il, Charleroi, mais en réalité pour savoir ce qui advenait de Ruyter. Attendait-il les Français pour passer? ou bien s'était-il risqué seul?

La marine formée par Cromwell était fort redoutable; elle avait tenu tête aux Hollandais avec une extrême ténacité. Mais, d'autre part, de Witt branlait; il avait besoin d'être raffermi par un grand coup. S'il renonçait à cette attaque, il reculait, sur quoi? Sur la mauvaise humeur de ce peuple muet, mais dangereux, sur la révolution peut-être. Ruyter pensa que, puisque le vin était tiré, il fallait le boire, et il se passa des Français.

Nous avons son portrait au Louvre, du puissant pinceau de Jordaens. Œuvre pantagruélique d'un burlesque sublime qui eût enchanté Rabelais. C'est Gargantua en largeur, moitié baleine et moitié homme. Ses gros yeux noirs, saillants sur son visage rouge, superbement tanné, lancent la vie à flots, une redoutable bonne humeur et la contagion de la victoire.

C'est l'invincible et l'infaillible, c'est le pape de la mer. Dans le tableau, il parle, et on entend le tonnerre de sa voix. Jordaens a dû le suivre, le prendre en plein combat, dans ses gaietés royales, quand son âme joyeuse emplissait une flotte, quand les boulets pleuvaient, que les vaisseaux en feu sautaient autour de lui. Il lui fallait ces grandes fêtes, comme le bal qu'il donna aux Anglais en juin 1666; il dura trois jours et trois nuits.

En juin 1667, il alla droit dans la Tamise, au jour dit, le 4 juin. Et c'est justement cette ponctualité qui surprit les Anglais. Ils croyaient qu'il n'irait pas seul. Il cassa comme un fil la chaîne qui fermait la Medway, prit le fort de Sheerness, prit, brûla des vaisseaux, détruisit ou enleva les magasins, remonta la Tamise vers Londres. Les Anglais consternés eurent tout le temps de voir le Hollandais se promener, boire sa bière et soigner ses poules; il y tenait beaucoup et les avait toujours à bord; c'était son amusement.

Il se trouva si bien dans la Tamise, qu'il ne voulait plus s'en aller. Il restait à attendre pour voir si les Anglais se réveilleraient. Cela dura plusieurs semaines. Cependant la Hollande faisait à l'Angleterre des propositions honorables, étonnantes même. Elle voulait calmer à tout prix l'orgueil souffrant de sa rivale. Elle lui offrait de saluer le pavillon anglais dans les mers anglaises. Partout ailleurs, égalité. On gardait ce qu'on avait pris des deux côtés. L'Angleterre accepta (31 juillet 1667). Elle était furieuse, mais contre son roi qui l'avait laissé humilier. Ce fut encore un coup fatal à notre roi français de Londres, donc à Louis XIV même.

On pouvait croire que l'Espagne aux abois allait appeler à son aide les deux puissances maritimes, s'ouvrir à elles plutôt qu'à son parent perfide. Turenne n'eut nulle envie d'avancer. Il ne quitta point le pays wallon, s'attacha aux frontières de la langue française, s'en alla à gauche, à Tournai, qu'il prit (21-26 juin), enfin Douai (2-6 juillet).

Guerre sans guerre, où pourtant les Belges assurent que les troupes de Louis XIV faisaient beaucoup d'excès. La Hollande intervint, proposa sa médiation (4 juillet), que le roi ne repoussa pas. Seulement il voulait, outre la Flandre française, avoir la Franche-Comté et le Luxembourg. Ce Luxembourg l'eût mené en Hollande.

Il y avait sept grandes semaines que le roi était loin des dames. Il se chargea de leur porter les drapeaux qu'on avait reçus plutôt que pris, et il alla chercher la reine pour la montrer, réchauffer ses nouveaux sujets, qui n'applaudissaient guère et faisaient triste mine.

Pour qui revenait-il? Pour la Vallière alors enceinte? En partant, il l'avait installée à Versailles et fait duchesse en légitimant ses enfants. Pour une passion dont l'attrait avait été le mystère, ce grand éclat n'était pas d'un bon signe.

Les habiles le voyaient flotter. La Choisy avait tout exprès fait venir une jolie demoiselle qui ne réussit pas. Les rieuses (la Montespan) trouvèrent moyen de rendre ridicule la pauvre provinciale. Le roi n'osa l'aimer.

Avec un air si absolu, il dépendait beaucoup de l'opinion, suivait celle de ses entourages. En ce moment, il avait pris de l'engouement pour un fat, qui n'avait que trop d'influence sur lui.

Lauzun, un cadet de Gascogne, simple officier au régiment de Grammont; ses parents avaient percé par l'insolence. Il n'avait pas les dons brillants de Vardes, ni aucun mérite solide ; nul talent ; on le vit dès qu'il fut dans les hauts emplois. C'était un petit homme blondasse, vif, hardi et bien fait, de mauvaise mine, aigrefin, l'air méchant. Il était hargneux, provoquant, il marchait sur les femmes, et son amour était l'insulte. Il leur plut fort. « Il est extraordinaire en tout, » dit Mademoiselle avec enthousiasme.

Il avait choisi pour emblème *une fusée*, pour aller au plus haut. Il déplut ; on le mit d'abord à la Bastille. Là, notre homme songea et se retourna en gascon. Ses amis le trouvèrent désespéré, la barbe longue ; il la laisse pousser et ne la coupera pas que son maître n'ait pardonné. Il va mourir si on ne lui pardonne. La comédie lui réussit et lui gagna le roi. Les valets l'ennuyaient, il aima mieux ce méchant petit dogue qui mordait tout le monde, ne léchait qu'une main, assaisonnait la bassesse par l'impertinence.

Le roi lui donne d'abord son régiment de dragons, un joujou personnel qu'il s'amuse à former lui-même. Superbe occasion de dépense. Or, Lauzun n'avait rien. Il fallait brusquer la fortune. Beaucoup de gens trouvaient que la Vallière durait longtemps. Si l'on pouvait donner au roi une maîtresse, la cour changeait, la pluie des grâces allait se détourner. Lauzun vanta la Montespan. Cela n'avait pas grande chance. Le roi la connaissait, la voyait tous les jours sans y faire attention. Il l'avait connue demoiselle chez Madame, où elle fut brouillonne, intrigante, se fit chasser. Elle avait épousé Montespan, homme d'esprit, petit-fils du bouffon Zamet, et elle en avait eu un enfant. Elle avait déjà vingt-sept ans. C'était une fort belle Poitevine, enjouée, grande et grasse. Son portrait (à Fontainebleau) la représente assise, nourrissant de jolis enfants, dont l'un tette avidement ses beaux seins pleins de lait. Eh bien, ces attributs touchants, cette plénitude charmante de la seconde jeunesse, qui éclipse la première, ici ne charment pas du tout. On ne la sent vraiment pas mère. Pas un enfant n'irait à elle. Elle n'aimait point les enfants, ni les siens même, ni personne. Avec ce grand luxe de chair, cette richesse de vie et de sang qui souvent donne au moins certaine bonté physique, une nature ingrate perce pourtant. Le peintre, en appelant ce portrait-là *la charité*, a l'air de se moquer de nous.

Elle a dit elle-même qu'elle n'était venue à la cour que dans le ferme propos de se faire maîtresse du roi. Le roi jusque-là aimait trois femmes très-bonnes, la reine, Madame et la Vallière. Il craignait les méchantes. La Montespan fut patiente, elle se fit d'abord accepter de la reine en parlant mal contre la Vallière, puis de la Vallière elle-même, qui, craignant d'ennuyer le roi, aimait à avoir là cette rieuse pour le divertir.

Jamais peut-être on n'aurait réussi sans une circonstance. La reine attendait le roi à Compiègne. Toute la cour y était; madame de Montespan couchait chez madame de Montausier, gouvernante des enfants de France, sous l'abri et la clef de cette reine des Précieuses, prudence qui eût fait honneur à une jeune demoiselle, et qui semblait de luxe pour une dame qui allait vers trente ans.

Le roi, arrivant à Compiègne, trouva que son appartement, voisin de celui de la reine, était pris par Mademoiselle. Chose bizarre dans une cour tellement vouée à l'étiquette, le roi de France ne savait où coucher. Mais il ne fut pas difficile. Il logea dans une antichambre, fort près de l'appartement de madame de Montausier ; il n'y avait rien entre qu'un petit escalier. Cela était ingénieux, et on irrita encore la tentation en posant, par honneur, une sentinelle sur l'escalier ; mais le roi ne l'y laissa pas.

Madame de Montausier était la dernière représentante des temps de Louis XIII, des amours purs d'alors entre le roi et une sainte, des amours fidèles, patients ; elle était elle-même cette fameuse Julie de Rambouillet que le grave Montausier adora quinze années sans se presser, et dont la virginité célèbre inspira tant de sonnets et tant de madrigaux. Grand contraste avec l'âge nouveau, un roi jeune, absolu, qui pouvait dire partout, comme César : *Veni, vidi, vici*. La bonne dame pouvait deviner une invasion, une surprise militaire ; ce n'eût pas été la première. On se rappelle que la gouvernante des filles de la reine fit griller leurs fenêtres et fut disgraciée. Madame de Montausier eût pu tourner la clef, mais qu'aurait dit le maître ? Rien ne lui résistait alors, toutes les places se rendaient à lui.

En réalité, ce fut moins de la dame que de l'appartement, de l'aventure, de la surprise, du mystère qu'il fut amoureux. La reine, précisément, couchait au-dessous ; il ne fallait pas l'éveiller, ni madame de Montausier. Ce fut la grande séduction de la rusée d'avoir pris domicile dans le logis de la vertu.

Ce temps et cette cour étaient merveilleusement disciplinés. Personne ne s'étonna, on trouva naturel que le roi logeât dans ce galetas. Il s'y enfermait le jour, il y travaillait la nuit, disait-il, au grand chagrin de la reine, qui s'inquiétait pour sa santé, ne le voyant venir coucher qu'à quatre heures du matin.

Au bout de quelques jours, il l'emmena jusqu'à La Fère, et lui-même était en avant, à Guise, avec des troupes. Un bruit étrange se répand chez la reine : la Vallière va arriver le lendemain. Elle est hors d'elle-même : ses dames se désolent avec elle; madame de Montausier est indignée de l'audace de cette fille. Madame de Montespan soupire, dit : « Dieu me garde d'être la maîtresse du roi ! si j'avais ce malheur, je n'aurais pas l'effronterie de paraître devant la reine.»

La Vallière arrive dès le soir. La reine, exaspérée, défend qu'on lui donne à manger. Elle n'en avait guère besoin; la terrible nouvelle l'avait frappée à Versailles, et elle avait volé, oubliant tout, la reine, le bruit des convenances, n'ayant qu'une pensée, le rejoindre, mourir à ses pieds.

Bizarre événement! Rêvait-on? veillait-on? La Vallière audacieuse!... Pour la connaître, il faut savoir qu'un soir, chez Madame, elle faillit périr pour accoucher furtivement, qu'en effet elle accoucha « pendant que Madame était à la messe, » qu'elle ne fit semblant de rien, veilla jusqu'à minuit la tête découverte, risquant mille fois sa vie.

Eh bien, cette fille craintive, la voici qui brave tout. La reine défend à son escorte de laisser partir personne avant elle, pour parler au roi la première. Mais la Vallière est en avant; d'une hauteur elle a vu où était l'armée, et elle y va à toutes brides. La reine voit au loin ce carrosse lancé dans la poussière, et qui va comme un tourbillon... « Arrêtez-la ! arrêtez-la ! » dit-elle. Mais elle a trop d'avance, et elle arrive la première.

Du reste, la pauvre reine eût pu comprendre la vanité de ce débat entre elle et la Vallière. Le roi leur avait échappé. Tout le jour il s'enfermait chez madame de Montausier, qui, je ne sais comment, à chaque couchée, logeait tout à côté de lui.

La Montespan trompait encore la reine par sa dévotion. Elle l'édifiait, l'amusait en lui contant les soins qu'elle prenait, sur la route, des hospices et des hôpitaux, d'un surtout d'orphelines. Elle parlait, imitait les mines grotesques des petites Flamandes, les contrefaisait une à une.

Rien de plus gai que ce voyage. C'est le moment qu'a pris le bon Van der Meulen (voir au Louvre). Le grand carosse doré contient toute la carrossée des dames de Louis XIV. Celui-ci, magnifique (tout idéal, ce n'est pas un portrait), monte un gros blanc cheval normand ; des laquais de six pieds au moins, des Flamands à genoux. Le roi, bien plus souvent, était dans le carrosse, à rire avec la Montespan.

Le seul acte vraiment militaire de la campagne fut le siége de Lille, où Marsin avait concentré tout ce qu'il avait de forces (août), mais il ne réussit pas à armer, à entraîner les habitants. Le roi, déjà très-fort, fut fortifié par le retour du corps d'armée d'Allemagne. Les Lillois redoutaient l'assaut, ils forcèrent Marsin de se rendre (28 août 1667). Dans sa retraite, toute l'armée tomba sur lui, et remporta un succès trop facile.

On fut fort étonné de voir le roi vainqueur s'arrêter court. Turenne tâta Gand, et se retira. Déjà il avait levé le siége de Deudermonde. Qui faisait donc avorter la conquête, si facile, des Pays-Bas? L'offre désespérée que l'Espagne fit aux Hollandais de leur mettre ses places en main. La Hollande intervint. Charles II n'était pas le maître de seconder Louis XIV.

Il y eut un moment d'arrêt. Le roi donna les récompenses de la guerre. A Lauzun, une charge princière, celle de colonel général des dragons, et le gouvernement d'une grande province, le Berri. A M. de Montausier, la place naturelle du plus honnête homme de France, celle de gouverneur du Dauphin. Choix excellent. Tous louèrent et sourirent. Mais madame de Montausier devint dès lors malade, et plus malade encore d'esprit.

Le mystère de Compiègne n'était plus un mystère. M. de Montespan, esprit bizarre, loin de se résigner, comme tant de maris patients, s'emporta, souffleta sa femme, qui s'enfuit de chez lui. Dès lors, il se dit veuf, il en porta le deuil. Il se promena par les rues dans un carrosse drapé de noir; aux quatre coins, des cornes pour panaches. Incroyable insolence, que le roi eût punie, si la dame n'eût cru qu'il valait mieux en rire. Elle avait fait un pas hardi. Elle avait élu domicile chez sa grande amie la Vallière, qui n'osa l'éconduire, et dès lors ne fut plus chez elle. La rieuse effrontée fut maîtresse de tout, la Vallière sa servante. Situation cruelle, où les ébats de l'une étaient assaisonnés des pleurs de l'autre. La Montespan, du reste, n'était pas exclusive; loin de pleurer, elle riait, quand le roi revenait à l'autre et consolait cette pleureuse.

Il manquait une chose à ces plaisirs, c'était d'être étalés, mis sur la scène. On joua la nuit de Compiègne. Sans un ordre précis, Molière ne l'eût jamais osé. La chose était barbare, elle navrait la reine et la Vallière, et madame de Montausier, M. de Montespan, tant d'autres. Molière n'eût pas fait de lui-même cette cruelle exécution. Il y déplore sa servitude. Que peut Molière-Sosie? Il sert et servira. Car il n'a que son maître, et contre lui toute la cour; la vieille cour à cause de *Tartufe*, et la jeune pour le *Misanthrope*. La ville bâillait à son théâtre, aimant mieux le divin Scaramouche, qui justement revenait d'Italie. Il n'était pas sifflé, le roi n'eût pas souffert qu'on manquât à son domestique. Mais le dédain, un froid de glace, depuis deux ans frappait ses pièces. Ses propres acteurs aigrement plaignaient son talent éclipsé. Et sa jolie femme (adorée de ce sombre génie souffrant), parmi les blondins, les marquis, lui prodiguait les consolations désolantes de la femme, des amis de Job.

Pour comble, l'autre fée dont l'amour douloureux le poursuivit jusqu'à la mort, la muse, l'art, ne lui laissait pas de relâche. Il s'acharnait à faire jouer *Tartufe*. C'est en vain qu'il avait cousu à la pièce, complète en trois actes (et plus forte ainsi), deux actes qui font une autre pièce pour l'apothéose du roi. Le roi disait bien qu'on jouât, mais n'en donnait pas l'ordre écrit. Lamoignon, si docile, ici restait très-ferme.

Molière essayait tout, priait les nouveaux dieux, espérait dans Alcmène. S'il se pouvait qu'aux heures où Jupiter voit trouble, elle tirât de lui l'émancipation du *Tartufe!*..

Voilà le secret de Sosie, le salaire espéré de la farce, des coups de bâton.

Il y a dans cette pièce une verve désespérée. Dans tel mot (du Prologue même) une crudité cynique que les seuls bouffons italiens hasardaient jusque-là, et qui, dans la langue française, étonne et stupéfie. Mais les dieux le voulaient ainsi. Ils voulaient, on le voit, être joués eux-mêmes. Donc, on eut l'étonnant spectacle, la prétendue victime de la fausse surprise expliquant la nuit de Compiègne, Alcmène naïvement contant à son mari les plaisirs qu'en épouse consciencieuse elle a donnés à Jupiter.

La vengeance de Molière pour la misère où on le fait descendre, c'est que, s'il est battu, il n'en est pas un dans l'affaire qui n'ait aussi sa part. Mercure-Lauzun est là à l'état de valet. Tous avilis, vertu elle-même, la légende de l'amour pur, la favorite, Julie (Montausier), qui, là-bas, pâle au fond des loges, regarde, est regardée. Elle en mourra deux ans après.

Au temps de Richelieu, Corneille a pu dire : « Que vous reste-t-il? *moi*. » Mais le propre de ici, c'est que ce *moi*, même est en doute.

« Je pense, donc je suis, » disait alors Descartes. Dans le naufrage restait l'intelligence pour affirmer la vie. Molière-Sosie dit : « *Suis-je?*... il me semble que je pense encore? »

Révélation cruelle sur la vie de l'acteur, qui sans

cesse se nie, se moque de lui-même, pour se croire, se sentir, dans son masque, son rôle d'emprunt.

Mais tous étaient acteurs, et tous étaient Sosie. La foule dorée des imbéciles qui riaient de son doute, en qui se sentait-elle vivre? en elle? non. Mais dans ce masque, dans ce royal acteur qui seul *était*, et le reste un néant.

Or, qu'était donc ce masque, et ce roi d'avant-scène? Qu'on aurait trouvé peu de chose, si l'on eût regardé en lui!

Le pis, c'est que Sosie avoue que le dur argument de Mercure, le bâton, lui touche l'âme, et qu'il commence à l'admirer. Misère, misère profonde! contre la force injuste, de ne pas garder le mépris.

CHAPITRE VIII

GRANDEUR DU ROI — CRÉATIONS DE COLBERT — LE ROI
ARRÊTÉ PAR LA HOLLANDE

1668

La nuit, bonne amie de Mercure, complaisante aux larcins d'amour, non moins obligeamment sert partout cet hiver la politique du roi. Pendant qu'en haut il tonne et il foudroie, il est en bas dans l'ombre le grand tentateur de l'Europe. Il offre tout à tous, à Charles II le pouvoir absolu, à son compétiteur Léopold l'Espagne elle-même, dont il ne veut, dit-il, que les membres extérieurs. Notre envoyé à Vienne reçoit du maître ce compliment d'être un adroit fripon. Mais toute cette adresse n'eût rien fait sans l'argent. Naguère on avait acheté le confident de Philippe IV, et l'on va acheter celui de Léopold, pour lui faire trahir son parent. C'est aussi par l'achat d'un traître qu'on eut la Franche-Comté.

Dès novembre 1667, le roi visait cette province. Neutre depuis longtemps, elle n'avait point, ne voulait point de troupes. Elle se glorifiait, n'étant point attaquée, de se défendre elle-même. Elle l'était en réalité par la protection de ses voisins, les Suisses.

Il s'agissait d'endormir l'une et l'autre, la Suisse et la Franche-Comté, la duègne et la pucelle. Ce fut comme la nuit de Compiègne. On choisit pour Mercure l'agent le plus sérieux. Le grand Condé, gouverneur de Bourgogne, dès longtemps en demi-disgrâce, sans emploi dans la guerre de Flandre, vivait, aigle sauvage, dans l'aire de Chantilly, ou les montagnes de Dijon. Ce sombre personnage qui tenait sa femme au cachot (et l'y tint même après sa mort), était le dernier à coup sûr dont on eût attendu une joyeuse espièglerie. La farce fut d'autant meilleure. Il menaça le gouverneur de la Comté, comme s'il n'eût voulu qu'en tirer de l'argent. En même temps, on achetait son bras droit et son confident, un abbé de Watteville, qu'il avait envoyé aux Suisses pour s'assurer de leur secours. Ce bon prêtre, jadis pour une folie de jeunesse (rien qu'un assassinat), avait passé aux Turcs, s'était fait Turc, puis, gracié et revenu, il convoitait une position de prince, la coadjutorerie de l'archevêché de Besançon. Il en eut la promesse. Il endormit les Suisses qu'il était chargé d'éveiller. Sûr de ne rencontrer personne, Condé avec quelque mille hommes marche vers la frontière. Tout est prêt, le roi peut venir. Il part de Saint-Germain (2 février 1668).

Superbe fut la mise en scène, et le décorateur Lebrun, dans ses emphatiques peintures, n'a pas d'effet plus grand, plus réussi. Qu'on se figure le roi, la foudre en main, dans ce noir tourbillon, roulant par les frimas, défiant et l'hiver et l'Europe... Il arrive, tout cède, que dis-je? il est encore en route, et déjà à Dijon, on lui apporte les clefs de Besançon. Dôle essaye de tenir. Le roi menace de tout tuer; on se rend. Quatorze jours ont suffi pour prendre la Franche-Comté.

Superbe tour d'escamotage. Tous furent éblouis, et le roi lui-même. Ce n'étaient pas seulement les trente-six villes conquises, des châteaux innombrables, mais la nature vaincue, aussi bien que l'Espagne. Condé subordonné et guidé par le roi, comme Turenne l'avait été en Flandre. Tout était dû à sa fortune, à ses victorieux auspices, à son heureux génie. Ils l'avouaient. Les savants mêmes, les poètes que Colbert lui payait partout, ce grand concert des lettres qui le divinisait, de qui s'inspirait-il! de lui. Il était le héros et il était la muse. Despréaux n'eût rimé sans lui. Molière, son domestique, vivait du roi, ramassait ses paroles; il lui devait ses meilleurs scènes, et n'y était que pour la mise en œuvre.

Puissance créatrice! un monde, une France nouvelle naissait de la pensée du roi. Le roi voulait, et Colbert écrivait. Son ouvrier Colbert, son commis, son bœuf de labour, le secrétaire de son génie, venait par un mortel travail de faire ce que le roi avait conçu en se jouant, une construction énorme, inouïe, de fantastique grandeur.

En cette création multiple, tout se trouve à la fois. Les lois, les instruments des lois, les choses avec les hommes, administration, industrie, commerce, enfin, par dessus, la machine à faire marcher tout (bien ou mal?), la bureaucratie.

Les lois (1667, 1670). Des travaux immenses du xviᵉ siècle qui a tout préparé, les commissions de Colbert tirent l'Ordonnance civile et l'Ordonnance criminelle.

Les voies de communication. Le grand système de nos routes royales est commencé. La merveille du canal des deux mers est trouvée par Riquet, et en dix ans exécutée. Les douanes intérieures de province à province sont supprimées, au moins pour la moitié de la France.

Nos colonies rachetées aux particuliers qui s'en étaient faits souverains. Des compagnies de commerce créées. Hors une seule, ces compagnies ne sont plus exclusives ; on y entre en mettant des fonds.

La marine se fait par enchantement. En quatre années, 70 bâtiments; en six, 194, dont 120 vaisseaux (1671). Mais, le plus fort, c'est la marine vivante, le peuple des marins mis sous la main de l'État. Cette France obéissante, en 1668, subit le régime *des classes*, où le roi déclare siens tous les matelots, pouvant les sommer à toute heure de quitter le service lucratif du commerce pour le service dur et pauvre des bâtiments de guerre.

Et, à côté de l'armée maritime, surgit de terre l'*armée industrielle*. On ne peut nommer autrement l'organisation que Colbert donne aux fabriques. Une France d'ouvriers en face de la France agricole.

Quelle sera cette création? A son premier essor (1664), on la croirait républicaine. Colbert dans chaque ville veut que les négociants élisent, envoient deux députés qui apportent leurs observations. Tout litige entre le commerce et le fisc est jugé par un comité de trois négociants et trois fermiers généraux.

De toute l'Europe, Colbert appelle des industries nouvelles. Les droits qu'il met, en 1664, sur les toiles et draps hollandais, anglais, permettent aux nôtres d'essayer ces grandes fabrications. Ces droits doublés, en 1667, fermant tout à coup le pays aux produits étrangers, donnent un mouvement subit, violent, quasi fébrile à l'industrie française. En 1669, la laine occupe 44,000 métiers. Lyon tout à coup devient énorme, exporte des soieries pour 50 millions. Des fortunes subites se font ici et là. Que sera-ce, quand l'industrie aura gagné partout? quand la France, maîtresse des mers, ayant succédé à l'Espagne, converti, brisé l'Angleterre, à la barbe du Hollandais, exploitera les Indes, et, dans ses nouveaux ports de Brest, Rochefort, Dunkerque, verra venir les galions? Mais qu'aura la Hollande? Ce qui la fit jadis, le hareng saur et la morue.

Telle fut l'extraordinaire ivresse et la violente fièvre qui tenaient les plus fortes têtes, non le roi seulement, mais Colbert, mais la France. Tout possible en paix et en guerre. L'administrateur de la guerre, le jeune Louvois, face rouge et tête de feu, plus violent encore que Colbert (et de famille apoplectique), brûlait de lancer sur l'Europe le char du roi, et, quoi qu'on opposât, répondait de passer dessus.

Quand Charles-Quint, après Pavie, Muhlberg, eut dans ses mains François Ier et les chefs protestants, il méprisa l'Europe et eut envie de l'empire turc. Quand Philippe II, après Lépante, voulut conquérir l'Angleterre, il trouva que c'était chose trop simple, voulut conquérir la Baltique d'où partiraient ses flottes. Tel et plus fier encore fut Louis XIV après cette surprise de deux provinces, conquérant sans combat, et vainqueur sans victoire. Dans les trois ans qui suivent, on le voit désirer, embrasser je ne sais combien de choses immenses et les plus divergentes :

1º *La succession d'Espagne.* Il en veut au moins le meilleur, le moins usé, comme la Flandre, en donnant l'os, l'Espagne à Léopold ;

2º *L'élection d'Allemagne.* Ce Léopold tout jeune, moins âgé que lui de quatre ans, le roi prétend lui succéder, et il va tout à l'heure acheter la voix de la Bavière pour la future élection ;

3º *L'empire turc* se conduit mal à notre égard, et trouve mauvais que nos Français, en Hongrie, à Candie, soit toujours pour ses ennemis. Le roi (1670) va faire lever des plans de l'Archipel, s'emparer de ses îles peut-être, du chemin de Constantinople ;

4º Mais plus près, les vrais mécréants, ce sont les protestants. Donc, à eux la première croisade. Toute la question est de savoir s'il faut d'abord convertir l'*Angleterre* à main armée ou frapper *la Hollanae.*

Pour résumer, le roi, monté comme à la pointe de cette création immense et subite de l'industrie et de la guerre, regardait la terre à ses pieds, et se demandait seulement ce qu'il daignerait prendre. Il se devait au monde, et, de ce qu'il était roi de France, il ne s'ensuivait qu'il dût refuser le bienfait de son gouvernement à tant d'autres nations. C'est ce qu'exprime sa médaille, où, sous son emblème, un soleil, on lit : « *Un pour plusieurs* (royaumes). »

Le roi rentrait à Saint-Germain dans ces hautes pensées, quand l'ambassadeur de Hollande lui notifia respectueusement ce qu'on appela la *Triple alliance*, la ligue qui lui liait les mains. Son Charles II l'avait lâché. Il avait eu la main forcée par l'élan de l'Angleterre qui se joignait aux Hollandais.

La Suède, notre fidèle alliée depuis quarante années, nous lâchait également.

On fut surpris. Tout traité, en Hollande, devait être soumis aux villes qui en délibéraient. Mais de Witt, pour brusquer la chose dans ce péril, avait risqué sa tête. Il avait hardiment signé (23 janvier 1668).

Le curieux de l'affaire, c'est qu'elle semblait dirigée contre l'Espagne. On la menaçait pour la protéger. La Hollande lui parlait de sa plus grosse voix. Au contraire, elle priait le roi, lui adressait d'humbles demandes, le chapeau à la main. De Witt faisait entendre qu'il était tout Français, mais qu'il ne pouvait plus arrêter ce peuple, qu'il lui échappait, qu'il agirait sans lui. Le roi chicanait d'abord. Mais il se vit abandonné du Portugal même qu'il venait d'acheter par un subside énorme. La reine, une Française, y avait fait une révolution, s'était démariée, remariée, avait pris le trône. Cette Française elle-même tourne le dos à la France, tend la main à l'Espagne, son ennemie. Mais l'ennemi de tous, et celui que tous craignent, c'est désormais Louis XIV.

Le 2 mai 1668, il signe enfin la paix à Aix-la-Chapelle, et rend la Franche-Comté.

Il gardait la Flandre française; la Hollande la gloire.

Elle triompha modestement par une simple médaille, sans phrase, et vraiment historique : « Les lois sauvées, les rois défendus et réconciliés, la paix conquise, la liberté des mers. »

Mais le monde malin imagina et répéta qu'une médaille toute autre avait été frappée, — hostile, hardie, véridique, après tout, — Josué et le soleil : *Stetit sol*, il s'est arrêté.

CHAPITRE IX

LE DÉBACLE DES MŒURS PUBLIQUES — DÉPOPULATION DE
L'EUROPE MÉRIDIONALE

1668

La guerre est infaillible. On peut prévoir d'ici que cet orgueil bouffi va crever en tempêtes, que la France, arrêtée dans son effort pour se renouveler, rentrera dans la voie misérable où sont les États du Midi.

La guerre naturelle et fatale de la royauté catholique contre la république protestante, l'essor effréné des dépenses et la furie des fêtes, l'infamie triomphale des favorites et favoris, l'avénement de madame de Montespan et du chevalier de Lorraine, la surprenante soumission des confesseurs aux mœurs publiques, c'est le spectacle de ce temps.

Ces brillantes années, entre les chants de gloire de Molière, Quinault et Lulli, sont comme un arc de triomphe qu'on croirait une porte de cité populeuse, et qui ne conduit qu'au désert.

On a dit que Colbert, si la guerre et Louvois ne l'avaient emporté, eût soutenu la situation; que l'effort colossal de ce grand résurrectioniste, à force de créer, eût dépassé l'effort, non moins grand, du roi, pour détruire. Je ne le crois nullement. Sous les pieds de Colbert, un terrain très-mauvais devait toujours le faire crouler. Il bâtissait sur quoi? sur les ruines de la moralité publique. Il crée le travail ici et là par les primes énormes que l'exclusion des produits étrangers donne à telle industrie. Mais le goût général est à l'oisiveté et à la vie improductive. Du plus bas au plus haut, tout regarde la cour. Qui peut, vit noblement. Colbert obtient, exige du clergé la suppression de quelques fêtes, et elles n'en sont pas moins chômées. Il promet pension aux nobles qui auront dix enfants (plus tard même aux non-nobles); mais cela ne tente personne. Les familles connues produisent de moins en moins; beaucoup finissent avec le siècle. Exemple, les Arnauld, famille prolifique, énergique. Le premier, l'avocat, sous Henri IV, *a vingt enfants* (dix sont d'église, dont six religieuses qui meurent jeunes). Le second, Arnauld d'Andilly, sous Louis XIII, *a quinze enfants* (dont six religieuses qui, la plupart, meurent jeunes). Le troisième, Arnauld de Pompone, ministre de Louis XIV, *a cinq enfants* (dont deux d'église), tous éteints sans postérité. Notez que cette race vigoureuse s'est alliée en vain à la race non moins énergique, à l'héroïque sang des Colbert.

Que sera-ce des autres familles, des bourgeois peu aisés, des pauvres? Deux choses les stérilisent :

1° *L'augmentation des dépenses.* Les objets fabriqués

quintuplent de valeur en un siècle ; le blé n'enchérit pas ; le propriétaire est gêné, vend mal son blé, en produit peu. Famine de trois ans en trois ans. Et cependant le luxe augmente ; on veut briller, on craint les charges de famille.

2° *La fluctuation morale* d'un siècle intermédiaire qui nage entre deux âmes, l'ancienne et la nouvelle, tient l'homme ennuyé, affadi. Il ne tient point à se perpétuer. Parmi ses pompes solennelles, l'idée religieuse va défaillant. Elle ne garde l'orgueil de la forme qu'en abdiquant l'influence morale. Elle ne règne qu'à force d'obéir aux vices publics, ne vit que pour autoriser l'esprit de mort qui l'emporte elle-même.

La France est sur cette pente. Mais, pour voir où elle va, il faut d'abord bien regarder les États qui l'ont déjà descendue, les deux empires surtout qui portèrent si haut le drapeau des religions du Moyen âge, l'Espagne et la Turquie. Différents dans la vie, ils se ressemblent dans la mort, et sont comme frères dans le tombeau. Une même chose les caractérise, la dépopulation.

Dès 1619, les Cortès ont dit ce mot funèbre : « On ne se marie plus, ou, marié, on n'engendre plus. Personne pour cultiver les terres... Il n'y aura pas seulement de pilotes pour fuir ailleurs. Encore un siècle, et l'Espagne s'éteint. »

Sous autre forme, mêmes plaintes en Turquie. Un Turc des plus vaillants, un des héros de la guerre de Candie, déjà vieux, ne pouvait rencontrer des femmes par les villes, sans s'écrier : « Le salut soit sur vous, mes femmes, anges de la terre, fleurs de l'arbre céleste!... Priez pour nous! que Dieu vous comble de ses grâces. Car vous enfantez des soldats. » (Hammer.)

Dès cette époque, le sérail périssait. Peu de femmes. On n'achetait que des enfants; l'impôt sur ce commerce fut supprimé vers 1600. Les quatre *ministres du diable,* vin, café, tabac, opium, donnèrent le goût des plaisirs solitaires, des ivresses non partagées. De la Turquie, les cafés se répandent en Europe, en Angleterre, bientôt en France (1669). Avant la fin du siècle, l'ignoble tabagie a pénétré partout.

L'effort que Colbert fait ici pour relever la France, se fait là-bas par moyens turcs. Un Albanais, cuisinier du sultan, Mohamed Kiuperli, *homme doux,* dit l'histoire, fait un affreux hachis, trente-six mille supplices en cinq ans. Il discipline les janissaires par l'extermination, tue jusqu'aux parents du sultan. La cruauté des Turcs redevient redoutable. Ils serrent Candie, ravagent la Hongrie.

Le fils du cuisinier, un savant, un guerrier, Ahmed Kiuperli, submerge la Hongrie d'un déluge de Turcs et de Tartares, qui monte au nord, et jusqu'en Silésie. C'est surtout pour faire des esclaves; quatre-vingt mille filles et enfants en une campagne, tandis que les Barbaresques en ramassent sur toutes les côtes. L'empire, sous ce vizir lettré, retourne, par calcul, à ses barbaries primitives, les grandes razzias d'enfants grecs pour le sérail qui les donne à l'armée. Ahmed en une fois fait deux mille pages du sultan.

La France, de plus en plus chef de la catholicité, de moins en moins s'entend avec les Turcs. Nos volontaires, sous la Feuillade, brillent à Saint-Gothard, où le Turc, repoussé, n'en impose pas moins la paix à l'Autriche, et le tribut à la Transylvanie (1664). Même événement en Candie, où la Feuillade, Noailles, nos vaillants étourdis, embarrassent les Vénitiens qu'ils viennent secourir. Ahmed triomphe encore et achève de prendre Candie (1666). Ces succès, et ceux qu'il aura sur la Pologne, n'empêchent pas que la Turquie ne s'affaisse, ne croule, par l'énervation de la race et sa stérilité immonde. Les casuistes turcs et le mufti lui-même (Hammer) donnent l'exemple et le précepte. Le Coran est vaincu. Toutes les fastueuses rigueurs de sévérité musulmane sont inutiles. Un athée brûlé vif, la fermeture des cabarets, la défense du vin, ne relèvent pas Mahomet. Kiuperli lui-même délaisse sa réforme ; découragé, succombe. En défendant le vin, il mourra d'eau-de-vie (1676).

L'Espagne était plus bas, beaucoup plus bas que la Turquie. Les Kiuperli parvinrent à créer de grandes armées. L'Espagne, contre le Portugal qui l'envahit, trouve à peine quinze mille invalides. La Castille n'est qu'épines et ronces ; dans la Vieille seulement, trois cents villages abandonnés, deux cents dans la Nouvelle, et deux cents autour de Tolède. L'Estramadure est un grand pâturage, habité des seuls mérinos. Mille villages en ruine au royaume de Cordoue. La Catalogne voit tous ses laboureurs fuir aux montagnes et devenir brigands.

De saignée en saignée, l'Espagne s'est évanouie. Une fois un million de juifs, puis deux millions de Maures, ou chassés ou détruits. Et l'émigration d'Amérique (au calcul de M. Weiss), coûte trente millions d'hommes en un siècle !

Du reste, il suffisait de la vie noble pour annuler l'Espagne. Elle tombe à six millions d'âmes, dont un million sont nobles ou prêtres. Mais tout le pays devient noble. Le chevrier sauvage vit noblement sur la bruyère; son fils noblement sera moine.

En 1619, les Cortès demandent en vain (ce que voudrait Colbert en 1666) la réduction des couvents. Ils croissent, multiplient, fleurissent de la désolation générale. Les religieuses, surtout, augmentent au xviie siècle.

Le mariage vaut la virginité; il devient infécond. On a vu le progrès du docteur en stérilité, du grand casuiste, le Diable, qui, dans ses fêtes du sabbat, avait enrôlé les sauvages populations du nord de l'Espagne, des montagnes de France. Il est intéressant de voir les premiers Espagnols qui firent une science de la casuistique, l'ingénieux Basque Navarro et le savant Sanchez, lutter encore pour la génération, sans laquelle tout finit à la fois, l'État et l'Église. Pour obtenir de l'époux que la famille dure et pour qu'on naisse encore, ils subtilisent et se tourmentent, descendent aux plus étranges complaisances, y plient l'épouse. En vain. Tout cela n'émeut guère le triste seigneur qui ne veut rien que finir noblement. Rien ne gagnera l'Espagne que la stérilité permise, l'autorisation de mourir.

Le brillant pamphlet de Pascal est loin de donner l'idée de cette grande révolution des mœurs européennes, loin de faire soupçonner l'étonnante élasticité avec laquelle la casuistique s'accommoda aux besoins de chaque peuple, céda selon les lieux, les temps.

Par exemple, en Pologne, ce qui pesait le plus à ce génie fier et mobile, ce cavalier sans frein, c'était l'éternité du mariage, ses empêchements, ses servitudes. On le gagna par là. Tantôt doux et tantôt sévères, les Jésuites, parfois, dispensèrent des vieux empêchements canoniques pour parenté. Et parfois, au contraire, pour favoriser les divorces, ils firent valoir ces empêchements, rendirent aux époux le service de trouver qu'ils étaient parents. Les reines leur livrèrent les rois, et ceux-ci le royaume. Casimir fut Jésuite. De là advint ce qu'on peut appeler le premier démembrement. Les Cosaques, persécutés par le clergé latin, renièrent la Pologne et se donnèrent à la Russie.

Le mariage resta indissoluble en Italie, mais le mariage à trois. La casuistique, ayant soulagé le mari de tout devoir envers sa femme, consola celle-ci en lui laissant un chevalier servant, mari plus assidu qui sauvait l'autre de l'ennui de vivre avec elle. Ces unions étaient publiques; tous trois, confessés et absous, communiaient ensemble aux grands jours. Elles devinrent légales, furent stipulées dans les contrats. Un illustre vieillard de Gênes, un S., en 1840, montrait un de ces actes parmi ses papiers de famille, acte notarié au dernier siècle : « La noble demoiselle, âgée de dix-huit ans, consent à prendre tel, un mari de vingt-huit, mais il lui garantit par écrit qu'elle gardera son chevalier servant, qui en a trente-deux. »

Ces languissantes Italiennes, dans leur oisiveté, au lieu d'avoir un singe, un petit chien, aimaient à traîner après elles un homme-femme, qui portait l'éventail ou donnait le mouchoir. Rien de plus froid. L'éternel tête-à-tête se passait à bâiller. Mais le mari bâillait aussi d'avoir à perpétuité cette ombre inséparable de sa femme, presque toujours un cadet sans fortune, un parasite. Chaque famille eut un enfant, sans plus. L'amour était stérile autant que le mariage. Tout était sec, la table maigre, avec des dehors fastueux. De réforme en réforme, on fit la plus économique, de supprimer la femme et ne plus se marier. Plus de maison. Ils vivaient seuls dans leurs palais déserts, avec quelques pages en guenilles.

Nos Français n'allèrent pas si loin. Pourquoi? Faut-il admettre que Pascal réforma la casuistique, que les *Provinciales* produisirent une grande réaction morale? Les Jansénistes disent : « Avant Pascal, les fameux manuels d'Escobar et de Busenbaum eurent quarante, cinquante éditions; après Pascal, une seule. » Vain triomphe, les choses n'en vont pas moins leur train, et les Jésuites n'ont que faire d'imprimer. Ces manuels deviennent inutiles, mais c'est parce qu'il sont dépassés. Le pas nouveau, hardi, qui se fit depuis Escobar, éclate dans la pratique. Mais on n'écrit plus presque rien. Et c'est seulement un siècle après que la casuistique, dans son code italien, avoue l'abandon des barrières qui, sous Escobar même, défendaient encore la nature.

Les mœurs turques, italiennes, adoptées d'Henri III, moquées sous Henri IV, reprennent un peu sous Mazarin. L'opéra italien (1644), ses travestissements, les amusements de carnaval, ramènent ces scandales. Les

Condés et Contis n'y donnent que trop. Monsieur avec éclat, ayant contre sa femme son confesseur, le bon père Zoccoli (1667).

Du reste, ces exemples eurent peu d'imitateurs. Les mornes plaisirs égoïstes, leur somnolence, n'allèrent jamais aux nôtres. Ils ne contentaient nullement le besoin de gaieté, de malice, qui est au fond de ce peuple. La débonnaireté des casuistes alla plus loin que nos péchés.

La femme reste la reine du plaisir, de l'intrigue. La vieille farce du mari trompé, si populaire chez nos aïeux, devient l'histoire universelle, autorisée d'en haut. Qui donc sera plus sage que le victorieux roi de France ? D'Amphitryon surgit un rire inextinguible. Cette glorieuse apothéose du cocuage par un cocu de génie qui s'exécutait noblement, convertit tout le monde. Chacun sentit, goûta la moralité de la pièce : Tout est divin, venant des dieux.

Ici c'est le contraire des romans de chevalerie, où l'inférieur, le pauvre, le vassal, est favorisé de la dame. Le mystère est plus simple. L'amant, c'est le maître, le roi, celui de qui l'on attend tout, celui chez qui l'on mange. Comment résister à cela ? Vivonne, frère de la Montespan, montrant ses joues rosées, rendait hommage à la cuisine royale. Et, pour la grasse Alcmène, le secret de son cœur fut le mot de Molière : « Le véritable amphitryon, c'est l'amphitryon où l'on dîne. »

Tout cela est fort gai, et le semblerait davantage s'il ne s'y mêlait point de larmes. Mais la farce n'amuse guère si elle n'en est assaisonnée. La Montespan eût ennuyé bien vite si elle n'eût possédé la Vallière, n'eût eu à piquer le souffre-douleur. Elle le sent si bien, qu'elle ne permet pas que ce jouet échappe; elle la garde, elle s'en sert, la prend pour femme de chambre, se fait coiffer par elle. Bien plus, ils l'avilissent, ne la comptant pas plus qu'un petit chien que le roi lui jette un jour avec risée.

Une autre chose qui amusait la cour, c'étaient les cris, les plaintes de M. de Montespan. Mais il passa toute mesure en allant faire vacarme chez madame de Montausier, malade, et qui mourut bientôt. Le roi, alors, fit une chose nouvelle en France, qui jamais ne se vit, ni avant ni après. Lui-même, de sa main, écrivit le divorce de M. et de madame Montespan, envoya cet acte bizarre au Châtelet.

Il ne s'en tint pas là. Il en tira une honteuse vengeance, le flétrit de l'argent qu'il le força de prendre; il lui paya sa femme, le chassa de Paris avec cent mille écus.

Partout même spectacle. Du plus haut au plus bas, chacun avilit bravement le faible et l'inférieur, qui avale ses larmes, tâche de rire, et flétrit à son tour quelqu'un plus bas encore, qui ne se vengera pas. Cascade et cataracte de honte qui va de classe en classe, de la cour à la ville, de la ville à la France, de la France aux nations.

Le grand écho de la douleur, c'est celui qui, d'office, est chargé de faire rire. Molière était malade, tout en faisant fortune, chargé d'affronts, d'argent et de soucis. L'*Avare* n'avait pas réussi. On ne riait que des cocus et de la bastonnade. Il gardait pour lui seul ces rôles de gens battus. Est-ce à dire qu'il n'en sentît rien? *Georges Dandin* est douloureux. *Pourceaugnac* est horrible. « Vous n'avez qu'à considérer cette tristesse, ces yeux rouges et hagards, ce corps menu, grêle, noir... » Hélas! c'était Molière, et lui-même faisait son portrait.

CHAPITRE X

MORT DE MADAME

1667-1670

Madame avait beaucoup de l'esprit des Valois, le charme des deux Marguerite. Cette fleur de l'ancienne France devait-elle refleurir par elle? Verrait-on de nouveaux Valois briller près de la forte (quelque peu lourde) branche de Bourbon? C'était un espoir de Louis XIV. On croyait bien que l'unique enfant mâle qu'ait eu Madame, le petit duc de Valois, pourrait être un François Ier. Il mourut au berceau. Irréparable perte dont elle ne releva jamais bien. Les quatre années qu'elle vécut depuis furent une suite de maladies. Elle fut deux fois encore enceinte, non sans danger; sa taille était un peu tournée; ce défaut de conformation devait marquer de plus en plus.

Dans l'été de 1667, elle fit une fausse couche, et reçut en même temps deux très-sensibles coups. Le roi qui vint de Flandre la voir, la consoler, avait pris justement à ce moment une maîtresse, et la plus odieuse, la méchante, la moqueuse, la Montespan. Dès l'hiver, elle remplit tout de sa grosse personnalité. En même temps, Monsieur, subjugué et décidément femme, eut un ami en titre, le chevalier de Lorraine, son cavalier qui lui donnait le bras et le menait au bal, en jupe, minaudant et fardé.

Désormais, c'est une autre cour. Et nous sommes tombés d'un degré. La médiocrité du roi, sa matérialité pesante apparaissent sans remède dans l'objet de son choix. Le scandale du double adultère s'affiche hardiment, effacé par la honte d'un frère avili.

Avec ces mœurs grossières, le charme doux et fin de Madame n'avait plus guère chance d'agir. A vingt-deux ans déjà, elle dut chercher l'influence par des moyens plus sérieux. Elle avait confiance dans un certain Gascon, Cosnac, son aumônier, évêque de Valence, qui brûlait d'avoir le chapeau, et, pour cela, travaillait de son mieux à la rendre ambitieuse. C'était un homme laid, à mine basse, de beaucoup d'esprit, de vigueur peu commune. Il lui fit entendre que peut-être il y avait encore moyen de relever Monsieur, de le tirer du bourbier. Les deux époux, se rapprochant et s'appuyant de Charles II, auraient plus de poids sur le roi. Pour cela, il fallait affermir Monsieur, et le rendre un peu homme, le produire et le faire valoir. Madame entra dans cette idée. A l'entrée de la guerre de Flandre, elle écrivit à Charles II pour qu'il obtînt du roi que Monsieur commandât l'armée.

Je n'ai rien vu de plus comique que ce tableau de Monsieur allant en guerre à la remorque du prêtre qui le traîne. Cosnac ne se ménage pas; il va à la tranchée pour que Monsieur y aille. Mais Monsieur dit qu'il n'est pas confessé... A cela ne tienne! on l'absout, on le pousse en avant.

Vaines espérances des hommes! Un matin descend chez Monsieur son chevalier de Lorraine. Monsieur redevient femme. Cosnac n'en peut plus tirer rien. Il reste dans sa tente à se parer, farder, en quatre miroirs.

Trois fois par jour, il va admirer le bel ami à la tête des troupes. Pour comble, celui-ci est blessé. C'est une égratignure, n'importe. Monsieur en perd l'esprit. De retour à Villers-Cotterets, ne pouvant parler d'autre chose, il se confie, à qui? à Madame, lui explique les qualités du chevalier, la fait juge d'un si grand mérite.

Il n'y eut jamais chose plus étrange. Sans honte ni respect humain, le chevalier s'établit au Palais-Royal, ordonna, régla tout. Il transforma Monsieur, et le rendit très-violent. Lui-même, depuis trois ou quatre ans, il était quasi marié avec une fille d'honneur de Madame. Mais il rompit avec éclat, et la fit chasser par Monsieur, qui ne daigna pas même en parler à sa femme. Monsieur lui enleva encore son aumônier Cosnac, et le fit exiler. Ces coups d'État montrèrent ce que pouvait le chevalier, terrifièrent le palais, et Madame fut abandonnée, même de ses serviteurs personnels. Son écuyer, son capitaine des gardes, son maître d'hôtel, devinrent les agents dévoués du favori, et elle n'eut plus en eux que des espions.

Cette histoire d'Héliogabale en plein christianisme et dans ce siècle lumineux, comment s'arrangeait-elle avec le confessionnal? Le roi communiait aux grandes fêtes devant la foule, et aurait trouvé fort mauvais que Monsieur s'abstînt, ou Madame. Son confesseur, à elle, était un moine, un rustre, un capucin, qui ne la gênait guère, et dont la belle barbe figurait bien dans un carrosse pour imposer au peuple (Montpensier).

Monsieur en avait un bien plus commode encore, le doux père Zoccoli, basse et plate punaise italienne, qui devint le complaisant, l'agent, le valet du favori. Cela révéla le progrès qu'on avait fait en douze ans depuis les *Provinciales*. Ce qu'eût gêné Escobar n'embarrassa plus Zoccoli.

Quand on chassa la fille d'honneur (mai 1668), Madame craignit que le chevalier, à qui Monsieur disait tout, n'eût écrit à sa maîtresse les dangereux secrets que leur confiait Charles II. Elle arrêta, ouvrit la cassette de cette fille, et en tira quelques lettres. La cabale prit peur. Madame vit venir le bon Jésuite, qui, les larmes aux yeux, prêchait la paix, vantait la paix. Il eût voulu escamoter les lettres. Mais Madame ne les avait plus : elle les avait mises en lieu de sûreté, dans la poche de Cosnac qui partait pour son diocèse.

Madame voyait bien une chose, c'est que le chevalier au fond n'avait rien à craindre du roi. Le roi avait toujours trouvé très-bon que Monsieur fût ridicule. Elle sentit qu'en cette lutte elle ne reprendrait le roi que par les affaires d'Angleterre, par son frère Charles II.

Celui-ci lui écrit (c'est-à-dire, lui répond), le 8 juillet 1668, que, « dans toute négociation, elle aura toujours une part qui fera voir combien il l'aime. » En août, il dit à notre ambassadeur : « Madame souhaite passionnément une alliance entre moi et la France, et, comme je l'aime tendrement, je serai aise de faire voir tout ce que ses prières peuvent sur moi. »

Il avait, même avant, encore en pleine guerre, puis en entrant dans la Triple alliance, écrit au roi qu'il était entraîné, agissait malgré lui. En réalité, tout le menait vers la France, et son besoin d'argent, et l'ennui de son parlement, son caractère même, son enfance et ses souvenirs. Sa mère (et Saint-Alban, qu'elle avait épousé) voulait le refaire catholique, et de bonne heure, on y employa la petite sœur. Celle-ci était poussée encore de ce côté par Cosnac, son vaillant évêque, qui se voyait déjà, botté, le chapeau rouge en tête, descendre en Angleterre à la tête d'une armée française.

La facilité singulière avec laquelle ce peuple qu'on croyait si obstiné, avait changé au xvie siècle, trompait au xviie. Madame ne croyait pas trahir. Elle croyait faire la grandeur de son frère, et celle du pays où elle était née. A l'Angleterre la mer, à la France la terre. La première, amie de Louis XIV, remplaçant à la fois l'Espagne et la Hollande, eût été la reine du monde (si la France l'était de l'Europe.) Louis XIV disait expressément, contre les idées de Colbert, « qu'il laisserait le commerce aux Anglais, au moins pour les trois quarts, *qu'il ne voulait que des conquêtes.* » (26 décembre 1668.)

Mais il aurait fallu que la première conquête fût l'Angleterre elle-même. Il en eût coûté des torrents de sang. Voilà ce que Madame, avec sa douceur, sa bonté, ne voyait pas sans doute quand elle s'engagea si loin dans les funestes voies de sa grand'mère Marie Stuart. Elle n'en avait nullement la violence, mais quelque peu l'esprit d'intrigue romanesque, et ce plaisir de femme d'avoir en main un écheveau brouillé pour en tirer le fil.

On sentait cependant si bien qu'il y faudrait une guerre que d'avance Louvois disputait l'affaire à Madame. Turenne n'aurait pu, en restant protestant, mener la nouvelle *Armada*. Il ne perdit pas un moment pour se faire catholique, il s'instruisit, lut le livre écrit à propos par Bossuet, l'*Exposition de la foi*, ouvrage peu agréable à Rome, mais, sous sa forme hautaine, bien combiné pour baisser la barrière, jeter un pont d'où passerait Turenne sur le rivage britannique.

Donc, ce bonhomme étudie à Paris, et son ancien lieutenant, le duc d'York, étudie de son côté à Londres. Heureux coup de la Grâce! Tous deux sont éclairés, convertis. L'effet fut immense. Turenne était si froid, si sage, si pesamment judicieux, que sa conversion sembla un arrêt du bon sens. En France, on dit partout que personne n'oserait rester protestant, sans se couvrir de ridicule. En Angleterre, York et ses Jésuites convertisseurs centralisent le parti papiste. Et Charles II est entraîné si vite, que, devant ses ministres, il pleure de ne pas être encore catholique. Le seul, dans ce conseil, qui résistât encore, quoique secrètement papiste, Arlington, dut céder, et il écrivit à Madame qu'il lui appartenait, et ne lutterait plus contre elle. Il fut décidé qu'on demanderait l'appui du roi de France (6 juin 1669).

Le vrai roi du moment était le commis de la guerre, cette rouge figure de Louvois, qui, occupant le roi de choses à sa portée, des détails du matériel, le menait comme il voulait. Il ne ménageait rien, ni Condé, ni Turenne. Il ne tenait pas compte de Madame, si nécessaire! Il avait adopté le chevalier de Lorraine. De sorte que ce petit garçon, autre Louvois dans le Palais-Royal, tête haute, ne voyait plus personne, ne saluait plus, ne connaissait plus la maîtresse de la maison.

Madame avait pourtant ses lettres chez Cosnac, qui, quoique fort malade, secrètement revient, les lui rend. Louvois le sait, l'arrête, ne lui trouve plus rien, et il en est si furieux qu'en le renvoyant à Valence il lui fit faire cent lieues sans respirer pour qu'il en mourût en chemin. Le roi aussi était fort irrité de ce retour de l'exilé. Madame agit finement. Sans agir elle-même ni se servir des lettres, elle fit savoir ici (par Charles II, sans doute) que l'étourdi avait le secret de l'État, jasait et bavardait. Louvois l'abandonna et le roi le fit arrêter. A ce moment, il était dans la chambre même de Monsieur. On ne respecta pas ce sanctuaire. Tiré des bras de son maître éploré, on le mena au château d'If, prison très-dure des criminels d'État.

Monsieur donna la comédie à tout le monde. Pleurant et sanglotant comme Orphée pour son Eurydice aux forêts de la Thrace, il s'en alla en plein hiver dans les bois de Villers-Cotterets. Madame en eut pitié. Elle n'attendait pas un châtiment si rigoureux. Elle le fit alléger, obtînt qu'il pût envoyer de l'argent au cher ami, adoucir et ouater sa cage.

Cependant le traité était fait entre les deux rois. Louis XIV avait subi des conditions exorbitantes d'argent, et une autre bien grave. C'est que Charles II, converti, partagerait avec lui la conquête de la Hollande, y enverrait un corps considérable, *garderait pour lui les îles hollandaises*, le vis-à-vis de l'Angleterre, avantage si énorme pour celle-ci, qu'il eût rendu nationale l'odieuse alliance et glorifié la trahison.

Deux points seuls restaient à traiter : 1° le décider à commencer la guerre avant la conversion, chose facile à obtenir; cette conversion l'effrayait au moment de l'exécuter; 2° ce qui était plus difficile, c'est de gagner sur lui qu'il envoyât très-peu de troupes, trop peu pour prendre et garder la part qu'on lui promettait. Louis XIV y mit cent vingt mille hommes; Charles II en promit six mille, *que sa sœur fit réduire à quatre*.

C'est la triste, honteuse, déplorable négociation que le roi imposa à Madame. Elle lui avait toujours obéi (comme elle le dit elle-même), et elle lui obéit encore en ce point, rendant son frère deux fois traître par l'abandon de la condition dernière qui atténuait sa trahison.

Tellement pesant, fatal, fut sur elle l'ascendant de Louis XIV. Elle avait bien besoin de lui. Monsieur avait tant pleuré, crié, près du roi, qu'il lui avait cédé. Il le voyait comme fou, craignait quelque esclandre de jalousie vraie ou fausse. Il lui donna la liberté du bien-aimé, qui s'en alla en Italie. Mais Monsieur, criant de plus belle pour qu'on le lui rendît, le roi se repentit, jura qu'il ne reviendrait de dix ans. Fatal serment, qui jeta la cabale dans le désespoir. Ils l'attribuèrent à Madame, et, dès lors, désirèrent sa mort. Elle ne vit plus autour d'elle que des visages sinistres et s'effraya tellement, qu'elle eut l'idée de se réfugier en Angleterre et de n'en jamais revenir.

Dès longtemps son frère l'avait demandée. En mai 1670, le roi arrangea ce voyage. Sous prétexte de visiter ses conquêtes de Flandre, il emmena la cour à Lille. Madame dit qu'elle voulait passer à Douvres et voir son frère. Monsieur, qui eût voulu être de la partie, fut retenu, en accusa Madame. Un jour, en ce voyage, la voyant alitée, il s'échappa, dit un mot menaçant : « Qu'on lui avait toujours prédit qu'il serait remarié. »

Tout le monde envia ce voyage à Madame. On n'en connut guère l'amertume (V. sa lettre à Cosnac). Le roi se fiait à elle, et ne s'y fiait pas. Montrant grossièrement qu'il doutait de son ascendant, il lui donna une étrange acolyte qui salit l'ambassade. C'était un don de roi à roi, une Basse Brette hardie et jolie, enfantine poupée à petits traits, qu'il envoyait à Charles II. Madame devait la mener, la chaperonner. Pour cet acte de prostitution, le roi avait acheté la petite, l'avait payée à sa famille, lui constituant une terre, et tant par chaque bâtard qu'elle aurait de Charles II.

Madame endura tout. Elle espérait que son frère lui

obtiendrait du pape la cassation de son mariage. Elle serait restée près de lui, vraie reine d'Angleterre, et le gouvernant par les femmes. On se ligua contre elle ; il lui fallut revenir ici.

Elle y trouva deux choses, non-seulement Monsieur exaspéré, envenimé, mais, ce qu'elle n'eût pas attendu, le roi très-froid. Il avait d'elle ce qu'il voulait avoir. Il n'alla pas au-devant d'elle, comme on l'avait pensé. La cabale en fut enhardie.

Elle pleura beaucoup, se voyant si peu appuyée. Monsieur l'emmena de la cour, de son autorité d'époux, ne la laissa pas aller à Versailles. Le roi aurait pu insister, mais il ne le fit point. Elle pleura encore plus, se laissa conduire à Saint-Cloud. Elle était seule, et tout contre elle, sa fille même, enfant de neuf ans; on avait réussi à lui faire détester sa mère.

Il faisait chaud. Elle prit un bain qui lui fit mal, mais elle s'en remit très-bien, et fut passablement pendant deux jours, mangea, dormit. Le 28 juin, elle demanda une tasse de chicorée, la but, et, au moment même, rougit, pâlit, cria. Elle, toujours si patiente, elle céda à l'excès de la douleur; ses yeux se remplirent de larmes, elle dit qu'elle allait mourir.

On s'informa de l'eau qu'elle avait bue, et sa femme de chambre dit, non pas l'avoir préparée, mais bien *l'avoir fait faire*. Elle en demanda, en but elle-même, mais cette eau n'avait-elle pas été changée dans le trajet?

Était-ce un choléra? comme on l'a dit. Les signes indiqués ne se rapportent nullement à ce genre de maladies. Elle était fort usée, pouvait mourir sans doute. Mais très-visiblement la chose fut accélérée (comme dans l'affaire de Don Carlos); on aida la nature. Les valets de Monsieur, qui étaient bien plus ceux du chevalier de Lorraine, comprirent que, dans l'union croissante des deux rois et le besoin qu'ils auraient l'un de l'autre, Madame retrouverait près de Louis XIV un moment de tendresse et d'absolue puissance où le roi ferait maison nette chez son frère et les chasserait. Ils connaissaient la cour et devinèrent que, si elle mourait, on voudrait cependant maintenir l'alliance et qu'on étoufferait la chose, qu'elle serait pleurée, non vengée, qu'on respecterait *les faits accomplis*.

Ils s'étaient bien gardés de confier le secret à Monsieur, même ils avaient cru pouvoir l'éloigner, l'envoyer à Paris; un hasard le retint. Il fut étonné, dit qu'on lui donnât du contre-poison; mais on perdit du temps à lui faire prendre de la poudre de vipère. Elle ne demandait que l'émétique et les médecins le lui refusèrent obstinément. Chose étrange, le roi, qui vint et qui raisonna avec eux, ne réussit pas davantage à lui obtenir ce qu'elle voulait. Ils tinrent à leur opinion. Ils avaient dit *colique*, *choléra*, n'en voulurent démordre.

Étaient-ils du complot? Non; mais, outre l'orgueil qui les empêcha de se démentir, ils eurent peur d'en voir plus qu'ils n'auraient voulu, de faire très-mal leur cour, de trouver des preuves trop claires de l'empoisonnement. L'alliance eût été brisée peut-être, les projets du roi, du clergé, pour la croisade hollandaise et anglaise, eussent été à vau-l'eau. On ne l'aurait jamais pardonné aux médecins. Ils furent prudents et politiques.

On vit là une chose cruelle, c'est que cette femme aimée de tous n'était pas fortement aimée. Chacun s'intéressait, allait, venait; mais personne ne se hasarda, personne n'obéit à sa dernière prière. Elle voulait vomir, rejeter le poison, demandait l'émétique. Personne n'osa lui en donner.

Mademoiselle, qui arriva avec toute la cour, ne trouva personne affligé, Monsieur un peu étonné seulement. Elle la vit sur un petit lit, échevelée, la chemise dénouée, avec la figure d'une morte. Elle sentait, voyait, jugeait tout, le progrès surtout de la mort. « Voyez, dit-elle, je n'ai plus de nez, il s'est retiré. » On vit qu'en effet il était déjà comme celui d'un corps mort de huit jours. Avec tout cela, on se tenait au mot des médecins : « Ce n'est rien. » On était tranquille, et quelques-uns rirent même. Mademoiselle en fut indignée, et seule eut le courage de dire qu'au moins il fallait sauver l'âme et lui chercher un confesseur.

Les gens de la maison tenaient à point l'homme du lieu, le curé de Saint-Cloud, sûrs qu'à cet inconnu Madame ne dirait pas grand'chose; une minute, en effet, suffit. Mademoiselle insista. « Prenez Bossuet, dit-elle, et, en attendant, M. le chanoine Feuillet. »

Feuillet fut très-habile, prudent comme les médecins. Il obtint de Madame qu'elle offrirait sa mort à Dieu, sans accuser personne. Elle dit en effet au maréchal de Grammont : « On m'a empoisonnée... *mais par mégarde.* » Elle montra une discrétion admirable et une parfaite douceur. Elle embrassa Monsieur, et lui dit (par allusion à l'arrestation outrageuse du chevalier) « qu'elle ne lui avait jamais manqué. »

L'ambassadeur d'Angleterre étant venu, elle lui parla en anglais, lui dit de cacher à son frère qu'elle fût empoisonnée. L'abbé Feuillet, qui ne la quitta point, surprit le mot *poison*, l'arrêta et lui dit : « Madame, ne songez plus qu'à Dieu. » Bossuet, qui arriva, continua Feuillet, la confirma dans ces pensées d'abnégation et de discrétion. De longue date, elle avait songé à Bossuet pour ce grand jour. Elle dit en anglais qu'on lui donnât après sa mort une bague d'émeraude qu'elle avait préparée pour lui.

Cependant, peu à peu, elle resta presque seule. Le roi était parti, fort ému, et Monsieur aussi en pleurant. Toute la cour s'était écoulée. Mademoiselle, trop touchée, n'osait lui dire adieu. Elle baissait très-vite, sentit une envie de dormir, s'éveilla brusquement, appela Bossuet, qui lui donna le crucifix, qu'elle embrassa en expirant. Il était trois heures du matin, et la première lueur de l'aube (29 juin 1670).

Le roi, fort affligé, mais craignant que cette affliction n'altérât sa santé, le jour même prit médecine. Il dit à Mademoiselle, qui vint le voir : « Voici une place vacante, ma cousine. La voulez-vous remplir ? » Plaisanterie fort déplacée ; Mademoiselle eût pu être la mère de Monsieur. Elle ne comprit pas, et dit : « Vous êtes le maître. » Il avait bien d'autres pensées. Le soir même, il parla à son frère de la princesse de Bavière.

L'ambassadeur d'Angleterre voulut assister à l'ouverture du corps, et les médecins ne manquèrent pas de trouver qu'elle était morte du *choléra-morbus* (c'est le mot de Mademoiselle), qu'elle était de longue date gangrenée, etc. Il n'en fut pas la dupe, ni Charles II, qui, d'abord, indigné, ne voulut pas recevoir la lettre que lui écrivit Monsieur. Mais c'eût été se brouiller et refuser l'argent de France. Il s'adoucit et fit semblant de croire les explications qu'on donna.

Saint-Simon nous assure que le roi, avant de remarier son frère, voulut savoir au vrai s'il était un empoisonneur, qu'il fit venir Furnon, le maître d'hôtel de Madame, et sut de lui que le poison avait été envoyé d'Italie par le chevalier de Lorraine à Beauveau, écuyer de Madame, et à d'Effiat, son capitaine des gardes, mais que Monsieur n'en savait rien. « C'est ce maître d'hôtel qui l'a conté lui-même, dit Saint Simon, à M. Joly de Fleury, de qui je le tiens. »

Récit trop vraisemblable. Mais ce qui ne l'est pas, ce qu'on ne voudrait pas croire, et qui cependant est certain, c'est que les empoisonneurs eurent un succès complet, que, peu après le crime, le roi permit au chevalier de Lorraine de servir à l'armée, le nomma maréchal de camp, le fit revenir à la cour. Comment expliquer cette chose énorme et outrageuse à la nature?

Le souvenir de Gaston, les embarras qu'un frère cadet pouvait donner, l'utilité de le tenir très-bas, avaient dirigé jusque-là Louis XIV (aussi bien que sa mère). Personne mieux que le chevalier n'aurait pu avilir Monsieur, le tenir à l'état de femme ridicule et déhonorée.

Il était revenu ici, et il devait être près de Monsieur

dans ce grand auditoire, le jour de l'oraison funèbre, quand Bossuet, pour la première fois, trouva de vrais mots d'homme, celui de la lugubre nuit : « Madame se meurt ! Madame est morte ! » — Et encore : « L'eût-elle cru, il y a six mois ? » — Mais que de larmes et de sanglots, quand il dit ce mot, trop compris : « Madame fut *douce envers la mort,* comme elle l'était pour tout le monde. »

CHAPITRE XI

PRÉLUDES DE LA GUERRE DE HOLLANDE

1670-1672

Quatre ans avant que la guerre éclatât (1668), le colérique Louvois s'était emporté jusqu'à dire : « C'est un plan arrêté ; le roi détruira la religion prétendue réformée partout où ses armes la rencontreront. » Il parlait devant les envoyés des protestants d'Allemagne.

En partant pour la guerre (1672), le roi dit froidement à peu près la même chose : « C'est une guerre religieuse. »

Mot grave qu'adoptera l'histoire.

Les longs circuits diplomatiques qui précèdent cette guerre ne peuvent faire illusion. Que cette guerre ait été politique et commerciale, cela est secondaire ; c'est l'affaire des ministres. Elle fut, dans la pensée suprême qui les menait, une guerre de vengeance et de religion.

Dieu-donné naquit pour cela, pour la croisade protestante de Hollande (et d'Angleterre), et pour la croisade intérieure contre nos protestants de France. Sa mère mourante le lui rappela. — Sauf le court moment du Tartufe (le second règne de Madame), où le parti dévot s'attaque aux mœurs du roi, il fut toujours docile à ce parti, accorda d'année en année toute persécution que lui demanda le clergé.

Le fils d'Anne d'Autriche fut (jeune et à tout âge) un catholique littéral et dépendant des pratiques de l'Église, donc dépendant du confessionnal. Obligé de donner l'exemple aux grandes fêtes, sans s'amender, il s'acquittait par des concessions religieuses. Quand le parti dévot, la reine-mère, acceptèrent la Vallière, quand le vieux confesseur, le P. Annat, fut de plus en plus dur d'oreille, sa surdité lui fut payée comptant (2 avril 1666) par la déclaration qui permit au clergé de *réunir tous les arrêts locaux rendus depuis dix ans contre les protestants*, d'en compiler le futur code de la grande persécution.

Les Jésuites eurent toujours près du roi un homme bien choisi, sans éclat, souple et fort, infiniment tenace, des races montagnardes du Midi de la France. Annat, Ferrier, étaient deux hommes de Rodez, de ce rude pays de l'Aveyron. Leur successeur, le P. la Chaise, si doux de forme, et plus tenace encore, fut un montagnard du Forez. Dans cette place, il fallait un homme qui cédât, mais non pas trop vite, qui respectueusement exigeât et obtînt.

La grâce décente de Madame, l'amour touchant de la Vallière, ennoblirent les premières années. Le maître s'astreignait au mystère et respectait encore un peu les mœurs publiques. Mais, lorsqu'il ne cacha plus rien, lorsque, régulier chez la reine, non moins chez la Vallière, il prit la Montespan et posséda publiquement trois femmes (quatre peut-être), la besogne était forte pour le nouveau confesseur, le P. Ferrier. Elles communièrent ensemble à Notre-Dame-de-Liesse, la reine récemment accouchée, la Vallière grosse de six mois, la Montespan dans les premiers troubles d'une grossesse qui n'aboutit point. Cependant on ne pensait pas que les choses en restassent là. Dans ce grand essor de conquêtes où on voyait le roi, toutes rêvaient d'être conquises. La Soubise se présenta, jeune et éblouissante, mais ménagea la Montespan. Mademoiselle de Sévigné, fine et jolie, parut, mais elle était trop maigre (au grand chagrin de son cousin Bussy, qui espérait cette gloire pour la famille). La pire, la Montespan, vainquit par l'amusement et les risées grossières. Ce qu'on en conte (les coussins de chiens envoyés à l'église, la chaise *de commodité*, etc.) donne une étrange idée du bon goût de Louis XIV. Quand il défendit le mariage de Lauzun avec Mademoiselle, celui-ci, furieux contre la Montespan, dont il avait fait la fortune et qui n'aidait pas à la sienne, osa se cacher sous son lit, épier, écouter. Et ce qu'il entendit fut tel, qu'elle se crut perdue si le roi n'enfermait Lauzun.

La voir, après cela, trôner à la table royale avec tous les diamants de la couronne (*Sévigné*) devant la reine en larmes, la voir communier triomphalement avec le roi, c'était une honte pour l'autorité ecclésiastique. Plus grande encore, de voir la reine subir (pour son salut) l'indicible croix de l'avoir chez elle comme surintendante de sa maison. Ainsi tout est pacifié, la reine ne pleure plus. Le roi est dans une sécurité admirable de conscience. A ce moment (1670), il fait écrire, écrit, pour l'instruction du Dauphin, le *miracle de son règne*; il dit, à chaque ligne, que Dieu agit par lui, et que Dieu est en lui. Monstrueuse infatuation, inexplicable, si ses directeurs n'avaient accepté comme expiation de sa vie privée la ruine prochaine du protestantisme, le grand complot diplomatique, et plus que toutes choses, la perfide bonté qui abusa nos protestants, endormit ceux de l'Europe.

A l'extérieur, le roi prit pour ambassadeurs en Angleterre, en Hollande et en Suède, un protestant, un Janséniste, M. de Ruvigni et M. de Pomponne. A l'intérieur, il amusa nos réformés par une déclaration protectrice (février 1669). Elle leur permettait de vivre et de mourir : *de vivre*, de ne plus être envoyés aux prévôts qui pendaient d'abord, examinaient ensuite; *de mourir*, sans que le curé vînt (sinon appelé). On restreignit les enlèvements d'enfants.

Vive indignation des évêques à l'Assemblée de 1670. Mais les Jésuites savaient bien que penser.

Un homme n'était pas dupe, et il courait le monde pour démasquer Louis XIV. C'était le Rochelois fugitif Marsilly. En 1661, on avait mis hors la Rochelle 300 familles, sans leur donner une heure; elles campèrent sous les pluies de novembre. Tels moururent, tels s'enfuirent, entre autres celui-ci. C'était un homme seul, mais de grande action, et qui pouvait ce qu'il voulait. Il agit fortement en Suède, et jeta les Suédois dans la ligue qui arrêta le roi. En 1669, il était en Angleterre et il agissait sur le parlement. Il eut le tort de croire qu'il gagnerait Charles II même. Notre ambasssadeur Ruvigni, l'homme de confiance des églises réformées, beau-père de lord Russell (le martyr de la liberté), fut ici mauvais protestant. Il eut le malheureux succès de faire parler Charles II, qui ne lui cacha rien sur Marsilly. Il l'aurait livré sans scrupule. Mais l'Angleterre a là-dessus des préjugés gênants. Marsilly ne s'y fia pas et s'en alla en Suisse. On le suivait de près. On demanda à Turenne, qui était encore protestant, de trouver, d'envoyer trois solides officiers protestants qui iraient à la chasse du fugitif. Ils lui inspirent confiance, l'invitent, l'attirent dans un coin désert des montagnes, le lient, l'apportent à Paris.

Le procès fut fait avec soin. On n'y épargna, ni la question la plus *exquise*, ni les plus mielleuses promesses, ni les visites pieuses des bons ministres protestants qui l'engageaient à soulager sa conscience, à ne pas se damner par son obstination. Il répondait à tout qu'il ne se sentait point coupable. Il savait bien qu'il était mort, et jugeait en homme de sens qu'on chercherait quelque supplice pour le faire faiblir à sa fin. Faute de mieux, il prit un morceau de verre qu'il avait trouvé dans son cachot, et se fit une atroce blessure (l'amputation des parties sexuelles), pensant échapper par l'hémorrhagie. Sa pâleur le trahit, on devina. Il n'y avait pas un moment à perdre. Il fut sur-le-champ roué vif. Le roi, averti, ordonna qu'il y eût un ministre sur l'échafaud, pour qu'on vît qu'il était roué comme traître, non comme protestant. Du reste, tout saigné qu'il était, déjà de l'autre monde, il tint ferme jusqu'au bout. Le peuple de Paris, fait aux exécutions et connaisseur aux choses de la Grève, admira et n'aboya point, et beaucoup ôtèrent leur chapeau.

Un ministre accordé à un protestant qui mourait, ce fut le dernier ménagement du roi pour le parti. L'assemblée du clergé qui ouvre (1670) s'obstine à ne pas comprendre l'avantage qu'il y a d'amuser des protestants en France, pour les accabler en Europe. Le roi mollit. La persécution recommence. Les parlements y poussent; Rouen absout les enlèvements, et à Paris Lamoignon même cache les enfants volés dans son hôtel. A Pau, c'est pis, le parlement frappe de grosses amendes les parents qui se plaignent.

On eût voulu pousser les protestants à une paix fourrée qu'on méditait, une prétendue réconciliation des deux Églises. Le converti Turenne et le converti Pélisson, quelques protestants politiques, y travaillaient. On assurait que quarante-deux évêques donnaient parole de supprimer le culte des images, le purgatoire, etc., presque le catholicisme, *pourvu que les protestants se soumissent*. Et, soumis une fois, ayant perdu leurs garanties, on eût dompté ce vil troupeau.

Pour les rendre dociles à ces douces paroles, on avait pris un moyen rude; c'était de les enfermer en France, de défendre l'émigration. Les portes du royaume étaient closes sur eux; quoi qu'on fît désormais, ils devaient rester et mourir. Leur soumission fut étonnante. Dans la destruction de leurs temples (quatre-vingts rasés dans un seul diocèse!), tout ce qu'ils faisaient, c'était de s'assembler sur les ruines et de prier pour le roi. Si l'on corrompait leurs ministres, ils prenaient seulement parmi eux des lecteurs pour lire l'Écriture sainte. Cette guerre de Hollande, qu'on disait hautement religieuse et contre le protestantisme, les protestants ne se crurent pas dispensés d'y servir.

Tout était prêt. Louis XIV, en quatre années, avait acheté la trahison dans toute l'Europe. Pomponne réussit en Suède par un traité d'argent.

Pour l'Empereur, on l'avait déjà gagné contre sa famille, contre l'Espagne. On le gagna contre l'Allemagne, en achetant sa neutralité; on lui maria sa sœur, on gorgea son ministre. Puis, contre l'Empereur, on acheta le Bavarois, qui (Léopold mourant) dut avoir un morceau d'Autriche; le Dauphin épousait sa fille, et, lui, devait voter pour le roi à la première élection d'un Empereur.

Les princes du Bas-Rhin, jaloux de la Hollande, toujours en procès pour leur fleuve, furent contre elle (comme la Prusse en 1832). Ils armèrent sottement pour se donner ce terrible voisin qui les eût dévorés. L'évêque de Munster, brigand de son métier, loua sa bande au roi. L'Électeur de Cologne le mit sur le Rhin même, recevant garnison française dans cette petite Neuss qui jadis arrêta Charles le Téméraire et déconcerta sa fortune.

Le seul Électeur de Mayence fut loyal, agit fidèlement dans l'intérêt de l'Allemagne, voulut détourner le danger. Le sultan avait mal reçu une ambassade hautaine du roi, et celui-ci était fort irrité. L'Électeur crut en profiter, et envoya ici le jeune Leibnitz avec un très-beau plan pour conquérir ce qu'il appelait la *Hollande d'Orient*, l'Égypte. Tout y était prévu ; ce vaste et beau génie avait tout embrassé. Il n'y manquait qu'une chose, la chose essentielle, la connaissance de la vraie situation religieuse, de la conscience du roi, et des motifs intimes, supérieurs, qui dirigeaient tout. Le moindre courtisan d'ici eût pu dire à Leibnitz combien son idée était vaine. Cette guerre de Hollande était le fonds du règne même, le drame naturel où le nouveau Philippe II gravitait fatalement, aussi bien que la guerre intérieure contre le protestantisme.

CHAPITRE XII

GUERRE DE HOLLANDE

1672

Ce fut plus qu'une guerre étrangère. La Hollande était France. Nos rois l'avaient soutenue. Notre meilleur sang y avait passé. Nous y étions plus que chez nous. On vivait ici, on pensait là-bas. Les Hollandais parlaient français. Dans les rues, les jardins d'Harlem, le long des canaux de Rotterdam, nous n'entendions que notre langue, et vous vous seriez cru dans votre pays, dans une France, — une France libre, celle-ci, une France de sagesse et de raison.

Un Français de la Haye trouva, sous les ombrages de son *Bois* vénérable, le mot de la pensée moderne qui en a commencé tout le mouvement : « *Je pense, donc je suis.* » Nulle raison d'être que la libre pensée. Un Français d'Amsterdam dit le premier mot de l'émancipation, ouvrant son livre ainsi : « *Les peuples ont fait les rois.* »

Qui fécondait cette France de Hollande? L'admirable sécurité de ce pays, la protection généreuse qu'il offrait à toute la terre. Pourquoi Descartes aima-t-il ses brouillards plus que le soleil de Touraine? Demandez à Rembrandt. C'est lui qui fait sentir encore la chaleur du foyer béni, où la libre pensée, jouissant d'elle-même, se mirant aux lueurs de la réflexion concentrée, vit cent choses profondes que ne voit pas le jour du ciel.

Il semble qu'à ce foyer de Hollande, à sa lumière touchante, la nature, attendrie, se soit livrée plus volontiers. Elle révèle à Swammerdam le secret des petites vies et de leurs métamorphoses. Elle ouvre à Graaf un bien autre infini, le mystère de douleur qui fait la femme, son charme et son soupir. Quelle poésie se dira poétique en face de celle-ci? Quelle fiction se soutiendra devant ces enchantements de la vérité?

Rembrandt sait bien qu'il n'a pas besoin d'imaginer de vaines merveilles. Il tourne le dos à la fantaisie. Il n'a que faire des diables de Milton, des Titania de Shakespeare. Une famille, un rayon de lumière, et pas même un rayon, une dernière lueur de l'âtre éteint, avec cela il prend le cœur. Dans un de ces tableaux, la vieille dame écoute ou s'endort, la jeune lit la Bible; entre elles l'enfant dans le berceau. Mais où donc est le père? Absent. Peut-être aux Indes? Et, s'il était noyé, qu'adviendrait-il de ce doux nid, si bien arrangé par deux femmes? Vraiment, je ne suis pas tranquille. Les vents de la mer grondent autour, ou peut-être, ce que j'entends, c'est un océan plus sauvage, l'horreur de l'invasion.

Voilà ce qui me trouble à l'approche de cette guerre, c'est que le vrai foyer, la maison, l'intérieur, était ici bien plus qu'ailleurs. Et c'est cela qui va être détruit. La maison nous révèle tout. Les vastes galetas où l'on campe dans les châteaux du Moyen âge, les casernes ennuyeuses que le xviie siècle fait en France et partout, disent assez la vie communiste, le pêle-mêle misérable où l'on vivait. C'est tard, bien tard, vers la fin de Louis XIV, qu'on imagina l'obscur entre-sol et la *mansarde* sous les toits, mansarde sans cheminée, où grelotte le domestique, la fille (mal gardée) qui gèle et coud dans les nuits de janvier. Il y a loin de là à la bonne maison hollandaise. Quelle maison? Très-pauvre souvent, toujours très-bonne : une chaumière avec sa cigogne et ses nids d'hirondelles, la simple barque, la grosse barque ventrue de Hollande dont rient les sots (qui s'entend au bonheur?). Elle n'en va pas moins, cette barque au complet (mari, femme, enfants, chiens, oiseaux), elle va, lente et paisible, par les mers les plus dangereuses; petit monde harmonique, si content de lui-même qu'il se soucie peu d'arriver.

Quand on se promène à Sardam et aux côtes voisines, qu'on entre dans ces barques, qu'on voit l'attitude si simple de ces hommes si hardis, on sent bien que c'est là le marin naturel, sans orgueil, sans emphase, l'amphibie véritable. Plusieurs n'ont jamais débarqué. Race bien supérieure à toutes celles des émigrants qu'ils ont reçus de partout, dans leur bonhomie confiante qui leur devint si funeste au moment de l'invasion.

Les grands fleuves, qui aboutissent à cette dernière

langue du continent européen, l'encombrent sans pitié d'un résidu énorme : sable, boues, débris enlevés. Le Rhin, qui se tord sur la Suisse, non content d'emporter les terres que les torrents arrachent, recueille sur sa route tout ce que l'Allemagne y traîne de fange, et il pousse tout cela, par ses bouches bourbeuses, sur la Hollande, qui en serait enterrée sans un travail énorme de curage. Eh bien, elle ne recevait pas un moindre encombrement d'alluvions humaines. Ce torrent trouble qui, aujourd'hui, noie la vaste Amérique, comment n'aurait-il pas submergé le petit pays ?

La Hollande, si bien gardée par mer, ne voulut jamais vers la terre faire des digues contre ce déluge d'hommes, la plupart affamés, malheureux et persécutés. Tout n'était pas propre, pourtant, dans une telle inondation. Si nos réfugiés y apportèrent des mœurs, un esprit sobre et sage, du Nord et de partout beaucoup de lie venait, des tourbes aventurières, soldats à vendre, compagnons paresseux qui, après avoir traîné partout leur misère, venaient manger à la grande marmite qui n'excluait personne.

Ce gouvernement économe, dont le chef, M. de Witt, avait une liste civile de trois mille livres par an, payait fort cher ses moindres serviteurs. Il ménageait les hommes. Il s'informait, voulait qu'on fût heureux.

Ce n'est pas tout. Depuis la tragédie de Barneveldt, que le fanatisme vrai ou faux tua, la Hollande, qui en eut horreur, prit un mal tout contraire, l'excès de la tolérance.

L'émigrant, à la seconde génération, se croyait Hollandais ; à la troisième, il en revendiquait les droits contre ses hôtes et bienfaiteurs, contre la race héroïque qui avait brisé Philippe II, conquis les mers, le commerce du monde. De là deux éléments funestes : 1° la bourgeoisie nouvelle des enrichis ; 2° la masse encore pauvre des arrivants, dont ces enrichis se servaient contre la vraie Hollande, contre les Barneveldt, contre les Grotius, les de Witt, les Ruyter. Ce gouvernement glorieux, l'honneur de la nature humaine, eût subsisté, pourtant, si tous ces mauvais éléments n'avaient trouvé leur centre d'action dans le prince d'Orange, chef militaire des nobles de terre ferme et des soldats aventuriers.

Au musée d'Amsterdam, vous pouvez voir un grand tableau du peintre Van der Helst, qui vous donne la situation. Après la victoire sur l'Espagne et le traité de Westphalie, à une grande table où flottent les drapeaux vainqueurs, on voit manger ensemble, fraterniser les deux partis. On peut dire la *Cène hollandaise*. Les glorieux marins (habits noirs, cheveux noirs, bonnes figures tannées) fêtent leurs douteux associés, les jaunes cavaliers de la maison d'Orange. A la place d'honneur, un amiral, je crois, gros homme fort, de face un peu commune, mais si gaie ! si loyale ! prend de sa grande main brune la petite main blanche d'un blond capitaine orangiste, qui n'ose pas la retirer. Mais son fâcheux visage dément sa main, et dispense le peintre de mettre au bas le nom : *Judas*.

Le chaos de la fausse Hollande était parfaitement représenté par cette famille d'Orange. Elle était de l'Empire ; elle avait un pied en Provence, un autre aux Pays-Bas. Le *Taciturne*, son héros, véritable grand homme, n'en fut pas moins étrange. On a vu son hésitation, ses respects simulés pour l'Espagnol qu'il combattait, sa défiance pour Coligny. Sa foi réelle, intime (sur laquelle il fut taciturne), c'était que la patrie ne pouvait se sauver qu'en se donnant à la maison d'Orange. Ferme *Credo*, que la famille garda, suivit par tous moyens, celui-ci par la tolérance, en s'appuyant des catholiques ; son fils Maurice, tout au contraire, des protestants exagérés. Par eux, il crut tuer la république en tuant Barneveldt, et il en resta exécrable. Son neveu, qui épouse une fille de Charles Ier, gendre d'un roi, veut être roi, échoue, meurt en laissant au ventre de Marie-Henriette la trahison même incarnée. Elle enfanta cet enfant blême, qu'on voit à Westminster, et l'allaita soigneusement de la tradition de famille, l'ingratitude. Cela ne varie pas chez eux. Le Taciturne, glorieusement ingrat, mais ingrat cependant pour le sang de Charles-Quint, qui l'a élevé ; le second, Maurice, ingrat pour le guide de son enfance, son vrai père, le vieux Barneveldt ; tous deux seront bien surpassés par Guillaume III.

Véritables héros modernes, sans préjugés, sans faiblesse de cœur, qui ne connurent ni famille, ni amitié, ni services rendus, foulèrent aux pieds père et patrie. La fort bonne figure en cire de Guillaume III, qui est à Westminster, le montre au vrai. Il est en pied comme il fut, mesquin, jaune, mi-Français par l'habit rubané de Louis XIV, mi-Anglais de flegme apparent, être à sang-froid, que pousse certaine fatalité mauvaise. Quelle? Surtout la légende diabolique de Maurice, sa gloire et son crime.

Xerxès fit Thémistocle. Louis XIV fit la fortune de la maison d'Orange, fonda, créa Guillaume III, le héros négatif de la diplomatie, Thémistocle bâtard des résistances européennes. Contre l'énorme enflure du grand roi, son orgueil bouffi, le monde inventa et soutint ce personnage, dont tout le sens est *Non*.

La seconde chose qui le fit, ce fut la lourde faute de nos gentilshommes réfugiés, qui, trouvant en lui un demi-Français, ne s'entendirent pas avec la vraie Hollande. Ils quittaient un prince, ils voulurent un prince, servirent, entourèrent celui-ci, et lui firent ses succès, lui donnèrent un reflet d'eux-mêmes, parfois un faux air de héros.

Un mot triste à dire, c'est que M. de Witt désirait, demandait le licenciement des troupes françaises. Il ne pouvait s'y fier; elles étaient au prince d'Orange (Mignet, III, 598). Il voyait s'élever, de minute en minute, ce dangereux enfant. Il prit un grand parti, digne de son cœur. Ce fut, ne pouvant l'arrêter dans ce progrès, de l'adopter, de le faire l'enfant de l'État, et d'essayer de le grandir au-dessus de sa misérable ambition princière, en lui faisant comprendre qu'il était bien plus haut d'être le premier citoyen de la première cité du monde que de siéger maudit dans un trône usurpé. Guillaume écouta, profita, fit le disciple, et trahit d'autant mieux. De Witt n'en fut pas dupe. Mais sa situation était telle : il pouvait prévoir, non prévenir. C'est tout à fait à tort qu'on lui reproche de s'être laissé endormir. Il fut très-éveillé. Il vit et fit tout ce qu'on peut attendre de la prudence humaine.

Chose remarquable : sa pensée sur la situation fut justement la même que celle de Condé. Consulté sur la guerre, Condé dit que l'intérêt réel du roi était de limiter la guerre aux Pays-Bas espagnols, de ne pas s'embarquer dans cette guerre difficile de Hollande, qui bientôt lui mettrait toute l'Europe sur les bras. Cela sautait aux yeux. De Witt jugeait, avec toute apparence, que le roi ne ferait pas à la Hollande une guerre directe, qu'il se servirait de Guillaume, qui, pour son fief d'Orange, était dépendant de Louis XIV ; que Louis, d'accord avec Charles II, oncle de Guillaume, pousserait le parti orangiste, et mettrait le jeune traître à la tête de la république. La première démarche, en effet, que notre ambassadeur Pomponne fit en Hollande (1669) fut de remettre au petit prince, qui avait alors dix-neuf ans, et n'était qu'homme privé, une lettre où il l'assurait *de son affection particulière.* Honneur insigne, inattendu, qui encouragea le parti, montra qu'il avait double chance, qu'Orange arriverait, et que, si la Hollande ne se donnait à lui, les rois l'aideraient à la prendre.

M. de Witt n'oublia pas l'armée, comme on le dit. Il se tourmenta fort pour en faire une. La difficulté était grande. Le Hollandais était marin, rien autre chose. Tout au plus, les fils des bourgeois entraient dans la cavalerie. La racaille (étrangère) des ports, le paysan de Gueldres, etc., étaient les instruments grossiers des orangistes. Donc, la masse du pays étant suspecte, le grand patriote, pour la sauver, était forcé de chercher au dehors. Nos réfugiés se ralliaient au prince. De Witt voulut louer des Suisses, et trouva là l'argent du roi, la goinfrerie de leurs meneurs, pensionnés de Versailles. Il leva des Allemands, bons soldats quoi qu'on ait dit. Ils auraient défendu les places, si le peuple ne les eût forcés de les rendre. Ces Allemands, qu'on fit prisonniers et qu'on renvoya sottement pour argent, se battirent plus tard à merveille, et justifièrent parfaitement de Witt qui les avait choisis.

En préparant la guerre, il faisait tout pour l'éviter. Craignant moins l'ennemi que la perfidie orangiste, il priait, suppliait Louis XIV de suivre son intérêt réel, celui de la France. Le roi n'entendait rien. Il n'en crut pas de Witt plus qu'il ne crut Condé. Il vit avec une froide cruauté ce malheureux qui, de toute façon, était sûr de périr, accablé par la France ou par les orangistes, trahi de l'Europe, trahi de la raison, ce semble, qui n'avait servi qu'à le perdre. Mais il ne sera pas perdu devant l'avenir.

Jamais les Hollandais n'avaient pu deviner ni la lâcheté de Charles II, ni la furie brutale du peuple anglais, qui, dans sa jalousie pour leurs marins, marchait les yeux fermés à la remorque de la France. Charles leur fit des demandes énormes, extravagantes, celles que Cromwell, au comble de la gloire, ne fit jamais. Cromwell avait demandé que, dans la Manche, ils reconnussent la supériorité du pavillon anglais *de flotte à flotte*. Et Charles (au comble de la honte, et valet payé de Louis) demande que la flotte hollandaise, Ruyter et cent vaisseaux de ligne, saluent *toute barque* anglaise qui passera! Cela fut accordé. Les Hollandais encore, pour mieux apaiser Charles II, se précipitèrent sous les pieds de son neveu Guillaume, ils le firent capitaine général pour un an, — puis capitaine et amiral à vie. De Witt ne pouvait plus arrêter la débâcle. Voyant dans de telles mains l'armée qu'il avait préparée, il entreprit, avec un courage indomptable, d'en faire une autre toute hollandaise, non commandée par le capitaine général. Cette armée fut votée, mais n'exista que sur le papier.

De Witt avait ouvert un avis bien hardi. C'était de prendre l'offensive (janvier 1672), de brûler les magasins préparés, de tomber sur Neuss et Cologne. C'était fermer la porte de l'invasion, rendre inutile la trahison du Rhin. Les États généraux frémirent de cette audace. C'était, chose toute contraire à leur désir, d'apaiser l'Angleterre et la France, en donnant le pouvoir à Guillaume, sujet français, et neveu de l'Anglais. Ils confièrent leur défense et leur unique armée au parent de leur ennemi. Ils offrirent à Louis XIV de la licencier, cette armée, de se fier de leur sûreté à sa magnanimité. Il refusa avec mépris, voulut qu'ils restassent armés, afin qu'il pût les battre. Enfin il leur déclare la guerre le 5 avril, sans alléguer aucun grief. Déjà son homme, Charles II, était tombé sur eux par un acte de piraterie: le 23 mars, il attaqua une riche flotte hollandaise. Il n'en eut que la honte; elle soutint deux jours de combat et elle échappa presque entière.

Le petit peuple de Hollande se montrait partout fort guerrier. On pouvait espérer que ces places, qui, dans l'autre siècle, avaient soutenu des siéges, arrêté les Farnèse, les Spinola, se défendraient encore. Orange conseillait de détruire les petites pour mieux garder les grandes; mais il était trop tard; on avait vu, en 1667, dans quelle panique se trouva la Belgique pour être surprise ainsi en pleine démolition. Les habitants ne l'auraient pas souffert; ils auraient crié à la trahison; ils rugissaient, comme des lions, contre les amis de la paix. Aux premiers coups, ces lions ne furent plus que des chiens qui hurlaient pour qu'on se rendît, et menaçaient, livraient leurs défenseurs.

L'électeur de Cologne, évêque de Liége, nous donnant les passages sur la Meuse et le Rhin, les premières opérations furent un voyage d'agrément. Mais ensuite, ce long circuit fait, pour commencer l'invasion on tournait le dos à l'Allemagne, qui pouvait s'éveiller, nous prendre en queue. Condé eût mieux aimé qu'on s'assurât d'abord solidement de la Meuse, de sa grande place Maëstricht, clef commune des Pays-Bas et de la Hollande. Si l'on voulait pourtant absolument s'enfoncer en pays ennemi, Condé disait très-bien qu'il fallait une brusque attaque, lancer vers Amsterdam une forte cavalerie qui enlèverait les États généraux, saisirait les écluses, empêcherait la Hollande de se réfugier sous l'Océan.

On ne fit ni l'un ni l'autre. Condé ayant été blessé dès la première affaire, le seul général fut Turenne, le nouveau converti, bien entendu sous le commis Louvois, qui menait le roi avec lui, administrait, réglementait tout le long du chemin. Le roi écrivait de sa main les règlements et les ordres du jour, et croyait diriger la guerre. Quatre places prises ou livrées en quatre jours, puis le passage facile du Rhin (fort ridiculement célébré), ouvraient tout le pays. Chaque jour nous mettait en main des places, des garnisons nombreuses. Louvois fit décider, contre l'avis de Turenne, qu'on garderait ces places, qu'on s'y fortifierait, qu'on ne garderait pas les soldats, qu'on les rendrait à tant par tête. Judicieux conseil qui divisait, dispersait notre armée, rendait la sienne à l'ennemi!

Il y avait cinquante ans que la Hollande ne voyait plus la guerre. C'était un grand jardin, un trésor de richesse et d'art; c'était l'asile universel des esprits pacifiques, qui ne demandaient rien que la possession tranquille d'une libre conscience. L'apparition subite de ce monstre de guerre, d'une armée de cent vingt mille hommes qui couvrit, engloutit tout le petit pays, ce fut une extrême terreur et comme le dernier jour du monde. La fausse Hollande tout d'abord se sépara de la vraie. Les catholiques d'Utrecht avaient hâte de se soumettre à leur prince naturel. Les Juifs d'Amsterdam traitaient déjà, et offraient des millions.

La Hollande n'avait guère gagné à se faire orangiste. Le prince de vingt ans, dans cet embarras effroyable, perdit de vue l'affaire essentielle, et le salut fut l'œuvre d'un hasard. Guillaume, reculant jusqu'au fond de la Hollande, ne couvrait plus ni la Haye, siége des États, ni Amsterdam, le cœur du pays, ni le point fatal des écluses auquel tenait la ressource dernière. Il avait peu de force; le principal usage qu'il aurait dû en faire, c'était de garder les écluses; sinon, la guerre était finie. Si elle ne le fut pas, c'est à Louvois, non au prince d'Orange, que l'Europe le dut. Remercions ce grand ministre, qui, cette fois encore, sauva les libertés du monde.

Le roi Louvois, comme le roi Louis, était galant. Sa Montespan était la femme du marquis de Rochefort, qu'il fit bientôt maréchal. Turenne, qui, tout en grondant contre Louvois, savait bien cependant que sans lui il ne serait pas connétable, ni chef de la croisade anglaise, Turenne lui fit ce plaisir de donner à son Rochefort la brillante mission de précéder l'armée et frapper le grand coup.

Lancer sur Amsterdam un corps de six mille cavaliers qui s'emparerait au passage de Muyden où sont les écluses, c'était le conseil de Condé et de notre ex-ambassadeur; mais Turenne ne voulut pas se trop dégarnir de cavalerie, ne donna que quatre mille chevaux à Rochefort. Celui-ci, à son tour, non moins prudent, ne voulut pas partir sans rations de pain (dans un pays pourtant plantureux, couvert de troupeaux); il emmena dix-huit cents cavaliers. C'était trop peu pour faire peur à la grande ville. Aussi il n'y alla pas; il resta près d'Utrecht. Cent cinquante dragons seulement furent détachés sur la route d'Amsterdam. Mais la prudence est si contagieuse que ces dragons n'allèrent pas loin; déjà à Naërden, ils étaient fatigués; quatre seulement eurent la curiosité d'aller voir la ville aux écluses, Muyden. Ils la trouvent ouverte, en sont maîtres un moment; mais les habitants se rassurent, les mettent à la porte, et reçoivent secours d'Amsterdam. Les cent cinquante dragons avertis, accouraient. Trop tard. Ils n'entrent point. La Hollande est sauvée (20 juin 1672).

Dès le 7 juin, Ruyter, ayant surpris les flottes combinées d'Angleterre et de France et leur ayant livré une terrible bataille, l'une des plus furieuses du siècle, leur fit éprouver de telles pertes que, dès lors, il n'y eut plus à songer à une descente. Pendant toute l'action, Cornélius, le frère de Jean de Witt, représentant des États généraux, quoique malade, avait bravé le feu; on le voyait, dans son fauteuil, ce ferme magistrat, impassible sous la pluie de fer, respecté des boulets, donnant ce grand augure que la Patrie ne mourrait point.

Il fallait de la foi pour y croire et la voir encore. Elle avait disparu. Sauf la Zélande et deux ou trois villes, la Haye et Amsterdam, la république n'était plus. Le roi la croyait sienne, et à ce point qu'il la traitait en sujette rebelle. Dans un manifeste digne d'Attila, il disait qu'il la *punirait* par le sac, l'incendie des villes. Quand le parti français, l'humble fils du bon Grotius, vint lui demander grâce, il n'en rapporta que le désespoir.

D'abord on refuse de le recevoir. Puis, on déclare que la paix n'est faisable qu'à trois conditions : 1° Que la Hollande rentre dans ses marais, sacrifiant la ceinture des provinces et places fortes qu'elle s'est donnée au midi et à l'est, et qui, devenue française, la mettra en état de siége éternel; 2° que la Hollande tue sa propre industrie, en recevant les marchandises françaises; 3° qu'elle se mette au cœur son ennemi religieux, qu'elle subisse partout le curé catholique, et même le clergé militaire, l'ordre de Malte, l'épée du moine armé.

Les États généraux acceptaient le premier article, livraient tout autour d'eux les places qui les couvraient. Le roi aurait dû se contenter de cela. Il les eût tenus si serrés, que tôt ou tard, il aurait eu le reste. Le clergé catholique, assiégeant le pays, l'aurait miné, pénétré en dessous comme d'une vaste infiltration, ruiné ses digues morales. Par la complicité des tolérants, des philosophes, des Grotius et des de Witt, il eût énervé la Hollande, comme il l'a fait depuis avec succès. Mais alors, il avait de bien autres ambitions ; il voulait un triomphe éclatant et immédiat, qui aurait exalté les catholiques anglais, ouvert le second acte de la guerre contre l'hérésie.

Si le roi avait eu un peu de cœur, une chose l'eût rendu modéré. Le parti français de Hollande qui l'implorait le 22 juin, était en grand péril, sous le coup d'un massacre. La veille, le 21 juin, Jean de Witt avait été assassiné ; blessé du moins ; on crut l'avoir tué. Les de Witt étaient sûrs d'avoir le sort de Barneveldt. C'était au roi de voir s'il avait tant à désirer de donner le pouvoir au neveu du roi d'Angleterre, s'il devait perdre, envoyer à la mort les anciens amis de la France.

Les historiens, soit réfugiés, soit hollandais, qui ont écrit plus tard, sous l'influence de la maison d'Orange, ne manquent pas d'affirmer : 1° que le parti des de Witt, des Ruyter, le parti républicain de la vieille Hollande, qui fut la patrie même, *avait été imprévoyant;* 2° qu'au moment de l'invasion, *il se montra faible.*

Avec ces deux allégations, ils arrivent à faire croire que la Hollande fut sauvée par ce qui était le moins hollandais, bourgeoisie nouvelle, issue d'émigrants, militaires français-allemands, et enfin la racaille de toutes nations. Tout cela pour eux, c'est le *peuple*. Le peuple, à les entendre, sauva tout, en se donnant un maître. Et, comme l'obstacle à cela, était surtout dans les de Witt, il ne faut trop regretter qu'on les ait tués. Belle circonstance atténuante pour la part directe ou indirecte que la maison d'Orange eut à l'horrible événement.

Or, pour faire croire cela, on ne manque pas de raconter que ces magistrats héroïques, qui s'étaient montrés des hommes d'action, que ces frères qui, aux jours du danger, entrèrent dans la Tamise avec Ruyter et Tromp, se trouvèrent tout à coup abattus au moment de l'invasion. Tout périssait. Mais Orange était là. Le contraire est exact. Ce sont précisément les mêmes historiens qui donnent de quoi les réfuter. Il faut bien dater seulement. Cela éclaircit tout.

Orange n'eut point l'initiative de la résistance désespérée. Loin de là, il pria les États généraux *de le laisser négocier avec Louis XIV dans son intérêt particulier* et de solliciter une sauvegarde pour ses terres (27 juin). C'est en *août* seulement qu'il afficha et promulgua les résolutions d'extrême défense.

Mais, *dès la fin de juin*, les anciens magistrats, M. Hop, d'Amsterdam, parlant aussi pour ceux de la Zélande, dit qu'il fallait rompre les négociations et se défendre, que l'Europe viendrait au secours, que le torrent français était déjà tari par cette quantité de garnisons où il s'était disséminé. L'assemblée, c'est-à-dire ces magistrats qu'on dit si faibles, l'assemblée se leva, jura de résister jusqu'à la mort.

L'exemple fut donné par la grande Amsterdam. Elle lâcha les écluses d'eau douce, perça les digues, livra à l'Océan l'admirable campagne qui l'entoure. Énorme sacrifice. Ce n'était pas là, comme ailleurs, des prairies qu'on mettait sous l'eau. C'étaient les villas, les palais, les plus riches maisons de la terre, les serres, les jardins exotiques, ces trésors qui déjà faisaient de ce pays l'universel musée du monde. Cela fut grand. Car la ville est sans terre; c'est un comptoir, un magasin; chacun a sa chère petite terre et son foyer aimé (*meine lust, meine rust*, etc.) dans la campagne voisine. On entasse là tout ce qu'on a. Ce peuple qui vit d'intérieur, quand il a couru au Japon, à Surinam, partout, y rapporte tout ce qu'il peut et enterre là son âme. Voilà ce qu'on donna à la mer.

Au prix de cette amère douleur, la Hollande affranchie se connut, et sentit que cette âme libre n'était pas enterrée, mais sur l'Océan même et sur cette invincible flotte qui vint majestueusement entourer Amsterdam. Celle-ci se tint prête à combattre, à partir, à laisser tout, s'il le fallait, se sentant en état de tout refaire, de tout créer encore; elle eût fait une autre Hollande, et plus grande, à Batavia.

CHAPITRE XIII

GUILLAUME. — MORT DES DE WITT. — L'ALLEMAGNE
ET L'ANGLETERRE CONTRE LA FRANCE

1672-1673

La Hollande resta deux ans sous l'eau, attaquable l'hiver seulement dans les gelées, aux points que couvraient les eaux douces, mais tout à fait inaccessible partout où pénétra la mer qui ne gèle jamais. Donc, on avait du temps. La grande et pesante Allemagne se décidait enfin, s'ébranlait, et d'un tel mouvement que l'Empereur en fut emporté. L'électeur de Brandebourg fut la voix de l'Empire contre Louis XIV. Il négocia d'abord une simple alliance défensive qui sortit Léopold du coupable équilibre où il croyait rester.

Guillaume d'Orange qui, le 27 juin, voulait négocier pour son compte avec le roi de France, apprit (proba-

blement le même jour), que l'électeur, l'Empereur
bientôt l'Empire, armaient pour la Hollande. Première
lueur d'espoir qui exalta le peuple en proportion de sa
peur. Une petite ville, dont Guillaume était seigneur,
commença le mouvement. Et tout suivit. Était-ce confiance dans les talents d'un homme de vingt ans qui
n'avait rien fait? C'était, avant tout et surtout, le parent de l'électeur de Brandebourg et du roi d'Angleterre, qu'on portait au pouvoir pour les flatter tous
deux. C'était une satisfaction qu'on donnait aux rois
de France et d'Angleterre qui, hautement, soutenaient
Guillaume. La nuit du 2 au 3 juillet, les États le proclamèrent stathouder héréditaire. Et le 16 juillet encore, les rois d'Angleterre et de France, renouvelant
leur traité, s'engagent à exiger ce que la Hollande
a déjà fait d'elle-même, lui imposent Guillaume
d'Orange.

Ayant pour lui la peur publique et le vœu forcé des
États, acclamé par la populace et demandé par l'ennemi, Guillaume put choisir à son aise s'il serait
l'homme national ou le vice-roi de Louis XIV. Celui-ci lui offrait la Hollande mutilée, réduite, mais l'Empire lui disait de la garder entière; son parent l'électeur lui répondait qu'il serait défendu. Donc, il fut
un Caton, repoussa fermement la proposition du roi
(22 juillet), qui, désœuvré, retourna à Versailles (23).
Le 24, rassurés sur la guerre étrangère, les Orangistes commencèrent violemment la guerre intérieure,
en arrêtant le frère de Jean de Witt.

Le parti des deux frères occupait partout la magistrature. Pour l'en tirer, il fallait qu'ils périssent ou par le fer, ou par la honte. Guillaume eût mieux aimé qu'ils se déshonorassent. Il proposa froidement à Jean de Witt de servir le stathoudérat, de défaire l'œuvre de sa vie, et de démolir son propre parti, offrant de le faire son second. Il ne voulait rien que le perdre. Jean lui montra par un mot de bon sens qu'il le devinait bien, il dit : « Que, s'il mentait pour lui, il le servirait peu, que personne ne voudrait le croire. »

Restait l'assassinat. Pour y pousser le peuple, il fallait l'abuser, ôter aux frères la garantie sacrée que leur prêtait la parenté, l'amitié du héros national, de Ruyter. Par une calomnie exécrable, on affirma qu'ils étaient devenus ennemis, que Corneille de Witt avait empêché Ruyter d'achever sa victoire, qu'ils s'étaient disputés, battus, que Corneille en restait blessé. La preuve, disait-on, c'est qu'il est enfermé chez lui. Il y était malade; on soutint qu'il était blessé. Ruyter, lui-même, en vain jurait le contraire. Mais on ne voulut pas le croire, et le peuple lui sut mauvais gré de rester juste et vrai contre sa sotte fureur.

Le *crescendo* des calomnies allait s'amoncelant de l'absurde à l'absurde, jusqu'au plus atroce délire. Les assassins crièrent qu'on voulait les assassiner, que Corneille payait des gens pour tuer le prince, que Jean volait le trésor. Notez qu'il n'avait jamais eu un sou dans les mains, ayant toujours refusé tout maniement des deniers publics. Ignoble accusation, mais facile à détruire par la moindre vérification. Jean en appela à Guillaume lui-même, qui pouvait le sauver d'un mot, en attestant le fait. Il fut dix jours pour trouver sa réponse. Dans cette réponse ironique qui, ne voulant rien dire, induisait à tout croire, il avait l'air de se laver les mains de ce que pourrait faire la justice du peuple.

M. Mignet, quoique généralement favorable à Guillaume et à l'établissement de la maison d'Orange, montre pourtant avec une ferme impartialité que le peuple n'alla pas trop aveuglément de lui-même, mais fut quelque peu dirigé.

On le poussa d'en haut. Bourgeois contre bourgeois agirent; l'homme du 22 juin, qui crut tuer Jean de Witt, était le fils d'un magistrat. De plus, le parti sombre et furieux des sectaires qui jadis avaient aidé Maurice à tuer Barneveldt, les puritains de Hollande, prêchèrent l'assassinat aux carrefours. Ces imitateurs imbéciles des vieux livres bibliques croyaient toujours, du sang et de l'assassinat, susciter un Juge du peuple, un sauveur d'Israël. Le juge, le sauveur, c'était ce fin et froid Guillaume qui attendait pour profiter.

Pour faire le crime, il fallut une suite de crimes. D'abord, enlever Corneille à sa ville de Dordrecht, qui seule avait droit de le juger. Le procureur de la haute cour de Hollande, le magistrat chargé de la sûreté publique, fit cet enlèvement, un acte de bandit. Après cela la haute cour ne voulait pas juger; on fit mine de la massacrer, et quand les magistrats se furent sauvés, moins trois, ces trois, demi-morts de peur, ordonnèrent la torture. Corneille y fut ce qu'il avait été dans le combat naval, un héros de l'antiquité. A ses bourreaux bibliques, il parla en Romain, citant Horace et la strophe immortelle : « Le juste, de ferme volonté, persistera... La colère de la foule, la furie grimaçante du tyran, veut en vain le crime... Il reste sur sa base, comme, aux folies du vent, le roc de la profonde mer ! »

Les juges n'osèrent absoudre ; ils auraient péri en sortant. Ils prononcèrent lâchement le bannissement. Au peuple, donc, de le bannir dans l'autre monde. Pour ne faire qu'un massacre, réunir les deux frères, on alla dire à Jean que Corneille le demandait. Il se rendit intrépide à cet appel, qui leur donnait la chance, ayant vécu ensemble d'un même cœur, ensemble d'y mourir.

Il n'y avait plus qu'un pouvoir en Hollande ; la loi était toute en un homme. Les États effrayés envoyèrent en hâte à cet homme demander du secours. Il n'y fallait pas une armée. Un mot de lui, un messager, sauvait le droit, l'humanité. Ce mot ne fut pas dit. Guillaume s'obstina à croire que des troupes étaient nécessaires. Il ne pouvait en envoyer. Il resta inerte et muet.

Les États gardaient la prison avec un peu de cavalerie, qui tenait la foule en respect. Tout à coup, quelqu'un crie : « Les marins des villages sont en marche pour piller la ville. » Les magistrats firent semblant de le croire, envoyèrent la cavalerie aux portes ; donc, livrèrent la prison, — forcée, et les prisonniers, — massacrés, traînés, tout nus, honteusement mutilés et pendus sous les yeux de Simonsson, pontife meurtrier de l'Ancien Testament, Samuel orangiste, qui crut voir Achab et Agag, les impies sous le saint couteau.

Longtemps après, notre Gourville, ce laquais effronté dont nous avons parlé, devenu un gros financier, le familier des rois, osa dire à Guillaume, *qu'on croyait* qu'embarrassé de MM. de Witt, il avait dû naturellement profiter de l'occasion. A cette curiosité cynique, il répondit *qu'il n'y avait rien fait*, mais n'avait pas laissé de s'en sentir *un peu soulagé*.

Ce n'était pas *rien faire*, c'était agir beaucoup que d'avoir protégé le premier assassin qui dut encourager les autres, d'avoir répondu sur le vol de manière qu'on y crût, d'avoir refusé de faire son devoir de stadthouder pour sauver la prison, d'avoir récompensé les chefs mêmes des massacres; si bien que celui d'entre eux qui força la prison, devint bailli de la Haye, le gardien de la ville où siégeaient les États! Noble garde, belle garantie des libertés de l'Assemblée!

Par la force des choses, le roi se détournait de la Hollande, était forcé de faire front vers l'Empire. Il envoya Turenne (septembre) au delà du Rhin. Condé couvrit l'Alsace. Voilà la France, tout à l'heure conquérante, qui tourne à la défense, défense agressive, il est vrai, qui allait chercher l'ennemi.

Turenne n'eut pas grand mal, l'Empereur était fort hésitant, tout occupé de sa Hongrie, les Turcs près de lui, en Pologne. Son général Montecuculli avait l'ordre de suivre l'électeur de Brandebourg, mais sans agir, sans attaquer. C'était l'ordre aussi de Turenne. Guillaume, qu'ils ne purent rejoindre, mais qui eut un renfort d'Espagnols, coupa les Pays-Bas, crut prendre Charleroi, pendant que Luxembourg, notre général en Hollande, faisait sa pointe aussi, croyait prendre la Haye, enlever les États. Ce vain chassé-croisé fut stérile pour l'un et pour l'autre. La glace fondit sous les chevaux de Luxembourg, qui revint à grand'peine. Pour se dédommager, il exécuta à la lettre sur des populations soumises les menaces barbares que Louis XIV avait faites aux populations résistantes. On commença alors à savoir ce que c'était que les armées de Louis XIV, qu'on avait crues civilisées. La fameuse administration de Louvois ne les nourrit point hors de France. Le soldat fut un gueux vivant de vol, à jeun, mais toujours gai, beaucoup trop gai pour l'habitant. Dans le pays d'Utrecht, il y eut dix-sept mois de pillage. Les clefs furent défendues, afin que le soldat put entrer à toute heure de nuit dans les maisons. Outre d'énormes contributions générales, Luxembourg traita avec chaque habitant pour en tirer le plus possible; sinon, brûlés ou inondés.

La retraite des Français ne releva pas la Hollande. Elle sembla rester sous l'Océan. La victoire de la fausse Hollande, des intrus, du parti bâtard qui voulut un maître et le fit, fut l'enterrement de la patrie. Plus de génies, plus d'inventeurs; ils ne se renouvellent plus. Ce que ce pays a d'éclat, il le doit désormais surtout aux étrangers; on voit en première ligne l'émigration française, Jurieu, Saurin, Bayle, etc., les orateurs et les critiques. On voit d'exacts et pesants historiens, d'éminents érudits et d'excellents compilateurs, éditeurs, gazetiers, etc., etc. L'inondation coupe en deux cette histoire; tout avant, rien après. Trois hommes survécurent, mais pour mourir bientôt : Swammerdam et Ruysdaël, dont l'œuvre est si mélancolique

Spinosa semble un revenant, dernier hôte d'un monde détruit. Il avait fait au siècle sa vraie philosophie, à son image, sans vie, sans air, sans mouvement, dans la fixité du destin.

La guerre de Trente ans a repris. Turenne qui, enfant, l'eut pour école, la refait vieux en Allemagne. Il s'établit dans la Westphalie, et la mange à plaisir. C'est le *père du soldat;* il ne voit nul excès, et ne veut rien savoir. L'électeur de Brandebourg, désespéré de cette guerre barbare, accepta un traité d'argent, avantageux, prodigue, que lui offrait Louis XIV. A ce trait, nombre d'Allemands sentirent, reconnurent le grand roi, acceptèrent ses subsides. Et ce roi de l'argent, qui marchandait l'Europe, se crut si fort, après son échec de Hollande, qu'il démasqua l'idée de succéder à Léopold vivant. Les Allemands purent lire dans un livre de Paris, censuré et autorisé, que l'Allemagne appartenait au roi de France.

C'est sur la France même que retombaient ces terribles folies, sur Colbert qui fut écrasé. Un mot sur la situation de ce grand et malheureux homme.

C'était, je l'ai dit, un héros plutôt qu'un homme de génie. Il ne prévit nullement. Il avait, dans son grand effort et sa terrible volonté, trop méprisé le temps. Il voulut, en un jour, hériter du long travail de la Hollande, lui succéder dans l'industrie et le commerce. Cette Hollande, tant haïe, dont 4,000 vaisseaux par an venaient chercher nos vins, nous aidait pourtant à payer l'impôt. Colbert, un matin, lui ferma la porte. Il dit : « Que feront-ils pour occuper leurs matelots? » Ils firent ce qu'on a vu pendant deux siècles : Hollandais et Anglais, de plus en plus, burent et vendirent les vins de Portugal, d'Espagne. Donc, nos vignerons furent frappés.

Pour l'industrie, la violente improvisation qu'en fit Colbert, coupée, contrariée, avorta en partie et n'eut pas ses grands résultats. Les représailles étrangères en arrêtèrent l'essor. Il étouffa dans sa création commencée. Lui, qui sous tant de rapports avait besoin de la paix, il en vint à souhaiter la guerre, qui tuerait la Hollande et nous rouvrirait le monde à coups de canon. Mais cette guerre l'accabla. Le roi lui signifia (1673) qu'il devait lui trouver soixante millions de plus, sinon *qu'un autre les trouverait*. Il fut anéanti, voulut s'en aller. Cela était impossible ; tant de choses étaient commencées, et tenaient à lui seul ! Voilà ce malheureux esclave traîné la corde au cou, comme lié au cheval fougueux, jeté aux voies les plus scabreuses. Le voilà relancé aux casse-cou des Fouquet et des Mazarin. Ministre d'un joueur, qu'il fasse donc des opérations de joueur, qu'il mange l'avenir, qu'il plonge au gouffre de l'emprunt ; là, la voie est facile, on va la tête en bas ; rien de plus doux, c'est la gravitation.

Les embarras du roi ne pouvaient qu'augmenter. En réduisant les conditions offertes à la Hollande, il insistait sur le grand point, l'établissement du culte catholique, l'introduction d'un grand clergé, colonie redoutable qui eût travaillé là pour lui. L'Angleterre finit par comprendre que ce qu'on demandait franchement en Hollande, on le ferait chez elle par la trahison de Charles II. Elle s'éveilla en sursaut et frappa juste,

— sur York, sur le grand parti de Rome et de la France, ce ténia terrible qui allait grossissant, s'agitant, dans les entrailles du pays.

Charles II, le roi philosophe au-dessus de tout préjugé, avait imaginé un plan ingénieux de tolérance, couvrant d'une même protection l'Angleterre, le patriotique parti puritain, — et la fausse Angleterre française et catholique. Lui-même (13 novembre 1669) explique à notre ambassadeur comme il prépare sa trahison, donnant peu à peu le commandement des troupes, les gouvernements des places et des ports aux catholiques déguisés, aux protestants prêts à se convertir, etc. (Mignet, III. 162.) L'hôtel du duc d'York, repaire de gens mystérieux, dans ses greniers ou dans ses caves, manipulait les consciences, marchandait les fidélités. Le ministre Arlington était un bel exemple des hautes primes de l'hypocrisie.

Ce qui dérangea ce beau plan, ce fut la magnanimité inattendue des puritains ; ils ne voulurent pas profiter d'une tolérance qui couvrait le complot papiste. Ils redemandèrent la persécution, l'exclusion des charges publiques, l'obscurité, la pauvreté. Rien de plus beau ni de plus grand.

Le Parlement put donc hardiment lancer une pierre dont tous les traîtres furent frappés en pleine poitrine ; c'est le serment du *Test*. Quiconque a des charges publiques doit : 1° jurer que le roi (non le pape) est le chef de l'Église ; 2° déclarer ne pas croire au principal des dogmes catholiques.

Mesure inefficace ailleurs, et ridicule sans doute partout où le serment n'est rien, chez les peuples où la parole n'a pas de gravité. Mais elle fut très-efficace en Angleterre. On se connaissait bien ; qui se fût parjuré, n'en eût pas moins été rejeté, de plus, déshonoré. Par cette déclaration de guerre ouverte, on raffermit un grand peuple flottant qui se fût laissé ébranler, mais qui, voyant le papisme déclaré l'ennemi de la patrie, s'en écarta décidément. La religion de l'intolérance ne fut plus tolérée (que dans la conscience). L'État lui ôta l'arme dont elle aurait frappé l'État.

La chose était si nécessaire, que lord Bristol, un catholique, mais, avant tout, loyal Anglais, déclara que le pays était perdu sans cette mesure contre les catholiques. Le Parlement admira cette franchise et le dispensa du serment.

CHAPITRE XIV

L'AUTRICHE ET L'ESPAGNE DÉFENDENT LES PROTESTANTS —
MORT DE TURENNE

1674-1675

En suivant attentivement les négociations de Louis XIV dans les lumineuses publications de M. Mignet et dans les nombreux auteurs qui, de nos jours, ont pris plaisir à nous expliquer ces œuvres de ruse, je suis obligé, je l'avoue, de porter un jugement contraire au leur. Ils en admirent l'habileté. Moi, quelque effort que je fasse, il m'est impossible d'y voir autre chose qu'un incroyable aveuglement, une étrange ineptie qui travaille contre elle-même.

Comment se fait-il que, seul ici, je me voie en désaccord avec tous? Ils ont admiré, en artistes, la dextérité du détail. Moi, je regarde, en politique, l'inconséquence générale des actes et leurs funestes résultats.

La fortune fit tout pour lui. Il fit tout contre la fortune. On a vu, d'abord en Hollande, la partialité obstinée de M. de Witt pour la France, et la violence barbare par laquelle le roi même ruina le parti français, créa, grandit son ennemi, le prince d'Orange. Même spectacle en Angleterre, et même encore dans l'Empire. Il y détruisit ce qui pouvait l'appuyer.

Du côté de l'Empereur, les Jésuites avaient rendu à Louis XIV un service signalé. En janvier 1672, c'est-à-dire au moment même où il commençait la guerre, ils paralysèrent l'Autriche et la rendirent incapable d'y prendre une part sérieuse. De l'oppression politique qu'elle exerçait sur la Hongrie, ils firent une cruelle persécution religieuse. Jusque-là, le ministre dirigeant, Lobkowitz, destructeur des libertés de ce pays, avait procédé par la ruine et l'exécution des grands. Mais, à ce moment, les Jésuites ouvrirent une croisade contre le peuple, contre les masses protestantes. Le 2 janvier, commencèrent les dragonnades autrichiennes, missions armées où ces Pères, menant avec eux les soldats, entreprirent de violenter le plus fier des peuples. Ils surprenaient, enveloppaient à la turque chaque hameau, et brusquement convertissaient le Hongrois qui voyait sa femme, ses enfants sous le fusil.

« Qui a raconté les détails de tout cela? leurs ennemis? » Point du tout. Ils n'ont cédé à personne l'honneur de consacrer le souvenir de leurs exploits à la postérité. Le chaleureux, mais savant auteur du *Cabinet Autrichien*, Michiels, cite les bonnes et pures sources jésuitiques où il a puisé ; grâce aux livres des exécuteurs, grâce aux lettres de Léopold, nous savons les petits moyens qui opérèrent ces œuvres pies. Des ministres brûlés vifs à feu lent, des femmes empalées au fer rouge, des troupeaux d'hommes vendus aux galères turques et vénitiennes, voilà ce qui fit ce miracle. Les Hongrois trouvèrent ces arguments des Jésuites irrésistibles. Tout ce qui ne s'enfuit pas du pays fut touché et sentit la Grâce.

Les troupes de Léopold étant occupées dans une affaire si louable, le roi de France devait, à tout prix, éviter de l'en tirer, ne pas irriter l'Allemagne. S'il était forcé d'y entrer par l'agression du Brandebourg, il ne devait le faire qu'avec d'extrêmes ménagements; il devait surtout nourrir son armée. Mais la cruelle destruction de la Westphalie par Turenne (1672), la surprise que le roi en personne fit de Colmar et autres villes impériales (1663), terrifièrent les Allemands; ils coururent à Vienne, accusèrent le ministre, ami de la France. Les Jésuites le sacrifièrent et restèrent seuls maîtres; s'ils continuèrent en Hongrie leur grande œuvre religieuse, il furent forcés en Allemagne de s'accommoder au temps, d'armer contre la France. Admirable habileté de celui-ci, qui réussit à jeter dans l'alliance protestante le gouvernement des Jésuites!

Les circonstances, en Angleterre, l'avaient favorisé de même, et de même il eut l'adresse de la tourner contre lui. Ce qu'il eût dû le plus ménager en ce monde, c'était Charles II. Le hasard, l'exil, Henriette, l'échafaud de Charles Ier et le couvent de Chaillot, avaient fait un roi exprès, vrai Français, faux protestant, sincère ami de l'étranger, léger de cœur, si vous voulez, mais non pas dans la trahison. Il fallait que le roi de France économisât cet homme si précieux, n'en abusât pas, ne le déshonorât pas, ne le fît pas trop connaître. Les grands politiques italiens auraient bien autrement mûri, caressé le complot.

Le bonheur du roi voulait que Charles II eût d'abord pour ministre Clarendon (beau-père du duc d'York, futur chef des catholiques). Mais le roi tua Clarendon par le rachat de Dunkerque, qui révéla Charles II. Pour raccommoder cela, le bonheur du roi veut encore qu'il puisse endormir l'Angleterre, envoyant deux fois comme ambassadeur l'homme de nos protestants français, le député général de leurs églises, Ruvigny, le beau-père de lord Russel, honorable chef de l'opposition. Ainsi, c'est la loyauté du parti protestant même qui se charge de répondre de Louis XIV, de couvrir le complot papiste. Mais le roi est si aveugle qu'il détruit tous ses avantages. Tantôt il presse Charles II de se convertir, tantôt il lui dit d'attendre. Lingard même et les catholiques en ont haussé les épaules.

En 1672, il lui imposa la guerre de Hollande, et, quand les flottes anglaises furent en ligne à côté des nôtres, par deux fois notre amiral d'Estrées se tint immobile et les laissa écraser. Nos officiers, désespérés de ce déshonneur de la France, exigèrent une enquête. Mais il fut prouvé invinciblement que d'Estrées *avait ordre de trahir*. Les pièces originales existent dans nos archives et sont tout entières imprimées. (E. Süe, *Marine*, t. III, 43, 65.)

Loin d'apaiser, de tromper l'indignation de l'Angleterre, le roi la porta au comble en donnant au parti papiste un centre d'organisation. Il dota, maria de ses deniers, York, le chef des catholiques, avec une Française italienne, une nièce de Mazarin. L'hôtel d'York, dans Londres même, fut une France, fut une Rome, foyer d'intrigues audacieuses, si peu cachées, que les Jésuites y tinrent leurs assemblées solennelles qu'ils faisaient tous les trois ans.

Il n'y eut jamais rien de si fou. Par cette série de sottises, de tyrannies exercées sur son valet Charles II, on peut dire que le roi de France l'étrangla de ses propres mains. Dès 1673, il est détruit, ruiné, se remet pieds et poings liés au Parlement, qui fait le procès des ministres, la paix avec la Hollande. Le renversement des Stuarts est déjà tout préparé, la révolution semble mûre. Un chef manque. Ayez patience. Voilà Guillaume d'Orange.

Encore une fois, l'activité de ce gouvernement, le mérite de ses agents, l'intérêt de leurs dépêches, les apparences judicieuses que leur aimable parlage donne aux choses les plus insensées ne peuvent faire illusion. Il est trop visible que c'est un gouvernement d'imagination, romanesque et passionné, qui ne prévit rien, ne mesura pas ses ressources. La guerre a commencé en 1672. Dès l'hiver on n'en peut plus. On est obligé, pour avoir des troupes, de rappeler peu à peu les garnisons de la Hollande. On se jette en Allemagne. L'armée n'emporte rien; Louvois ne nourrit point Turenne. Le voilà, dès le début de la guerre, dans la pénurie, dans les horreurs qui marquèrent la guerre de Trente ans. Nous retournons aux Waldstein. L'Europe reconnaît et frémit.

Le roi recule rapidement. Notons les degrés de la reculade.

Dès avril 1673, il se réduit à ce que les Hollandais offrirent et qu'il refusa. Mais alors, ils ne l'offrent plus.

En juin, se croyant relevé parce qu'il a de sa personne (sous la direction de Vauban) pris l'importante Maëstricht, il croit que l'on va céder; il veut bien se réduire encore, rendre Nimègue. Les Hollandais n'en veulent pas. Ils sont vainqueurs : en juin même, Ruyter a battu nos flottes, coupé le chemin à l'armée qu'on voulait jeter sur la côte; le plan de descente est dès lors pour toujours abandonné.

En septembre enfin, le roi croit calmer les Hollandais en ne gardant que les villes qu'il a prises aux Espagnols, Ypres, Saint-Omer, Cambrai. Mais la Hollande défend l'Espagne comme elle-même, ne veut rien entendre.

En Allemagne, la question est si violemment retournée que, dans cette guerre que le roi avait lui-même déclarée *religieuse* et catholique, ce ne sont plus seulement les protestants qui combattent, mais la catholique Espagne et la catholique Autriche. Le Jésuite Léopold s'en va au pèlerinage fameux de Maria-Zell pour prier contre Louis XIV. Il prend en main le crucifix, prêche son armée contre la France. La croisade que Louis ouvrit, elle se fait contre lui-même.

On peut dire qu'il fit un miracle, l'amalgame des plus opposés, la suppression des vieilles haines, éteintes par une haine plus forte. Le général de l'Autriche, Montecuculli, opère sa jonction avec le prince d'Orange. Le prince des calvinistes, petit-fils du Taciturne, devient général en chef des armées du roi Catholique, défenseur de la monarchie espagnole. Le voilà maître du Rhin, maître des communications entre la Hollande, les Pays-Bas et l'Allemagne.

Il fallut bien que Louis XIV, impuissant contre la Hollande, revînt à sa première politique, la spoliation plus facile de la vieille ruine espagnole, la guerre de catholiques contre catholiques. Singulier revirement. Il s'adresse aux protestants. Il caresse la Hollande, veut gagner le prince d'Orange. Il va, derrière l'Empire, encourager, tromper les Hongrois calvinistes; il les compromet par l'espoir des secours qu'il ne donne point. Tout le secours fut une médaille où il s'intitule le *Libérateur des Hongrois*. En Angleterre, il paye l'opposition du Parlement et les chefs mêmes des puritains contre Charles II, pour que celui-ci, dans le désespoir, n'ait de ressource qu'en lui, soit décidément forcé de trahir et d'appeler l'ennemi.

Quelle montagne de haine s'éleva contre nous, quelle furieuse indignation, on put en juger à Senef (11 août 1674). Elle y rendit nos ennemis indomptables, et d'un ramas de soldats de toutes nations elle fit une armée aussi ferme que l'armée française. Il y eut deux batailles en un jour. L'étonnement des nôtres ne fut pas petit quand, ayant rompu trois fois les alliés le matin, se croyant victorieux, ils virent les prétendus vaincus se reformer obstinément dans un poste meilleur. Là, la France reconnut la France. Il y avait force Français sous le drapeau de Hollande. Et même les Autrichiens étaient conduits par un Français, M. de Souches. La fureur acharnée de Condé, qui eut trois chevaux tués sous lui, le massacre de 8,000 Français et de 8,000 alliés, tout cela n'amena pas de résultat décisif. Condé n'en tira d'avantage que de rester là pour enterrer les morts. Parmi ses prisonniers allemands, il se trouvait plusieurs princes dont la présence témoignait de la haine profonde de l'Allemagne. Ils avaient voulu combattre en personne et se donner le bonheur de frapper eux-mêmes un coup sur le tyran de l'Europe.

Désormais, égalité militaire entre les armées. Mais le roi a encore pour lui la supériorité dans la guerre de siéges, l'habileté de Vauban. La guerre des machines et des murs commence par le perfectionnement du génie, de l'artillerie. Chose curieuse, c'est Vauban, cet ami de l'humanité, qui, suivant le progrès logique de son art, et trouvant les moyens de prendre et défendre les places par des règles invariables, créa les plus terribles aggravations de la guerre. Il se consolait sans doute, comme toujours on l'a fait, à chaque invention meurtrière, en se disant que les campagnes, plus courtes, coûteraient moins de sang. Mais ces règles, une fois trouvées et suivies de tout le monde, les places scientifiquement canonnées, prises et reprises, sont l'objet d'une succession d'opérations alternatives, qui peuvent toujours continuer. — De plus (Vauban y songea-t-il?), la guerre change de nature; les bombes franchissant les remparts, passant par-dessus la tête des soldats, vont écraser l'habitant pacifique. Elles enfoncent les maisons du toit aux caves, éclatent, tuent, brisent, dispersent les membres, font voler les cervelles, des quartiers de femmes et d'enfants. Ces désespérés s'arment contre leurs propres défenseurs; ils forcent les soldats de se rendre. Ceux-ci, pour les contenir, les massacrent, saccagent la ville avant qu'elle le soit par l'ennemi. Horreur dans l'horreur! un enfer où se déchireraient les damnés entre eux, pour être torturés ensuite et dévorés par les démons!

Ces arts nouveaux, cette terreur des bombardements, donnaient de rapides succès. Il ne fallut à Vauban que deux mois pour reprendre la Franche-Comté, par les siéges de Besançon, Salins et Dôle. La Suisse y perdit sa vraie frontière, dont la neutralité l'avait couverte deux cents ans. Cette fois encore, comme en 1668, on avait acheté les meneurs des montagnes. L'année suivante le roi en une fois acheta la Suisse même, engageant à très-haut prix tout ce qu'elle avait de soldats (1675).

Au Nord, même marchandage d'hommes. Le roi solde les Suédois et les fait descendre en Allemagne, pour soutenir de ces mercenaires les traîtres gagés de l'Empire, Bavarois et Hanovriens.

Ainsi la guerre, de plus en plus, devient une affaire d'argent. Colbert, traîné, surmené, écrasé, écrase la France. La prodigieuse patience de ce peuple étonne le monde. A Paris, la chose est poussée jusqu'à vendre l'air et le soleil; les petits étalagistes des halles payent pour la première fois leur place au pavé. Minime et misérable taxe, mais si riche en malédictions! L'impôt du tabac, immense et croissant immensément avec le besoin de l'oubli et de l'abrutissement, est donné à la Montespan, pour aider au jeu furieux où un soir elle perdait sur une carte 700,000 écus (Feuquières, IV, 227).

Elle engraissait, cette belle, à l'instar du *gros crevé*

(sobriquet de son frère Vivonne). Elle reluisait d'embonpoint sous sa riche chevelure qui ondoyait de tous côtés. Déjà épaisse de taille, lourde et pesante de croupe, elle mangeait plus que le roi, le premier mangeur du royaume. Nul homme n'eût pu se flatter de boire en gardant mieux sa tête. Sur un repas fort arrosé, elle se versait encore surabondamment, par rasades, les plus fortes liqueurs d'Italie (Madame, I, 357).

La France, par toute l'Europe, gagnait alors le renom du peuple gueux, *du peuple maigre*. Les Anglais disaient déjà : « Ces grenouilles de Français. » Chose curieuse, deux voyageurs, à cent ans de distance, portent le même témoignage sur la misère du pays. Locke, le médecin philosophe, le vit en 1676 et 1678. L'agronome Arthur Young, vers 1784. Tous deux sont stupéfiés de la quantité de terres délaissées, de maisons ruinées. A Montpellier, Locke écrit : « Le marchand et l'ouvrier donnent *moitié* de leurs gains à l'impôt. Un pauvre libraire de Niort qui ne mange jamais de viande, loge et nourrit deux soldats à qui il doit donner trois repas de viande par jour. En Languedoc, les terres nobles, étant exemptes de tailles, se vendent deux ou trois fois plus que celles des roturiers; celles-ci n'ont plus de valeur. Le fermage, en quelques années, a diminué de moitié, » etc., etc.

Quand le timbre et le tabac, organisés en grande ferme, vinrent encore par dessus cette misère, la Guienne et la Bretagne firent enfin explosion. Cela toucha le roi qui retira les impôts, calma tout, — puis, leur jeta une armée pour garnisaire. Force gens pendus, roués. Le port de Bordeaux ruiné. Douze cents vaisseaux étrangers s'en allèrent à vide. Voilà comme ce gouvernement furieux allait se ruinant lui-même, s'ôtant les ressources, se coupant les vivres et se fermant l'avenir.

Que serait-il arrivé si les protestants avaient donné corps aux révoltes, ou eussent pris l'occasion pour faire entrer l'étranger? Les Hollandais le croyaient. Leurs flottes, en 1674, étaient venues flairer la France. Un aventurier, Rohan, leur donnait espoir. Rien ne bougea. Nulle voix, nul signe ne leur vint de ce grand tombeau. Loin d'appeler l'ennemi, nos protestants s'employaient avec un zèle aveugle contre la cause commune du protestantisme. C'était leur homme, Ruvigny, député général de leurs églises, qui allait comme ambassadeur mentir pour Louis XIV, nier la trahison de 1673, travailler contre le prince d'Orange et empêcher l'opposition de le mettre en Angleterre en exigeant son mariage avec une fille d'York.

La France, dans cette crise intérieure, eût été certainement entamée au Nord sans les divisions intérieures des alliés, à l'Est sans la merveilleuse habileté de Turenne. Toute une année, il tint l'Empire en échec sur le Rhin. En cette longue campagne, il apparut ce qu'il était, le maître des maîtres, entre Gustave et Frédéric. Il avait en face le savant tacticien Montecuculli et une armée très-forte en nombre. Tout le monde a admiré cette *mathématique sublime* de la tactique moderne (Henri Martin). Je crois pourtant qu'il est juste de remarquer, en faveur des adversaires de Turenne, qu'ils n'avaient nullement une armée comparable à celle du prince d'Orange à Senef. L'empereur, occupé chez lui de sa guerre de Hongrie, agissait mollement sur le Rhin, défendait à ses Autrichiens toute tentative hasardeuse. L'armée de l'Empire était formée de gens neufs à la guerre. Pendant bien des années, il n'y en avait pas eu en Allemagne.

Turenne avait ôté à cette armée son point d'appui naturel sur la rive droite du Rhin par la destruction calculée du Palatinat. Il fit soigneusement manger, consommer ce qui put se consommer, puis détruire le reste, saccager, incendier tout, faire, autant qu'on put, le désert. Que sert de dire, comme on fait, que ce furent nos auxiliaires qui firent cette désolation? Elle fut ordonnée et voulue. Le roi croyait avoir reçu un outrage personnel du Palatin, son allié de famille. Ce prince avait excusé, justifié en pleine diète, l'enlèvement d'un traître allemand, Furstemberg, agent de Louis XIV, qu'emprisonnèrent les Autrichiens. Turenne trouvait son compte dans la barbare exécution qui devait empêcher l'ennemi de subsister sur cette rive, en face de la nôtre. L'immensité d'un tel pillage lui attachait extrêmement sa petite armée.

Qu'il ait eu à cela quelque utilité statégique et passagère, je ne le nie point, mais j'affirme que les choses qui créent des haines durables entre les nations sont mauvaises et impolitiques. Pour ma part, lorsque, dans l'été de 1828, je vis pour la première fois ce romantique palais d'Heidelberg, œuvre ravissante de la Renaissance, encore dévasté, ruiné, je me sentis Allemand, et je gémis pour ma patrie.

Nous avons signalé dans la guerre de Trente ans le phénomène de l'identification absolue du général et de l'armée, *l'homme-légion!* Quand cela se fait on voit apparaître un monstre de force. A quel prix y arrive-t-on? à une double condition, la perfection de l'ordre au dedans de cette armée, mais la tolérance absolue des excès contre l'habitant. Le grand et froid tacticien, par ce moyen des temps barbares, se fit plusieurs fois une armée à lui. La dernière, de vingt-deux mille hommes, était dans sa main tellement, si fortement attachée, dévouée, passionnée dans l'obéissance, qu'il hasarda avec elle la plus scabreuse opération qui se soit jamais faite en guerre. Ce fut de laisser l'ennemi s'établir en Alsace, de le rassurer pleinement en séparant, dispersant sa petite armée derrière le rideau des Vosges. Ces corps épars avaient le mot pour se réunir le 27 décembre à Belfort, au point où finissent les Vosges. Par la saison la plus rude, par les neiges, les précipices, les torrents, cela s'accomplit. Et l'ennemi épouvanté vit Turenne, réuni, complet, en forte masse, fondre sur lui. Il l'enfonce à Mulhouse, le disperse à Colmar; dès le 11 janvier (1675) lui fait repasser le Rhin.

Il ne fallait pas moins que ces prodiges d'audace et d'habileté pour couvrir la décadence de Louis XIV qui se manifestait déjà. Le grand coup, le plus terrible, quoiqu'il ne produise pas encore ses effets les plus funestes, c'est que l'Angleterre, de plus en plus, tourne contre nous. Résultat naturel d'une duplicité qui chaque jour se révèle davantage. Que serait-ce si les 84 vaiseaux de l'Angleterre s'unissaient aux 134 vaisseaux de la Hollande? Donc, notre brillante marine, augmentée et suraugmentée par le mortel effort de Colbert, est obligée pour le moment de s'ajourner, de s'effacer. Elle n'ose sortir de l'Océan, et cette année ne se montre que dans la Méditerranée.

L'importante ville de Messine, révoltée contre l'Espagne, venait de se donner à nous. Par une conduite habile, on eût entraîné la Sicile entière. Le roi, avec ce tact parfait et cette connaissance des hommes dont on l'a souvent loué, nomme vice-roi de ce royaume (que l'on n'avait pas encore) un courtisan agréable, le paresseux, l'épicurien, le mangeur, le dormeur Vivonne, léger de paroles et de mœurs, admirable pour faire regretter aux Siciliens la gravité espagnole. Le mérite de Vivonne était sa sœur, la Montespan, qui voulut, et cela se fit.

Le spectacle de l'Europe, c'était la lutte savante, acharnée, de Turenne et Montecuculli dans un champ fort étroit, un espace de quelques lieues, entre Rhin et Forêt-Noire. Cette partie d'échecs très-serrée avait fini en juillet par tourner à l'avantage de notre grand calculateur. Il avait gagné l'offensive, passé le Rhin; il croyait pouvoir tourner l'ennemi. Même, il s'écria : « Je les tiens! » Il faisait une dernière reconnaissance des batteries des impériaux, lorsqu'un de leurs boulets le frappa à mort (27 juillet 1675?).

L'armée le fut du même coup. Quoique Montecuculli, malade, eût perdu deux jours, les lieutenants de Turenne, en désaccord, faillirent périr. Il nous en coûta trois mille hommes; heureusement les vieux soldats qui rapportaient le mort avec eux, se crurent encore gardés par lui, et, forts de ce paladium, réparèrent, à force de vaillance, l'ineptie de leurs généraux.

Le moment est curieux pour observer si vraiment la France, dans le délire de son idolâtrie royale, se faisait illusion. Il paraissait convenu que le roi faisait tout. Tout le monde paraissait le croire, et il le croyait lui-même. Il se fit fort, en 1671, de se passer de Colbert. En 1673, il alla faire la guerre seul, se passant de Turenne et de Condé. A lui seul, l'année suivante, on lui rapporta la gloire d'avoir pris la Franche-Comté. Donc, qu'importe la mort de Turenne? Le roi n'est-il point là? Mais ici la scène change. Personne n'est rassuré. L'abattement, les alarmes sont extrêmes. Cette religion du roi, cette foi sincère dans son génie, sa fortune, pour la première fois, elle est dominée par la peur. La Champagne croit voir arriver les armées allemandes. Un fermier voulait résilier son bail pour cas de force majeure : « M. de Turenne étant mort, disait-il, l'ennemi va rentrer en France. »

Cela pouvait bien arriver si tout l'orage du Nord n'était tombé sur nos Suédois que nous payions. Battus par le grand électeur, ils virent fondre sur eux le Danemark et plusieurs princes allemands, furent ruinés en Allemagne. Ils se perdirent en nous sauvant.

Le roi, dans les Pays-Bas, avait ouvert la campagne par une sorte de reculade. Il abandonna Liége et ses forteresses, les démantela, renonçant visiblement à garder la moyenne Meuse. Sur l'Escaut, il prit Condé, menaça Bouchain. Mais, quoiqu'il eût près de 50,000 hommes, Orange, avec 35,000, entreprit d'empêcher ce siége.

Il se mit même, en grand hasard, dans une mauvaise position, entre l'Escaut et la Scarpe, où on pouvait le jeter. Occasion unique, admirable. L'armée fut rangée en bataille le soir, et coucha dans cet ordre, pour attaquer le lendemain.

Le matin, tout le monde étant déjà à cheval, Louvois demanda un conseil de guerre. Sans descendre, les maréchaux le tinrent; la cour et l'armée faisaient cercle autour, à distance. Le ministre redouté leur demanda s'ils oseraient bien faire une chose si imprudente; c'était jouer la monarchie, faire bon marché du roi qui était là en personne. Tout le monde baissa la tête, même Schomberg et Créqui qui avaient voulu la bataille.

Lorges, nouveau maréchal, hasarda pourtant de dire qu'il répondait de l'affaire, si on le laissait charger. Mais la Feuillade, attendri, larmoyant, s'adressa au roi lui-même, le pria, le conjura, lui baisa les bottes, pour obtenir qu'il ne mît pas au hasard sa tête adorée.

Le roi, touché extrêmement, loua l'ardeur des premiers, mais suivit l'avis du dernier, pensant aussi qu'il était plus royal et plus majestueux d'attendre.

Orange reçut des secours, fut sauvé. Et, peu après, un trompette lui étant venu de chez nous, avec son flegme ironique, il prit plaisir à avouer qu'il avait eu belle peur, que, si on l'eût attaqué, il était perdu. Il le chargea de le dire à M. de Lorges. Mais le trompette maladroit l'alla dire au roi lui-même, en présence de toute la cour.

Chose dure à digérer, qu'il fut ainsi constaté qu'en

si belle position, avec 50,000 hommes, on ne se fût pas cru assez fort pour en attaquer 35,000. Cela mit le roi de mauvaise humeur, et, Bouchain s'étant rendu, il s'ennuya, eut assez de cette piètre campagne, et revint en plein été (4 juillet 1676).

CHAPITRE XV

LE SACRÉ-CŒUR — TRAITÉ DE NIMÈGUE

1676-1679

La monumentale histoire des digestions de nos rois, commencée à la naissance de Louis XIII par les ordres de Henri IV, continue plus majestueuse sous Louis le Grand, par la plume de ses médecins, Vallot, d'Acquin et Fagon (*ms. in-folio de la Bibl.*). Elle réfute la fable trop répandue d'une santé immuable. Ces docteurs le suivent partout, le racontent, le purgent et le chantent, mêlant à dose égale victoires, coliques, pituites et fluxions, la gloire et la nature. Mais il y a gloire aussi pour eux. Car si le roi combat l'Europe, ils ont un dur combat contre l'ennemi intérieur, la bile noire, dont ils parlent sans cesse. Ce fléau qui, dans son enfance, se jouait au dehors en diverses efflorescences, plus grave en avançant, se trahit par *des vapeurs*, et des chagrins sans cause, désirs de solitude, etc., etc. Contre ce Protée, cette hydre renaissante de la bile noire, on luttait constamment par un déluge de bouillon purgatif, de pilules, de médecines. Mais des signes frappants montraient l'âcreté persistante qui devait bientôt éclater en tumeurs, carie, goutte, enfin par la célèbre fistule, dont le roi fut opéré en 1687.

Ce qui étonne davantage, c'est la faiblesse réelle du roi sous sa belle apparence. « Pendant dix ans, dit d'Acquin, de 1667 à 1677, il n'eût pu faire deux lieues au galop. »

Ces dix ans sont justement le règne de la Montespan. Elle fut une maladie du roi, lui faisant la vie agitée, aigre de sa malice, et, vers la fin, nauséabonde. Quand il revint, après la reculade, cette rieuse lui fut insupportable. Le jubilé ouvert le trouva sérieux et dévot.

Dès 1675, on l'avait pu prévoir, le peuple, à la mort de Turenne, avait dit : « C'est elle qui nous vaut cela. » Les ministres craignaient et détestaient sa langue, étaient excédés surtout de l'obligation que leur faisait le roi de venir travailler chez elle. Elle tenait Colbert par son fils (lui ayant donné sa sœur pour maîtresse). Elle faisait marcher Louvois comme un dogue muselé. Quand on fit sept maréchaux, elle en prit hardiment la liste dans les poches du roi, et dit : « Mon frère Vivonne n'en est donc pas ? » Le roi, Louvois, balbutièrent, se regardèrent, bref, dirent que c'était un oubli.

Et Vivonne fut mis le huitième.

En Sicile, ce Vivonne ne fit rien que manger, laisser manger, piller ses domestiques. Les Espagnols reparurent en mer, avec le redouté Ruyter et leurs alliés de Hollande. Vivonne n'avait rien préparé. Il était perdu si Colbert n'eût envoyé à son secours. Il avait réussi à obtenir du roi qu'un homme, jusque-là subalterne, mais notre premier homme de guerre, Duquesne, commandât dans cette grande circonstance. C'était un roturier, et un vieux calviniste, rude, inconvertissable. Les Turcs parlaient avec terreur de ce vieux loup, « que l'ange de la mort, disaient-ils, avait oublié. » Une furieuse bataille, entre les deux hommes invincibles, se donna par-devant l'Etna (8 janvier 1676). Les chances étaient contre Ruyter, à qui son gouvernement avait donné peu de vaisseaux, et qui, d'après ses instructions, devaient encore les diviser pour placer au centre la flotte espagnole. La bataille resta indécise, mais avec une perte terrible pour la Hollande (et pour l'humanité), la mort du bon et grand Ruyter. La jambe droite brisée, l'autre emportée, il avait continué de donner ses ordres, mais mourut peu après. Vivonne, qui était resté à terre, daigna sortir alors de son repos et eut le succès facile d'accabler les alliés découragés. Du reste, il rendit la victoire inutile par la haine croissante que ses gens inspiraient pour nous. Ils traitaient la Sicile en pays que l'on doit quitter, inventaient des conspirations pour confisquer, bien plus, prenaient des femmes. Louvois ne manqua pas d'informer le roi en dessous. Mais ce qui le blessait bien plus, c'est que Vivonne le traitait en beau-frère, sans façon, ne daignant même donner de ses nouvelles. Quand on le fit maréchal, il lui fallut deux mois pour faire l'effort d'écrire son remercîment.

Le roi avait assez du frère et de la sœur, d'une femme insolente, d'une maîtresse de dix ans et qui marchait vers la quarantaine. On guettait ce moment. Le timide père La Chaise n'en eût pas profité peut-être. Mais la conversion du roi avait été de longue date préparée en dessous par des mains plus hardies, celles des dames du parti dévot, telles que madame de Richelieu (Anne Poussart). Déjà en 1663, son intendant Desmarets profita de la maladie du roi et d'un moment dévot pour faire brûler Morin. Cette dame, entre les saintes du sombre hôtel de Richelieu, avait la veuve Scarron, personne prude et jolie, fort pauvre, discrète et calculée, propre aux vues du parti. En 1669, la Montespan, alors enceinte, voulant se faire accepter des dévotes, comme l'avait été la Vallière, se remit à elles, et leur donna ce gage de prendre de leurs mains une gouvernante pour le petit bâtard et ceux qu'elle comptait procréer. Forte prise sur le cœur du roi. Elles la saisirent sans scrupule, et chez elle on mit la Scarron.

L'hôtel de la Montespan alors était curieux. Elle y tenait deux femmes de grand contraste, la Vallière, la Scarron (1669-1674), la pleureuse et la raisonnable, la Madeleine et la précieuse. Cette pauvre la Vallière, noyée et perdue de larmes, était leur jouet, leur risée. Aux jours sérieux paraissait la Scarron. Le roi, d'abord peu sympathique, mais de sa nature médiocre et judicieux, apprécia cette personne sensée, et, si j'ose dire, admirablement médiocre. Elle le prit par un certain goût de sage spiritualité et surtout par l'influence qu'elle eut sur les enfants.

Pas un de ses bâtards ne lui ressemblait. Leur mère avait eu déjà un fils de M. de Montespan. Le premier enfant du roi, le duc du Maine, ne rappela que le mari; il en eut l'esprit gascon, la bouffonnerie; on l'aurait cru, de ce côté, petit-fils du bouffon Zamet. Créature mixte, manquée, maladive et bancroche, il reçut parfaitement l'empreinte de sa garde-malade, couvrit son esprit malin, facétieux, de la fine prudence de sa gouvernante, fut le vrai fils de la Scarron. Elle s'empara de même des autres. Elle était sèche, mais égale, avec beaucoup d'esprit de suite. Elle les fit tous à son image, de petits saints de décence et de convenance. Produits dans la demi-lumière, ils furent admirés, acceptés des âmes pieuses, qui les firent supporter de la reine même. Leur légitimation, bien autrement scandaleuse que celle des enfants de la Vallière, on l'osa. Le double adultère fut enregistré, proclamé (1673). Pas hardi qu'on n'aurait pu faire sans l'appui du parti dévot.

Tout cela avait posé la gouvernante dans une grande faveur. Chaque jour, le roi goûtait davantage ses pieuses conversations. En 1674, l'année même où il eut la première humiliation de changer sa politique, il voulut être mieux avec Dieu, finit le supplice de la Vallière, la laissa aller au couvent; elle prit le voile aux Carmélites (1675). Cette année même, madame Scarron prit un titre, se fit un établissement, modeste, mais qui la posait; elle acheta 200,000 livres la terre de Maintenon. La Montespan qui, par trahison, avait supplanté la Vallière, se vit supplantée à son tour. A qui la faute? A la grâce et à Dieu. Ce n'était infidélité, mais conversion.

Quel en serait le caractère? Le roi, sec et froid, ne donnait guère prise. Les Jésuites, trop heureux d'avoir obtenu le silence, ne voulaient rien que gouverner en dessous. Quoique amis du vieux Desmarets, ils n'osaient trop s'associer à la petite église quiétiste. L'aveugle Malaval, dès 1670, avait publié son livre d'inertie passive, autorisé du cardinal Bona. Une femme séduisante et éloquente, une veuve de vingt ans, madame Guyon, établie à Paris de 1670 à 1680, prêchait la mort mystique, l'anéantissement dans l'amour. En 1674, avait paru à Rome *la Guide*, de Molinos, chaudement approuvée des censeurs des inquisitions de Rome et d'Espagne. Elle eut vingt éditions de toute langue en six années (1674-1680). Qui empêchait La Chaise de faire venir au roi ces livres ou ces personnes, surtout l'irrésistible, la pure et la charmante, encore dans l'ombre, d'autant plus adorée?

Cette poésie n'eût pas été au roi, et elle eût effrayé La Chaise. Le sec, le négatif, le médiocre et le petit, le matériel surtout, pouvaient seuls avoir action. Même la sensualité sournoise et raffinée de Molinos aurait été trop relevée. Le confesseur jésuite, avec sa grosse tête d'âne et ses longues oreilles (dont rit Madame), était fin, connaissait son homme, ce qu'on pouvait faire avec lui. De la dévotion, le roi n'entendait que les pratiques, les actes positifs. Un acte seul pouvait mordre sur lui. Mais quel acte? Un miracle? c'était chanceux. La sainteté janséniste y avait échoué. Combien n'eût-on pas ri si les Jésuites, si la casuistique dont Pascal avait tant fait rire, l'eût essayé! Ils n'en firent pas. Ils en prirent un, tout fait, et se chargèrent de l'exploiter.

Les Visitandines, comme on sait, attendaient la visite de l'Époux, et s'intitulaient *Filles du Cœur de Jésus*. Cependant, il ne venait pas. L'adoration du cœur (mais du cœur de Marie) avait surgi en Normandie avec fort peu d'effet. Mais dans la vineuse Bourgogne, où le sexe et le sang sont riches, une fille bourguignonne, religieuse visitandine de Paray, reçut enfin la visite promise, et Jésus lui permit de baiser les plaies de son cœur sanglant.

Marie Alacoque (c'était son nom) n'avait pas été énervée, pâlie de bonne heure par le froid régime des couvents. Cloîtrée tard, en pleine force de vie, de jeunesse, la pauvre fille était martyre de sa pléthore sanguine. Chaque mois, il fallait la saigner. Et, avec cela, elle n'en eut pas moins, à vingt-sept ans, cette extase suprême de la félicité céleste. Hors d'elle-même, elle s'en confessa à son abbesse, femme habile qui prit une grande initiative. Elle osa traiter contrat de mariage entre Jésus et Alacoque qui signa de son sang. La supérieure signa hardiment pour Jésus. Le plus fort, c'est qu'on fit les noces. Dès lors, de mois en mois, l'épouse fut visitée de l'Époux. (V. le père Galiffet, etc.)

Les Jésuites, directeurs des Visitandines, ne désapprouvèrent pas. S'il y eût eu l'ombre de doctrine, de spiritualité mystique, ils eussent été bien plus prudents. Mais ce n'était qu'un fait, un acte matériel et charnel. Ils le dirent et le répétèrent. « C'est le culte du vrai cœur sanglant, de la chair, du sang de Jésus. » Nul besoin du haut mysticisme. Il suffit, disait Alacoque, de ne point haïr Dieu ; de lui-même Jésus viendra mêler son cœur au vôtre.

Les deux femmes (Alacoque et Guyon) avaient également vingt-sept ans en 1675. Elles changèrent le monde catholique. La spiritualité de l'une, la matérialité de l'autre, diverses en apparence, réchauffèrent la direction. Elle reprit surtout par le nouvel emblème, par le douteux langage qu'il fournissait, par l'équivoque du cœur matériel et moral dont on usa de plus en plus. En vingt-cinq ou trente ans, on créa quatre cent vingt-huit couvents du Sacré-Cœur.

Dès l'année même où le miracle eut lieu, le culte protestant fut défendu à Paray. On éloigna les regards indiscrets. Le sacré cœur devint comme un drapeau de guerre contre le protestantisme. On l'attaqua en Angleterre et on le proscrivit en France. Le mariage italien d'York donnait espoir aux catholiques anglais. Le confesseur, le secrétaire de la duchesse d'York écrivaient au P. La Chaise, que, s'il pouvait leur envoyer quelque secours, « ils porteraient à l'hérésie le plus grand coup qu'elle eût reçu depuis Calvin. » La Chaise donna comme premier secours le miracle et un Jésuite.

Pour cette mission difficile, les Jésuites, s'ils étaient habiles, devaient choisir un demi-fou ardent, rusé, un Méridional, qui enlevât les femmes, qui inaugurât de passion ce culte du sang. Mais ils n'eurent point le génie de la chose. Ils brisaient trop les hommes pour trouver chez eux celui-là. Ils ne voulaient que des esprits prudents, sobres, un peu littéraires. Ce fut un tel homme qu'ils prirent, la Colombière, jeune professeur de rhétorique de leur collége de Lyon, prédicateur passable, estimé de Patru. Il était déjà fatigué, faible de la poitrine. En ferait-on un fanatique? ce n'était pas aisé. On essaya de le chauffer un peu en lui faisant passer un an à Paray, près du volcan. Il avait 34 ans, elle 28. Elle vit tout d'abord son cœur et celui du Jésuite unis dans celui de Jésus. La Colombière eût bien voulu en voir autant. Il y fit ce qu'il put, tâcha de croire, et y parvint dans la faible mesure d'un homme épuisé, qu'énervait ce contact brûlant.

C'était ce poitrinaire qu'on chargeait d'envahir la robuste Angleterre, la forte patrie de Cromwell! caché trois ans dans l'hôtel d'York, ne sortant pas, n'ayant nulle idée du pays, il devait convertir les lords qu'York lui amenait mystérieusement. Plusieurs, il est vrai, voulaient croire comme le futur roi. Ces grands propriétaires, dont les clientèles étaient des armées, pouvaient entraîner le pays. Mais il fallait de la prudence. On fut peu conséquent. D'une part, on cachait le convertisseur jésuite. D'autre part, on fit chez York l'assemblée triennale de l'ordre, fait éclatant, impossible à cacher, qu'un Français dénonça.

C'était un aventurier, bâtard d'une comédienne, qui avait été d'abord compagnon d'un missionnaire, bateleur religieux. Métier commun en France, où ce gouvernement sévère laissait pourtant carrière aux perruquiers, tailleurs, aux ouvriers paresseux, qui, payés des curés, vaguaient et dressaient des tréteaux pour aboyer aux protestants. Tout leur était permis. Il se permit un faux, fila en Angleterre et écouta aux portes. Il sut l'intrigue papiste, la dit aux chefs du Parlement. Les papistes n'osèrent le tuer, mais le poignard sur la gorge lui firent jurer de partir. Ce qu'il révéla encore. Les Communes enjoignirent au lord, chef de la justice, d'ordonner l'arrestation des prêtres catholiques. La proscription fut lancée. Une agitation incroyable se fit dans toute l'Angleterre. L'un des ministres tombés qui avait le plus à craindre, Arlington, papiste caché, qui avait trahi dans un sens, pour se sauver, trahit dans l'autre, conseilla au roi, à York, d'apaiser l'agitation en donnant au prince d'Orange la main d'une fille d'York; bon conseil qui fit d'Orange le candidat national, le vrai rival de son beau-père pour la succession au trône.

Telle était la situation au jubilé de 76. La grâce travaillait souterrainement en Angleterre, et elle agissait ici au moyen d'une caisse qui achevait des conversions. L'assemblée du clergé, pour y aider le roi, avait étendu son droit de régale. Bossuet semblait avoir gagné sur lui qu'il se séparât de la Montespan. Grande victoire. Cependant, le jubilé fini, on posa cette question : Reparaîtrait-elle à la cour? — Pourquoi pas? disaient ses amis. Il serait dur de l'exiler, et elle peut vivre là chrétiennement aussi bien qu'ailleurs. — On posa le cas à Bossuet, et il faiblit. Pour qu'ils ne fussent pas trop troublés en se revoyant, on convint que la première entrevue aurait lieu devant madame de Richelieu et autres dames respectables. La scène fut étrange. Ils se parlèrent bas.

Puis le roi salua profondément les bonnes dames, l'emmena dans un cabinet, d'où l'impudique sortit triomphante et enceinte. L'enfant de ce moment, le fruit savouré du scandale, outrage au monde, à Dieu, fut la femme du régent; il l'appelait *madame Satan*, et l'Europe *la Fille du Jubilé*.

Un autre enfant de cette année, c'est *Phèdre*, ce chef-d'œuvre où Racine a creusé le mystère d'un cœur qui hait et veut le crime, remords plein de désir et sensuel regret de ne pas pécher davantage.

Les dames restaient exaspérées. Mais je crois que le roi regrettait la chose plus qu'elles. Il s'en voulait d'avoir repris sa grosse maîtresse, lorsqu'il voyait autour tant de jeunes fleurs. Il fut indisposé le surlendemain (6 août). Le 28, en expiation et pour consoler les évêques, il leur accorda que les enfants enlevés ne vissent plus leurs parents à la grille.

La plus belle expiation eût été la conversion de l'Angleterre. En même temps qu'on travaillait ses lords par les Jésuites, on gageait Charles II, on achetait la nation elle-même par un traité qui donnait moyen aux Anglais de faire tout le commerce intermédiaire qu'avait fait la Hollande. On leur sacrifiait Colbert, je veux dire ses manufactures, son tarif protecteur de 1667, qui avait commencé la guerre; on revenait aux droits modérés de 1664. Même offre à la Hollande. Le roi croyait corrompre Orange, en lui offrant une de ses bâtardes avec le Limbourg et Maëstricht. — Refus. — En plein hiver (février 1677), on envahit les Pays-Bas. En mars, le roi arrive. L'infaillible Vauban prend Valenciennes, Cambrai et Saint-Omer. Les habitants les livrent et surtout le clergé. A Cassel, Luxembourg, ayant pour lui le nombre, une bonne position retranchée, il arrange pour Monsieur une petite victoire. Le bon prince, que son aumônier jadis poussait en vain, ici mis en avant, bon gré mal gré est un héros.

Mais, loin que la paix soit avancée par ces succès, l'Angleterre s'en effraye; elle veut que son roi arme contre nous. On s'exagérait fort Louis XIV. A l'Est, il ne put résister que par un coup désespéré. Créqui brûla l'Alsace, la dévasta, comme son maître Turenne avait fait de la Westphalie en 73, du Palatinat en 75. Funèbres dates où les campagnes se marquent en faisant le désert.

Charles II, traîné par son parlement, est forcé (10 janvier 1678) de signer un traité avec la Hollande, qui ne fera pas la paix sans l'Angleterre et en recevra une armée. Le roi fit cette fois, comme il avait fait jusque-là, à chaque coup que lui portaient les deux puissances maritimes, il frappa sur l'Espagne. Il y avait plaisir à tomber sur cette Espagne désarmée, une puissance finie qui ne pouvait plus envoyer un seul homme aux Pays-Bas.

Le roi assiége Gand et Ypres, les prend. La Hollande croit le voir venir à elle, recommencer l'invasion. Orange a beau repousser la paix, on ne l'écoute plus. Sa popularité était fort compromise; on avait découvert que ce personnage double avait promis à Charles II de l'aider contre ses sujets. Il ne l'aurait pas fait, il ne pouvait et ne voulait le faire. Qui trompait-il? sans doute Charles II. Mais sa duplicité ôtait toute confiance.

La Hollande allait traiter fort honorablement. Elle était libre en conscience. Ses alliés n'ayant rempli nul de leurs engagements avec elle, elle pouvait s'arranger sans eux. Le roi lui faisait un pont d'or. Mais ayant de nouveaux succès, il fut moins pressé de traiter. Il avait regagné pour six millions Charles II, qui licencia ses troupes. Nos armées vinrent camper devant Bruxelles, et, d'autre part, ouvrirent l'Espagne par la prise de Puycerda. La France présenta des exigences et des difficultés nouvelles, tantôt l'intérêt de ses alliés, tantôt la gloire du roi, qui voulait qu'on signât chez lui, non à Nimègue, où se faisaient les conférences.

Il en fit tant, que la Hollande et l'Angleterre dirent qu'elles se liguaient contre lui, s'il n'avait signé le 11 août. — A la grande surprise de tous, la nuit du 10 au 11, à minuit, on signa en effet le traité avec la Hollande. Vive opposition des Anglais, et du prince d'Orange qui, le 14 encore, sachant certainement la paix, mais n'en ayant pas la nouvelle officielle, fondit sur Luxembourg, le surprit, lui tua beaucoup de monde. S'il eût vaincu, il biffait le traité.

Le roi, en s'arrangeant avec le peuple riche, le peuple banquier, qui soldait la coalition, avançait fort la paix. Il avait frappé l'Espagne chez elle, en Catalogne, l'Empereur chez lui, à Vienne même, par les protestants de Hongrie qu'il animait. La paix s'accomplit par deux trahisons (6 février 1679) :

L'Empereur trahit l'Allemagne, ne réclame pas les villes impériales d'Alsace, ni les passages du Rhin. La Lorraine nous resta encore. Enfin l'Empereur laisse le roi forcer la basse Allemagne de satisfaire la Suède.

Le roi trahit la Hongrie, la Sicile. L'abandon de Messine se fit avec les plus odieuses circonstances. On rassura les habitants, on promit, on jura de rester. Un matin, on s'embarque. Tout le peuple accourt au rivage, veut partir avec nous. On part, et, sans traiter pour eux, sans rien stipuler pour leur grâce. — La Hongrie fut trahie de même. Quand ce peuple intrépide poussa à ce point Léopold, jusqu'à saisir sa capitale, il se crut fort de l'amitié, des promesses du grand roi de l'Occident. Au traité, pas un mot pour eux. On les laisse à la vengeance de l'Autriche, comme Messine aux supplices espagnols.

L'Europe se tut et admira. Dans son grossier matérialisme, elle vit le roi, vainqueur de l'Espagne, qui gardait la Franche-Comté, Cambrai, Valenciennes. Elle vit ses dernières campagnes, ses grands siéges, sa fermeté à maintenir les conditions qu'il avait tout d'abord posées. — Elle ne vit pas qu'il reculait sur les deux choses qui avaient été son principe au début :

1° *L'intérêt commercial, industriel ;*

2° *La croisade religieuse.*

Sous ce dernier rapport, le roi n'avait pu rien. La Hollande restait le grand asile de la liberté de conscience. L'Angleterre, inquiétée et exaspérée, désarma ses catholiques, exclut du trône le catholique York.

Quant à l'intérêt du commerce, à cette immense construction de l'industrie nationale, commencée d'un si grand effort, on lâcha tout, pour gagner la Hollande. Les marchandises étrangères rentrèrent chez nous pour paralyser nos manufactures. Et, ce qui fut très-grave, c'est que les Hollandais obtinrent que le roi ne donnerait *plus de monopole*, terme obscur pour dire qu'il sacrifiait les compagnies des Indes orientales et occidentales, que Colbert venait de former.

Notre marine même, sa création favorite, si brillante et forte qu'elle soit, que fera-t-elle maintenant que la haine de la France a solidement marié les deux marines, jusque-là rivales, d'Angleterre et de Hollande? Qu'elles combattent d'ensemble, et la nôtre est anéantie. (V. 1692.)

Donc, qu'on dresse partout des arcs de triomphe, que l'enflure de Louvois enfle encore, s'il se peut, qu'on commence la galerie où les tritons bouffis de Lebrun soufflent la victoire. — La France chôme bientôt aux métiers faits la veille, ne peut se réparer. Le vaincu, c'est Colbert.

CHAPITRE XVI

LES MŒURS — QUIÉTISME ET POISON — LA BRINVILLIERS —
LA VOISIN

1676-1679.

Le roi trône en Europe, non par la force seulement, mais par l'admiration. Nos réfugiés d'Angleterre, Saint-Évremont et autres, se rendent, confessent sa grandeur. Elle éclate surtout dans l'harmonie que cette monarchie, quelles que soient ses misères, présente à l'étranger, équilibrée par Colbert et Louvois, par la gravité de Bossuet.

La grande époque de force étincelante, celle de Pascal et de Molière, est close par la mort du dernier (1664). Racine s'éclipse (1676) après *Phèdre*. Mais la Fontaine publie ses dernières Fables (1679). Mais Bossuet est debout, et il soutient le faix du siècle par un livre imposant, le *Discours sur l'histoire universelle*

(1681). Sous son abri commence humblement Fénelon, qui, bientôt s'élevant, va former avec lui la belle opposition qu'on vit dans Corneille et Racine. Une noblesse générale est dans les choses, tendue sans doute et emphatique, comme la grande galerie de Versailles. La vraie beauté du tout, c'est que chaque partie paraît conspirer d'elle-même à l'effet de l'ensemble, spontanément, de passion. C'est l'effet d'une grande symphonie, variée à l'infini sur le même motif, la gloire du Dieu mortel. Et rien n'y contredit. L'exquise indépendance de tel qui reste à part (je pense à la Fontaine) n'apparaît qu'en nuances délicates qui, loin de faire tort à l'ensemble, y mettent la grâce, au contraire, le semblant de la liberté.

Que serait-ce si, dans cette noble et suave harmonie, éclatait tout à coup un désaccord de tons, si de choquantes dissonances, des monstres de laideur apparaissaient? C'est ce qui eut lieu violemment l'année même de la paix (1679). Mais la chose venait de plus haut. Remontons à 1676, à l'affaire célèbre de la Brinvilliers.

Et d'abord, j'avertis qu'on sait mal cette affaire. Il faut que le lecteur oublie le récit convenu, et qu'avec moi il suive uniquement les pièces juridiques, en consultant et comparant les factums imprimés et manuscrits que possède la Bibliothèque.

Pendant dix ans, une lutte d'intrigue avait eu lieu entre deux financiers, Hanyvel et Reich, qui se faisaient appeler seigneurs de Saint-Laurent et de Penautier. Le premier était receveur général du Clergé de France, place qui valait par an soixante mille livres

(200,000 d'aujourd'hui). Le second devint trésorier de la bourse des États de Languedoc. Il enviait la place du premier. Il intéressa l'amour-propre des évêques du Languedoc, pour qu'ils l'associassent à Hanyvel. Mais celui-ci avait pour lui tous les évêques du Nord, la majorité de l'Épiscopat. Enfin, Hanyvel étant mort subitement (1669), Penautier succéda. Déjà deux morts subites l'avaient fait énormément riche.

Ce financier d'église, homme doux et dévot, demeurait rue des Vieux-Augustins, fort à portée des Halles, où ses commis prêtaient à la petite semaine. Le peuple, voyant là rouler tant d'or, imaginait que, dans cette maison, on faisait de la fausse monnaie, de la magie peut-être. Dans une descente de justice qui s'y fit, on ne trouva rien de suspect, sauf une tête de mort, qui témoignait plutôt de la dévotion de ce bon personnage et des pensées pieuses qu'au milieu des affaires il gardait pour l'éternité.

Il vivait hors du monde et n'avait qu'un ami. C'était un jeune officier, mais très-pieux, le chevalier de Sainte-Croix. Ce militaire (réellement nommé Godin), bâtard de grande maison, à l'en croire, avait été capitaine de cavalerie. Mais depuis, touché de la grâce, il écrivait des livres ascétiques, *philosophait* aussi, c'est-à-dire cherchait la pierre philosophale.

Sainte-Croix, au retour de la guerre, avait vécu chez un ami, le marquis de Brinvilliers, avec qui il avait servi. Celui-ci, fils d'un président des comptes, mais devenu homme d'épée, courait le monde et les plaisirs, négligeait trop sa jolie petite femme, qu'il avait cependant épousée par amour. Fille d'un magistrat, M. d'Aubray, elle avait peu de fortune, mais beaucoup de grâce et d'esprit. Elle était parente du pieux chancelier de Marillac, le traducteur de l'*Imitation*. Elle avait remontré à son mari qu'on jaserait peut-être de l'amitié de Sainte-Croix. Il ne l'écouta pas, exigea, au contraire, qu'il l'occupât, la consolât. Elle se résigna. Sa dévotion se mêla d'un plus doux mysticisme. Desmarets, Bona, Malaval, ouvraient alors la voie de Molinos.

Tous trois vivaient en parfaite union. Quoique la marquise fût obligée, par les mauvaises affaires de son mari, de se séparer de biens, elle ne le fut point de corps, vécut toujours bien avec lui, et lui, il l'aima jusqu'à la mort. Le vieux père de la marquise, moins tolérant, et ne comprenant rien à la haute spiritualité, s'indignait de ce ménage, et disait que Sainte-Croix était un fripon qui exploitait les deux époux. Il obtint une lettre de cachet pour le faire mettre à la Bastille.

Là, dit-on, Sainte-Croix *philosopha* avec un autre chercheur du Grand œuvre, Exili, que le peuple médisant disait fabriquer des poisons. La légende voulait qu'il eût été à Rome empoisonneur en titre de madame Olympia, reine de Rome sous Innocent X, et que, par ce talent, il eût procuré à la dame cent cinquante morts subites dont elle hérita.

La Bastille sembla porter bonheur à Sainte-Croix. Entré gueux, il en sortit riche. Il se maria, prit hôtel, laquais, porteurs, carrosses. Il eut un intendant, outre ses vieux serviteurs de confiance, Georges et Lachaussée, qu'il céda pourtant, l'un à Hanyvel, l'autre à madame de Brinvilliers, qui le plaça chez les Aubray, ses frères. Chose bizarre, tout comme Hanyvel, ces Aubray meurent subitement.

Sainte-Croix était en belle passe. Son ami, Penautier, allait le cautionner pour acheter une charge dans la Maison du roi. Mais il devint malade. Penautier s'alarma ; craignant qu'il ne mourût, il envoya chercher des papiers qu'il avait chez lui. Quoique la maladie ne fût pas longue, Sainte-Croix eut le temps de remplir tous ses devoirs et fit une très-bonne fin. Ce qu'on a dit d'une expérience de chimie où il aurait péri est une fable.

Madame de Sainte-Croix fit mettre les scellés. Mais la veuve d'Aubray, belle-sœur et ennemie de madame de Brinvilliers qu'elle accusait de la mort de son mari, avait trouvé moyen d'adjoindre au commissaire, un homme à elle, un certain Cluet, sergent de police. Cet observateur attentif trouva une cassette où Sainte-Croix avait écrit : « Par le Dieu que j'adore, je prie qu'on remette ceci à madame de Brinvilliers. » On ouvrit, et l'on trouva des lettres de la marquise, une obligation souscrite par elle au profit de Sainte-Croix, et de petits paquets où il était écrit : « A M. de Penautier. » Ces paquets étaient des poisons.

Ce n'était pas ce qu'on croyait trouver. Les poisons n'étaient pas à madame de Brinvilliers, mais bien les billets doux. Le commissaire (Picard, celui qui aida à faire brûler Morin) fut tout abasourdi de voir M. de Penautier, un tel homme, tellement compromis. Il remplit fort mal son devoir, ne recacheta point les paquets, n'écrivit pas le procès-verbal, le laissa écrire par Cluet, l'agent de madame d'Aubray, qui ne pouvait manquer d'écrire à la charge de la Brinvilliers, déchargeant d'autant Penautier. Même, ce procès-verbal suspect, on ne le garda pas entier; il en disparut plusieurs feuilles. La confession de Sainte-Croix avait disparu aussi. Picard dit bonnement qu'en bon chrétien il l'avait brûlée.

Penautier, gardé par l'Église, l'était aussi par la magistrature. Il avait eu la sage précaution d'y avoir alliance. Il avait marié sa sœur au fils d'un conseiller au parlement. Le lieutenant civil, à qui revint la chose, ne voulut ni voir ni savoir l'obligation de Penautier à Sainte-Croix. Il n'en fit point mention. Cette pièce fut négligée et écartée; de plus, falsifiée; on en changea la date. On mit 1667, au lieu de 1669, année de la mort d'Hanyvel, dont cette obligation eût semblé le payement.

Le laquais Georges avait fui le jour de la mort d'Hanyvel; mais l'autre, Lachaussée, fut arrêté, jugé. Il avoua qu'il avait empoisonné les frères Aubray par ordre de Sainte-Croix. — Il varia sur la Brinvilliers, la dit tantôt coupable et tantôt innocente. — De lui-même, au dernier moment, il commençait à dire ce qu'il savait sur Penautier. On lui ferma la bouche.

Celui-ci, inquiet, craignant d'être arrêté, achetait déjà des témoins (*Acte ms. sur son commis Belleguise.*) Il n'en eut pas besoin. Tous ceux qui avaient agi pour Sainte-Croix avaient disparu comme par magie. Restait la Brinvilliers. Le financier lui donna deux lettres de change pour lui faciliter la fuite. Si elle avait eu le courage de refuser et de rester, on eût arrangé son affaire. Elle partit, laissa le champ libre à sa belle-sœur, qui obtint contre elle un arrêt de mort par contumace.

Elle était réfugiée dans un couvent de Liége. Mais la belle-sœur ne lâchait pas prise. La Brinvilliers, malgré sa dévotion, dont elle édifiait le couvent, s'ennuyait fort avec ses nonnes. Elle était encore agréable, mondaine au fond, et d'esprit romanesque. Forte dans sa petite taille et de nature sanguine, elle n'était nullement insensible aux tendres impressions. Le jargon doucereux de la dévotion galante pouvait la prendre. On lui dépêcha un exempt agréable et parleur facile. On le travestit en abbé. Il s'établit à Liége, l'amusa, l'amadoua de mysticité amoureuse, et, comme elle n'était point cloîtrée, la promena hors du couvent. Là, tout à coup il se démasque. L'ami, l'amant, le directeur se révèle espion et bourreau. Il la jette dans une voiture, entourée d'archers, la ramène à Paris.

Le pis pour elle, c'est qu'on avait saisi sa confession écrite par elle-même. L'extrait que nous en avons donné l'idée d'une pièce bizarre et très-confuse. Elle y met à la suite, sur la même ligne, des crimes épouvantables et des puérilités, et aussi des choses impossibles. Elle a brûlé une maison. Elle a empoisonné son père et ses frères. Elle a été violée à cinq ans par son frère (qui en avait sept). Plus, tels menus péchés de petites filles, etc. Tout cela pêle-mêle. Elle note surtout et accentue plus fortement ce qui est contre la loi canonique et les commandements de l'Église.

Elle avait beau dire qu'elle avait écrit dans un accès de fièvre. Elle sentait qu'on ne s'arrêterait pas à son dire. Elle s'adressa à un archer et crut l'avoir gagné. Il lui donna papier et encre, et elle écrivit deux fois à Penautier d'agir pour elle. Ces lettres n'arrivèrent pas, et servirent au procès.

Elle était fort légère et se confiait à cet archer, qui la faisait parler. « Penautier, disait-il, est donc intéressé à l'affaire? — Autant que moi-même, et il doit avoir encore plus de peur. Du reste, si je parlais, *il y a la moitié des gens de la ville* (et de condition) *qui en sont*, et que je perdrais; mais je ne dirai rien. » Elle le répéta par deux fois (*interrogatoire ms. de l'archer Barbier*, 15 *mai* 1676). Il paraît, en effet, qu'outre le financier, d'autres personnes étaient intéressées à ce qu'elle n'arrivât pas à Paris. Un gentilhomme vint, tâta les archers sur la route, essaya, mais en vain, de les apprivoiser.

Elle avait fort compromis Penautier, surtout en lui écrivant de faire disparaître un nommé Martin, intendant de Sainte-Croix. Cela forçait la main au président de Lamoignon. On jasait fort, le peuple était très-animé. On dut arrêter Penautier, dans son intérêt même, pour avoir l'air d'examiner la chose et pouvoir le blanchir. Mais il n'avait pas cru qu'on en vînt là, et l'huissier le surprit déchirant une lettre et tâchant de l'avaler. Cet homme intrépide et zélé, servant ses magistrats mieux qu'ils ne voulaient l'être, le prit à la mâchoire et lui arracha les morceaux (*Procès-verbal ms. de l'huissier Maison*, 15 mai 1676). C'était un billet de deux lignes où on l'avertissait et on lui disait d'aviser « en ces maudites conjonctures. » Heureusement pour lui, les juges s'obstinèrent à ne comprendre rien, acceptèrent le roman qu'il donna pour explication. On fit taire les témoins, et on ne laissa parler que sur la Brinvilliers.

L'accusateur de Penautier, c'était la veuve de cet Hanyvel mort subitement en 1669, sept ans auparavant. Les témoins avaient disparu. La Brinvilliers pouvait nuire encore. Tandis que Penautier prétendait avoir peu connu Sainte-Croix, elle disait « les avoir vus *mille fois* ensemble. » Il était très-urgent pour Penautier (et pour d'autres aussi) que cette dangereuse langue fût expédiée. La difficulté, c'est qu'il n'y avait pas de témoins sérieux contre elle, qu'il fallait que des juges chrétiens abusassent, pour la condamner, de sa confession. Elle les tenait par deux côtés, d'une part n'avouant rien, de l'autre leur faisant craindre qu'elle n'accusât des gens considérables qui, mêlés au procès, les auraient fort embarrassés. On eut ce curieux spectacle de voir les juges émus et inquiets, cajoler l'accusée, la prier d'avouer, mais de mourir sans bruit. Que dirait-elle à la torture? On le craignait. Si on la lui donnait forte, on risquait de la faire parler tout autrement qu'on ne voudrait. Un seul moyen restait, l'attendrissement. M. de Lamoignon lui choisit de sa main un confesseur très-propre à l'attendrir, un homme médiocre d'esprit, mais sensible de cœur, d'ailleurs faible physiquement, qui se fondrait en larmes, et dont l'émotion contagieuse la gagnerait. Il le fit venir et lui dit ce qu'on voulait : *qu'elle n'étendît pas le procès*, ne parlât que d'elle-même.

Ce confesseur, M. Pirot, professeur de Sorbonne, tout neuf à ces tristes spectacles, et fort effrayé de la réputation de la Brinvilliers, trouva que le monstre était une petite femme aux yeux bleus, doux et beaux. Nul signe de méchanceté. Elle était adorée de ceux qui la gardaient et qui ne faisaient que pleurer. Elle montra à M. Pirot une extrême confiance, avoua tout, dit qu'elle avait fait empoisonner son père et ses frères. Elle parut navrée de sa honte, surtout pour son mari (alors hors de France). Elle lui écrivit une lettre pleine d'affection.

On ne voit pas qu'elle se repente fort. — Elle croit que « *sa prédestination entraînait son arrêt,* » sans doute aussi son crime. Voilà ce que le confesseur aurait dû éclaircir. Mais le pauvre docteur, on le voit, était un scolastique de peu d'esprit, de nulle pénétration. Il eût été très-important de savoir d'elle-même quel était le genre d'ascendant qu'avait exercé Sainte-Croix, quel fut ce mysticisme dont il faisait des livres. Pour mener à de tels actes une jeune femme douce et dévote, il fallut, outre la passion, une perversion de la raison, un égarement d'esprit. Les précurseurs de Molinos, qui, dès longtemps, avaient une grande action à Paris, enseignaient que le péché est l'échelle pour monter au ciel. Plus tard ses successeurs divinisèrent le meurtre. La béate Marie d'Aguada crut se sanctifier en tuant des enfants, faisant des anges. De même que les dévots étrangleurs de l'Inde, ces molinosistes tuaient pieusement. La mort morale étant leur perfection, la mort physique était pour eux une perfection supérieure, comme allégement de cette vie de misère, un doux repos de l'âme en Dieu.

Du reste, quelle qu'ait été la doctrine de Sainte-

Croix, on doit avouer qu'en général le mysticisme, enseignant trop l'indifférence à la mort, à la vie, et l'indistinction des deux vies, mortelle et immortelle, peut fournir aux tentations du crime de meurtriers sophismes. Il n'est pas sans danger d'exagérer ainsi le néant d'ici-bas.

Pour revenir, la Brinvilliers, sur Penautier, fut très-discrète. Elle dit *qu'elle ne le savait pas coupable* (sans dire qu'elle le sût innocent). Ayant si bien parlé, elle eut le lendemain l'arrêt le plus doux qu'elle pût avoir; elle ne fut pas brûlée vive comme l'étaient les empoisonneurs, n'eut pas le poing coupé comme les parricides, mais dut être simplement décapitée avant d'être brûlée. On n'osa lui épargner la question; le public aurait dit qu'on craignait de la faire parler. Mais on la lui donna douce; en sortant elle put marcher et demanda à manger. Des gens du plus haut rang étaient venus, inquiets de ce qu'elle aurait dit. La comtesse de Soissons, entre autres (Olympe Mancini), y envoya. Puis, sachant son silence, elle vint elle-même avec des curieux de Versailles, la voir monter au tombereau. (V. la note sur le récit du confesseur.)

On assure qu'elle dit, au moment où elle montait l'échafaud : « Quoi! il n'y aura pas de grâce?... Et pourquoi, de tant de coupables, suis-je la seule que l'on fasse mourir? » Du reste, elle se résigna et mourut dans de grands sentiments de piété.

Bien des gens respirèrent après l'exécution. Dès lors, le silence était sûr. Pour Penautier, le chevalier de Grammont avait fort justement tiré l'horoscope de son procès : « Il est trop riche pour être condamné. »

Il n'avait plus à craindre que les indiscrétions de la Brinvilliers n'appuyassent la veuve Hanyvel. Celle-ci s'était d'avance ôté crédit par un déplorable traité avec celui qu'elle accusait. Ruinée par la mort de son mari, chargée d'enfants, elle avait composé avec lui. Sur sa promesse de lui faire part dans les profits de sa charge, elle l'avait elle-même recommandé aux évêques. Il l'accablait d'un mot : « Vous-même m'avez alors accepté, appuyé! » Elle disait seulement: « J'étais pauvre. »

Il aurait dû, pour son honneur, ayant si peu à craindre, faire éclater son innocence au grand jour d'un jugement public en Parlement. Il préféra un procès à huis clos, obtint que l'affaire serait évoquée au Conseil. Elle y fut promptement étouffée, enterrée, et Penautier resta un saint.

Cependant le peuple obstiné soutenait que la grande affaire des poisons n'était pas éclaircie. Le Parlement faisait la sourde oreille. Une chose éclata et lui força la main : la concurrence effrontée, impudente, la bruyante rivalité de ceux qui faisaient métier du poison.

Il y avait des maisons connues d'amour et d'aventures, d'accouchement et d'avortement. Les dames qui les tenaient, obligeantes pour tous les besoins, avaient par un progrès naturel étendu leur primitive industrie de l'avortement à l'infanticide, du meurtre des enfants à celui des grandes personnes. Maris incommodes, rivaux gênants, puis concurrents de places, ennemis de cour, disparaissaient. Le métier florissait. Empoisonneuses émérites et connues, mesdames la

Voisin, la Vigoureux, la Fillastre, associées à des prêtres qui jouaient la sorcellerie, avaient de grands hôtels, laquais, suisses et carrosses.

Pour savoir les choses cachées, prévoir ou obtenir la mort de ses ennemis, on s'adressait au diable et on lui disait la messe à rebours, où une femme nue servait d'autel. Des prêtres officiaient ainsi, Lesage à Paris chez la Voisin, Guibourg à Saint-Denis dans une masure. Les dupes écrivaient la demande, qu'on faisait semblant de brûler. On la gardait, on les tenait par là, on les intimidait et on les exploitait. La Fillastre possédait ainsi un billet où quatre princesses ou duchesses demandaient « si la mort du roi viendrait bientôt. » L'une d'elles, pour retirer ce dangereux écrit, s'adressa au prêtre Lesage avec instance et larmes. Ces concurrences empêchaient le secret.

A l'interrogatoire, ce furent les juges qui pâlirent. Le premier nom prononcé fut celui d'un prince (Bourbon du côté maternel), le comte de Clermont, qui aurait empoisonné son frère de concert avec la femme de ce frère, la noire Olympe Mancini. Celle-ci, avec une Polignac et autres, avait eu recours à la magie pour perdre la Vallière. Toute l'histoire des amours du roi aurait traîné au Parlement. Le 11 janvier 1680, il lui retira l'affaire, la transporta du Palais à l'Arsenal, où siégea une commission de gens du Conseil.

Cependant il ne crut pas encore la précaution suffisante. Il avertit Olympe. Elle se sauva, ainsi que Clermont. Une fois en pays étranger, elle fit croire qu'elle n'avait fui que par crainte de la Montespan. Fable évidente. Celle-ci était alors fort peu de chose.

Le roi aimait Fontanges et donnait sa confiance sérieuse à madame de Maintenon.

Olympe trouva partout sa réputation établie, l'horreur du peuple, qui souvent la chassa des villes. On assure qu'à Madrid elle empoisonna la jeune reine d'Espagne, nièce de Louis XIV. Service essentiel rendu à la maison d'Autriche, et qui dut aider à la fortune du fils d'Olympe, le fameux prince Eugène.

Une autre Mancini, la sœur d'Olympe, duchesse de Bouillon, resta, et répondit avec une assurance altière, sachant bien que les juges seraient respectueux. Ensuite, cependant, elle crut sage de quitter la France.

Le duc de Luxembourg, le spirituel et vaillant bossu, fort dépravé, qui avait l'âme comme le corps, fut accusé et ne s'en alarma guère. On avait trop besoin de lui. Il passait pour le seul qui pût succéder à Turenne. On ne frappa que son intendant.

On crut donner le change au public sur la gravité de l'affaire en laissant jouer une pièce où Visé et Thomas Corneille mettaient en scène une *Madame Jobin*, intrigante, mais non scélérate. On la joua quarante-sept fois de novembre en mars, jusqu'à l'exécution de la Voisin. Personne n'y fut pris. On savait bien que la vraie comédie, honteusement tragique, se jouait entre les robes noires à l'Arsenal.

L'homme qui dirigeait l'affaire, la Reynie, lieutenant de police, mettait au premier plan les farces des jongleurs, revenait aux procès de sorcellerie, clos par le chancelier en 1672. Un jeune maître des requêtes osa le remarquer, dit : « Le Parlement ne reçoit pas ce genre d'accusation. Nous sommes ici pour les poisons.—Monsieur, dit la Reynie, j'ai mes ordres secrets. »

Le diable, mort et enterré, ressuscite ici à propos pour sauver les seigneurs, les prêtres. On brûla quelques misérables, la Voisin, la Vigoureux. Les autres échappèrent. Les prêtres Lesage et Guibourg (quoi qu'on ait dit) ne furent pas exécutés.

Nous entrons dans l'époque sainte où le prêtre n'est jamais coupable. Sauf tel cas, étonnamment rare, public, et de flagrant délit, le roi ne punit plus, tout est enfoui, caché. Le chef lui-même de la justice, le chancelier, expliquera plus tard qu'il n'y a point de justice pour le prêtre. Si le crime n'est pas trop public, on doit seulement *le mettre hors d'état d'en faire d'autres*, non le poursuivre et le punir. (*Correspond. admin.*, II, 519.)

L'Église juge l'Église. Le prêtre, cité devant un tribunal de prêtres, celui de son évêque, peut fuir (IV, 297), ou est soustrait aux procédures publiques. Souvent aussi, l'affaire est portée au Conseil du roi. Des deux côtés, mystère, arbitraire insondable, le plus ténébreux inconnu.

Le bon et savant Mabillon, dans sa réclamation si modérée, mais d'autant plus accusatrice, n'a que trop fait connaître la justice d'Église. Elle était ou nulle ou atroce. On ne voulait que la nuit ou l'oubli. L'un, impuni, après un peu de jeûne et de pain sec, était placé au loin dans une cure de village où il recommençait. L'autre disparaissait. Dans quelque couvent éloigné où on ne savait rien de l'affaire, on exécutait l'ordre, en le descendant aux basses-fosses. Sans travail, sans lumière dans ces ténèbres immondes, il devenait comme une bête, horreur du frère convers qui lui jetait son pain par un trou.

Le monde de la Grâce, du fantasque arbitraire, **qui a destitué la Loi, qui trône et qui triomphe aux dorures, aux peintures, aux glaces de la Grande galerie et leurs cent mille lumières, a pour** base obscure les **prisons** d'État. Celles-ci, trop lumineuses encore, ont au-dessous un enfer plus profond, le noir *in pace* de l'Église.

Je m'étonne fort peu de voir l'horreur et la frayeur qu'éprouvait l'Angleterre pour ce système étrange. Elle frémissait de sentir autour d'elle et sous elle gronder ce monde de la nuit. Même avant la paix générale, dès que le roi eut brisé la ligue en détachant la Hollande, il se trouva redoutable pour tous. L'Angleterre le voyait venir menaçant, corrupteur, achetant Charles II et les ennemis de Charles II, gâtant et pourrissant ses lords par les Jésuites, et préparant un nouveau roi.

Trois ou quatre ans avant les premières dragonnades, vers 1677, s'organisèrent en France les nombreuses maisons où l'on jetait les filles protestantes. La plus barbare mesure de la persécution, l'enlèvement des enfants, fut révélée ainsi dans son immense extension. Nos voisins purent comprendre qu'en ce système, ce n'était pas l'État seulement, mais la famille qui était menacée. On compta bientôt une foule de ces couvents-prisons. Dans celui de Paris, sous les yeux du public, on employait toutes les séductions de la douceur. Mais les autres, au loin, furent des maisons de force pour dompter les rebelles. Les parents, sur tous les rivages d'Angleterre, abordaient éperdus, désolés pour toujours. Cela parlait assez. La pitié, la terreur, agitaient tout le peuple. Partout, dans les rues, les *cafés* (très-récemment créés), vous auriez rencontré des figures sombres, de petits groupes conversant à voix basse, discutant, préparant les moyens de la résistance.

« *Vaine* panique, » dit-on. Pourquoi *vaine?* On la juge telle, parce qu'elle empêcha ce qu'elle craignait. L'Angleterre fut comme un taureau que le loup vient flairer la nuit. Il frappe de la corne au hasard et frappe mal; mais ses coups fortuits, qui montrent sa force et sa fureur, donnent à penser à l'assaillant.

Grande est ici la légèreté des historiens. Ils affirment d'abord que le *complot papiste* fut une fable. Puis ils prouvent eux-mêmes qu'on ne peut affirmer, l'accusé principal ayant eu le temps de brûler ses papiers. Dans le seul qu'il ne brûla pas, ce Coleman, secrétaire de la duchesse d'York et des Jésuites, demande secours à la Chaise pour *frapper le plus grand coup* qu'ait reçu le protestantisme.

Le complot très-réel fut la trahison des deux frères, Charles II, Jacques II, qui, vingt-cinq ans durant, annulèrent l'Angleterre ou même la vendirent à la France. L'hôtel d'York, le centre des Jésuites, fut une manufacture de traîtres.

« Mais, dit-on, les Jésuites condamnés protestèrent de leur innocence. » L'accusateur Bedloe, qui meurt de maladie, *jure aussi en mourant qu'il a dit vérité.*

Qui croirai-je? Je suis habitué, dans les procès anglais, à voir jurer ces Pères, et contre des choses prouvées. Ils jurèrent sous Élisabeth. Ils jurèrent sous Jacques Ier. Il n'en durait pas moins, pour les démentir, au milieu de Londres, le monument de la trop certaine Conspiration des poudres. (V. plus haut.)

Ici les preuves étaient moins sûres; l'Angleterre eût mieux fait de ne point les frapper. Mais elle fit très-bien de désarmer les catholiques. La funèbre et terrible procession qui exalta le peuple autour du juge assassiné, cette grande machine populaire eut un effet immense pour le salut de l'Angleterre. La lueur des flambeaux éclaira le détroit et la France jusqu'à Versailles. Elle montra l'unité d'un grand peuple, immuablement protestant.

CHAPITRE XVII

CONQUÊTES EN PLEINE PAIX — FONTANGES —
ASSEMBLÉE DU CLERGÉ

—

1679-1682

—

La santé de Louis XIV, que le journal des médecins nous révèle d'année en année, réfléchit les variations de sa vie politique. Chancelant, maladif, l'année de la reculade, il semble jeune et fort à la triomphante paix de Nimègue.

Il ne ménage rien, ni la cour, ni l'Europe. Il reste armé quand les autres désarment, violente l'Espagne et l'Empire. Il dépense cent millions en pleine paix, rase Versailles pour le refaire, bâtit par toute la France. On s'étonne, on frémit de voir ce pénitent, ce roi du jubilé, relancé, à quarante et un ans, en pleine jeunesse. Colbert est consterné, et désespère. La Maintenon aussi, qui croyait le tenir. La Montespan plie, cède au temps. Elle est forcée d'accepter la Fontanges.

Sans cette enfant, qui aurait profité du déclin de la Montespan? peut-être la Soubise. La Fontanges, rousse comme celle-ci, plus brillante et plus jeune, remplit l'entr'acte que l'autre remplissait fréquemment dans les couches de la Montespan. Cette Soubise n'était pas fière; elle ne voulait que de l'argent, enrichir son mari. Elle n'avait d'enfants qu'avec lui, et point avec le roi. Il n'allait pas chez elle, mais elle chez lui, et la nuit. Aux plafonds de l'hôtel Soubise, elle a fait peindre dans l'histoire de Psyché ce beau mystère. Mandée au moment du caprice, attendue par Bontemps qui la menait, elle se levait d'auprès de son mari, dormeur heureusement, le premier ronfleur du royaume. Une fois, ainsi pressée, elle ne trouvait pas ses pantoufles, cherchait sous le lit, ramonait. Le mari dit en songe : « Eh! mon Dieu! prends les miennes! » Et il continua de ronfler.

Revenons à l'astre nouveau. Monsieur s'étant remarié à une Bavaroise, cette princesse, laide et spirituelle, eut une petite cour de filles et dames où venait fort le roi. Les la Feuillade, intelligents, y placèrent leur parente, une petite Limousine, la Fontanges, vierge, jolie et sotte, avec un minois triste d'enfant boudeur. La Montespan en fit galamment les honneurs, parla au roi de cette muette idole, de ce bijou de marbre. A une chasse, elle fit plus, la fit approcher du roi, la caressa et en fit l'inventaire, vantant ses beautés une à une. En la livrant ainsi, elle croyait la tenir, la renvoyer bientôt. Mais la petite n'était pas simplement sotte, elle était absurde et folle, ne disait rien que de travers. Cela piqua le roi. Elle était vraiment neuve, très-exactement belle et « de la tête aux pieds. » Ce qu'on n'attendait pas, c'est que, dès le lendemain, il n'y eut plus d'enfant. Elle fut insolente, colère, cynique, menant les gens bride abattue. Un avis pieux lui étant venu de la personne que le roi estimait le plus, de Madame de Maintenon, elle dit brutalement : « Est-ce qu'on quitte un roi comme on laisse tomber sa chemise? »

Le roi prit la poupée au sérieux, la fit duchesse (1679), l'imposa à la reine. Partout elle piaffait et cavalcadait près de lui, souvent en homme, avec de folles plumes au chapeau. Une fois, revenant de la chasse, par un vent frais, elle jette son chapeau, et se fait serrer sa coiffure de rubans sur le front. Ce sang-façon bizarre du petit page devant toute la cour, c'était effronté et piquant. Le roi en fut ravi et la voulut toujours ainsi. La mode en vint partout. Les plus grandes dames du monde s'affublèrent de cette coiffure. Déjà elles avaient copié les robes indécemment ouvertes et flottantes où s'étalaient les grossesses de la Montespan.

Le roi avait monté une maison à la Fontanges, lui donnait cent mille écus par mois, et autant en cadeaux. Lui-même, il avait augmenté toutes ses magnificences, avait repris les draps d'or, les plus brillants costumes. Il bâtissait de tous côtés. La cour ne tenait plus dans le petit Versailles. On le refit immense. On commença ce bâtiment sans fin, prolongé sans mesure, qui est resté décapité, n'ayant pas le couronnement qui devait en relever la platitude. On commença, derrière, les Ninives et les Babylones des monstrueuses casernes où s'entassèrent les ministères, tout l'attirail de cour et de gouvernement, commis, valets, gardes, chevaux, voitures. Trois cents millions d'alors (douze cents d'aujourd'hui).

On pourrait appeler cette époque l'*avénement des pierres*. La France s'entoure d'une ceinture de trois cents forteresses. La guerre a commencé en ce siècle par Gustave-Adolphe, qui supprime les armes défensives. Et voilà qu'à la fin on donne une cuirasse à la France. Œuvre immense, en beaucoup de points tout à fait inutile. De telles barrières ne parent pas les grands coups. Elles n'arrêtèrent jamais les Gustave, les Turenne, les Frédéric, les Bonaparte. On prodigua à cela le génie de Vauban, et l'argent, et les hommes. Louvois imagina de faire faire les tranchées des places de Flandre par des paysans du voisinage qu'on amenait à coups de bâton, qui travaillaient gratis, sans nourriture, et mouraient à la peine.

Parmi ces violences, ces dépenses, ce *crescendo* d'enflure et d'orgueil diaboliques, la conversion du roi avançait fort. Madame de Maintenon y travaillait quatre heures par jour. Il délaissa Fontanges. Séparée de lui par ses couches, elle le fut bien plus encore par sa décadence rapide. Rien de plus fragile que ces blondes éblouissantes. Elles doivent souvent leur éclat au vice du sang. On le vit plus tard par la Soubise, qui mourut de scrofules, décomposée et gâtée jusqu'aux os. La Fontanges fondit bien plus vite. Changement à vue et effrayant. Hier, l'aurore, le printemps et la rose. Aujourd'hui un cadavre. Elle demanda elle-même à se cacher à la campagne, ce que le roi lui accorda de bon cœur.

A qui profiterait cette révolution? A la Montespan? Grand fut l'étonnement quand on vit que le roi ne la visitait plus qu'un court moment après la messe, et non plus après son dîner.

Les meilleures heures du roi, son repos, de six à dix heures du soir, étaient pour madame de Maintenon quatre grandes heures d'interminables conversations. Personne en tiers; tous deux assis. De là, invariablement, elle l'envoyait coucher près de la reine. Il redevint un vrai mari, au bout de vingt ans de mariage.

Conversion édifiante. Et cependant, celle qui y avait le plus travaillé en dessous, la première dévote de France, madame de Richelieu, n'en fut point satisfaite. Elle souffrit plus que personne de l'ascendant exclusif, absolu, de sa protégée Maintenon. Elle se ligua avec la dauphine. En vain. La Maintenon n'en pesa que davantage, leur rendit de mauvais offices, et le chagrin les emporta bientôt.

La cour avait changé d'aspect. Tout devint morne et ennuyeux, mais tendu en même temps, contraint, serré. On craignit de marquer et d'avoir de l'esprit. Le roi, n'ayant plus d'amusement de femmes, devint plus âpre. Il mangea, but beaucoup (*Journal des médecins*). Circonstance grave qui explique en partie sa violence, sa politique à outrance, ses actes provoquants contre toute l'Europe, sa guerre au pape, sa guerre aux protestants.

Le roi, de plus en plus, est l'*évêque des évêques*. En revanche, ceux-ci sont des rois.

L'évêque exerce alors des pouvoirs très-divers. On le voit par une lettre curieuse de l'évêque de Lodève (1673, *Corr. admin.*, IV, 101). Non-seulement il fait communier de force des seigneurs catholiques, non-seulement il travaille vigoureusement à la conversion des huguenots, mais il arrange tous les procès civils. Il encourage, dit-il, l'industrie, relève la manufacture des draps de Lodève, etc.

Et d'autre part, le roi semble une sorte de patriarche : 1° Il nomme les évêques; 2° il règle leurs assemblées (1674); 3° il se constitue pour ainsi dire *évêque intérimaire;* dans les vacances, il perçoit les revenus, nomme aux bénéfices; c'est ce qu'on appelait sa régale, étendue alors à tout le royaume; les fruits en étaient appliqués à acheter des âmes protestantes.

Résistance d'Innocent XI (janvier 1681). Il excommunie ceux que le roi nomme aux bénéfices. On lui lâche le Parlement, qui, trop heureux de sortir du silence, donne arrêt contre *certain libelle qu'on attribue au pape* (31 mars).

Le roi n'était pas sans scrupule. Il affermit sa conscience en frappant l'hérésie. Il accueillit le conseil des intendants et des Louvois qui proposaient d'exempter de logements militaires les convertis, et d'en surcharger les obstinés (11 avril 1681). *Premier essai des dragonnades.* L'effet fut terrible aux familles. Dans les scènes honteuses, hideuses, de ces violences de soldats, on cachait surtout les enfants, ou on les faisait fuir. Nouveau coup le 17 juin : *Permis aux enfants de sept ans de quitter leurs parents et de se convertir*. Mesure dénaturée qu'inspira (chose bizarre) une émotion de nature. Fontanges mourut le 15 juin. Elle voulut voir encore le roi. Il y consentit à grand'peine, mais l'impression fut forte ; le baiser du cadavre, cette image effrayante de la mobilité du monde, remua sa conscience, et, comme expiation, il fit sa cruelle ordonnance, plus cruellement interprétée, pour ravir les petits enfants.

La réclamation de Colbert fit suspendre les dragonnades. Mais madame de Maintenon, flattant les tendances du roi, se déclara contre Colbert et appuya Louvois. Une ordonnance étrange déclare *qu'on s'est trompé en croyant que le roi défend de maltraiter les protestants* (4 juillet).

L'enthousiasme catholique monta au comble, lorsqu'en octobre, le nouveau Théodose alla rendre au vieux culte la cathédrale de Strasbourg. La grande ville luthérienne du Rhin, trahie, vendue, terrifiée, fut enlevée à l'Empire, et compléta la conquête de l'Alsace, continuée pleine de paix. Nos tribunaux avaient, par simple arrêt, conquis quatre-vingts fiefs de Lorraine et dix villes impériales, plus le comté de Montbéliard.

Étrange politique. Il irritait l'Allemagne et voulait pourtant la gagner. Par des traités d'argent, il croyait acheter l'Empire et s'assurait des électeurs de Bavière, Brandebourg et Saxe, pour la prochaine élection.

La victoire des victoires eût été de dompter le pape.

Par un curieux renversement des choses, ce pape était soutenu des jansénistes, ne les haïssait point, et lui-même sentait l'hérésie. Belle prise pour le roi orthodoxe, qui la frappait partout. Il semblait le vrai pape. Les Jésuites étaient pour lui et méconnaissaient Rome. Un moment, tout fut gallican.

Le 9 novembre 1681, Bossuet ouvrit l'assemblée du clergé. Son discours éloquent porta, au fond, sur un point où il était sûr de persuader : Que saint Pierre ne fut que *le premier entre égaux,* que sa chute n'empêcha pas l'unité de l'Église, qu'elle est surtout dans les évêques. — Le roi leur rend hommage en consentant que ceux qu'il nomme aux bénéfices soient préalablement examinés par eux. L'assemblée est touchée, et, à son tour, elle cède sur la question d'argent, le laisse percevoir les revenus des évêchés dans les vacances.

On en fût resté là ; mais le grand citoyen Colbert insista pour faire démentir au clergé ses principes papistes de 1614. Bossuet dressa les *quatre articles* (depuis si longtemps préparés) : 1° le pape ne peut rien sur le temporel ; 2° il ne peut rien contre les décisions des conciles ; 3° ni contre les libertés des églises nationales ; 4° ses décisions, non sanctionnées par l'Église, peuvent être réformées.

Système hybride qui mêle la raison au miracle, la sagesse de discussion à ce que les croyants nomment eux-mêmes la folie de la foi. Pur expédient politique. Que sert de marchander en pleine poésie ? La rhétorique de Bossuet ne change pas le point de départ. Le christianisme est un miracle : le salut de tous par un seul. Son gouvernement aux âges barbares se posa hardiment comme incarnation monarchique, l'idolâtrie d'un chef inspiré aux choses de Dieu.

Maintenant où commencent, où finissent les choses de Dieu? La distinction du spirituel et du temporel est impossible. Tout relève de l'esprit. Rien dans les intérêts civils qui ne soit spirituel, rien dans les choses politiques. Celles-ci directement influent sur les idées morales et les tendances religieuses. L'État est l'accessoire, la dépendance de l'Église. Si l'État n'est Église et pape, il est le serf du pape et ne s'en affranchit que par accès, par petits efforts ridicules, pour retomber bientôt dans son servage.

Dix ans ne se passèrent pas sans que Bossuet ne se trouvât abandonné du roi et des évêques. Pour que l'Église de France se soutînt dans cette fierté contre Rome, il lui eût fallu accepter une réforme dont elle était incapable. Elle demandait des sévérités contre les protestants, n'en exerçait pas sur elle-même. Bossuet obtint seulement qu'une commission serait nommée pour examiner *les principes relâchés des casuistes*. Ceci semblait menacer les Jésuites. Mais qui pouvait se dire exempt de tout reproche? qui n'avait été *relâché* dans les choses de direction? Bossuet lui-même s'était montré très-faible dans le jubilé Montespan. Madame de Maintenon parle de sa complaisance avec une violence étrange.

Les Jésuites allaient plus loin, trop loin, l'attaquaient sur les mœurs.

Ce grand homme, qui remplit le siècle de son labeur immense, a merveilleusement prouvé qu'il vécut dans une sphère haute. Cette noblesse, cette grandeur soutenue, témoigne assez pour lui. Suivons ici, pas à pas, M. Floquet, son excellent historien.

Bossuet, lorsqu'il était doyen de Metz, venait parfois à Paris, et descendait chez un abbé. Il y vit un jour une dame attachée à Madame (Henriette), qui était venue en visite avec sa nièce, une enfant de dix ans. Celle-ci était une petite merveille, déjà lettrée et distinguée. Bossuet s'intéressa aux progrès de la jeune fille, qui, de bonne heure, fut une savante; elle aimait, admirait et protégeait les vers latins.

Mademoiselle Gary (c'était son nom) était fille d'un notaire au Châtelet, qui lui avait laissé le petit fief de Mauléon (près Montmorency), d'où elle était appelée mademoiselle de Mauléon. Elle habitait la maison patrimoniale de sa famille, près des Piliers des Halles. Elle avait aussi hérité de son père un étal à la Halle aux poissons. Place lucrative, mais sujette à un litige fatal qui dura trente années. Elle croyait avoir le droit d'obliger les marchands forains d'apporter et vendre leur poisson à cet étal. Ils niaient ce droit. A vingt-deux ans elle voulut l'exercer, et leur fit procès. Elle était sur le pied d'une protégée, ou comme d'une fille adoptive de Bossuet (alors précepteur du Dauphin). Le lieutenant de police lui donna raison; mais l'autorité rivale, l'Hôtel de Ville, lui donna tort. Elle ne lâcha pas prise. De tribunal en tribunal, elle plaida toute sa vie. Dès 1682, les frais énormes l'obligèrent d'emprunter quarante-cinq mille livres, que Bossuet lui fit prêter sous sa garantie. Il paraît qu'elle avait peu d'ordre. Il fallut plus d'une fois qu'il en payât les intérêts, qu'elle ne pouvait solder. Cette misérable affaire durait en 1705. On la poursuivait alors pour remboursement, et Bossuet, voulant lui sauver quelque chose, intervint et se porta aussi comme créancier pour certaines sommes qu'il lui avait avancées. Rien de plus innocent que tout cela, rien de plus public. De Germigny, ils écrivaient ensemble à leur amie, l'abbesse de Farmoutiers, ne craignant nullement de témoigner, par ces lettres fréquentes, les long séjours qu'elle faisait dans cette terre auprès de Bossuet.

En 1682, elle avait vingt-sept ans, Bossuet cinquante-cinq. Malgré cette grande différence d'âge (de près de trente ans), on comprend l'avantage que les Jésuites purent tirer de la chose. Les risées sournoises qu'ils firent du contraste des deux procès, de la grande lutte gallicane, et de l'affaire de la Halle aux poissons. Ils ne dirent pas en face de Bossuet le mot méchant qu'on cite, mais le dirent par derrière : « M. de Meaux n'est ni janséniste, ni moliniste ; il est Mauléoniste. »

Louis XIV, qui n'aimait nulle grandeur que la sienne, put accueillir ces insinuations. Elles expliquent peut-être pourquoi il se dispensa de reconnaître l'obligation qu'il avait à Bossuet pour l'éducation de son fils, le laissa simple évêque, tandis que le jeune précepteur de son petit-fils, Fénelon, quoique peu agréable au roi, eut l'archevêché de Cambrai, qui le fit prince d'Empire.

CHAPITRE XVIII

MADAME DE MAINTENON — EXÉCUTION MILITAIRE SUR LES PROTESTANTS. — MORT DE COLBERT.

1683

Le roi, en 1683, fut doublement émancipé, — veuf, — et soulagé de Colbert.

Il lui pesait, le forçait de compter, parlait toujours d'équilibrer les dépenses et les recettes. Dans son long ministère de vingt années, il avait passé par deux phases : la première, où il essaya de subsister du revenu; la seconde, où traîné, forcé, il emprunta et mangea l'avenir. Nous avons vu ce moment décisif où le roi lui signifia qu'on pouvait se passer de lui (1671).

A la paix de Nimègue, où sa plus chère idée fut sacrifiée, il espérait du moins, s'il n'augmentait la richesse, diminuer la dépense. — Il allége un moment l'impôt, et cependant rembourse 90 millions. Mais le roi en dépense 100. — Plus d'espoir désormais, et nul moyen de s'arrêter. Le mot de Richelieu en 1626, en 1638 : On ne peut plus aller, c'est celui que Colbert,

après tant d'efforts, d'espoir trompé, dit à son tour :
« *On ne peut plus aller.* »

Entre lui et le roi, la lutte était sur toute chose ; en bâtiments, il condamnait Versailles ; en religion, il soutenait les industriels protestants. — Le roi partant avec Louvois, en 1680, pour visiter la Flandre, Colbert n'osa le laisser seul et le suivit. Surchargé de cinq ministères, il emportait la monarchie. A la fatigue, le roi ajouta les dégoûts. Colbert revint malade ; on put prévoir sa mort.

L'autre année, autre coup. Le répit des dragonnades, qu'il obtint le 10 mai, est violemment démenti par le roi (4 juillet). La balance, décidément, incline vers Louvois. — Quel poids nouveau s'y joint? l'influence de madame de Maintenon (V. sa lettre du 4 août).

Le roi tua la reine, comme Colbert, sans s'en apercevoir. N'ayant plus de femme qu'elle, il l'emmena, par une grande chaleur, dans un long et fatigant voyage. Elle était replète, toute ronde, fort molle. Au retour, elle mourut (30 juillet 1683). Madame de Maintenon la quittait expirée et sortait de la chambre, lorsque M. de la Rochefoucauld la prit par le bras, lui dit : « Le roi a besoin de vous. » Et il la poussa chez le roi. A l'instant, tous les deux partirent pour Saint-Cloud. La dauphine voulait être en tiers. Pour la consigner, on lui envoya Louvois, qui lui dit que le roi entendait qu'elle soignât sa grossesse. Les médecins, à l'appui de cet ordre, la saignèrent et la tinrent au lit.

Ainsi, tête-à-tête absolu. D'abord, madame de Maintenon, ne sachant pas la vraie mesure du chagrin du roi, pleurait ou faisait semblant. Mais il l'en dispensa. Après deux ou trois jours, il l'emmena à Fontainebleau, la plaisantant sur cet excès de douleur. La dauphine s'y traîna. Trop tard. La place était prise. Le grand appartement de la reine, qui lui revenait, était déjà occupé. Une autre, au bout de cinq jours, couchait dans le lit de Marie-Thérèse oubliée.

Pas un mot là-dessus dans aucun historien. Les nôtres baissent les yeux devant ce mépris des convenances. Les ennemis eux-mêmes, les satiriques de Hollande, ne relèvent pas le scandale.

Jamais le roi ne sut se contenir. On l'a vu, à la fameuse nuit de Compiègne (1668), braver, non la décence seulement, mais l'étiquette, et coucher dans un galetas. On l'a vu, au raccommodement du jubilé, devant des dames vénérables, faire l'éclipse hardie dont la Montespan fut enceinte. Nul ménagement, nul délai. La tradition convenue sur la délicatesse de ce temps est entièrement démentie par les faits. Les misères de la digestion, le plaisir animal (je ne dis pas l'amour) n'observaient nul mystère. Les besoins physiques s'étalent avec une complaisance insolente. Madame, princesse allemande, est fort embarrassée de cette liberté étrange où l'on ne cache nul acte de nature.

Le jeûne et la saignée répétée quatre fois par an ne suffisaient pas à contenir les moines dans le célibat (V. Eudes Rigault). Dira-t-on que Louis XIV, à force de sobriété, put changer de vie tout à coup, rester deux ans dans un austère veuvage? Je vois au contraire chez ses médecins, que, dans ces deux années, il était devenu encore plus grand mangeur, faisait trois repas de viande par jour et buvait son vin pur.

Madame de Maintenon était fort troublée, dit sa nièce. Elle avait des vapeurs, et rien ne la calmait. Je le crois bien. Personne, quel que fût le respect, ne pouvait se méprendre sur sa situation. Si elle ne se fût dévouée, madame de Montespan et l'adultère revenaient infailliblement. Toutefois, ce changement à vue, cette sainte obligée brusquement de passer à un autre rôle, c'était chose risible, et non sans quelque honte. Elle le sentait bien. Elle ne pouvait que s'abaisser dans cette grandeur qui était une chute, lever au ciel un œil humilié.

On l'a peinte, je crois, à ce moment. C'est le grand portrait de Versailles, Les quarante-sept ans qu'elle avait en 1683 sont finement datés, surtout par l'âge de mademoiselle de Valois, de six ans, qui se jette entre ses genoux. Enveloppée habilement, ne montrant que ce qu'elle veut, elle est mise à merveille, dans une prude coquetterie, un riche noir, inondé de dentelles (est-ce le deuil de la reine?). Tout est douteux. Elle regarde, ne regarde pas. Elle tient une rose, pas trop rose, un peu effeuillée, dont les tons semi-violets s'harmonisent fort bien au noir. Elle trône et gouverne (comme reine? ou comme gouvernante?). Ce qui la relève fort, c'est l'humble dépendance de la princesse, l'autorité qu'elle a et gardera dans la famille, d'avoir donné le fouet aux enfants de Louis le Grand.

Elle a la tête assez petite, mais ronde et décidée. Rien de classique. Jeune, on l'appelait la *belle Indienne*, mais elle dut être plutôt jolie, une miniature créole à petits traits.

Le point noté par Saint-Simon est ici manifeste. Elle avait de la suite par effort et par volonté; mais de nature elle était variable, sujette à de brusques revirements. Ce visage-là n'est pas sûr. Il ne révèle en rien la bonté, l'intimité douce, l'égalité d'humeur. Il indique plutôt un esprit inquiet, mobile, qui dira Oui et Non. Il y a de l'ardeur dans le regard, mais il est dur, d'une flamme sèche qu'on voit peu chez la femme, parfois chez le jeune garçon. Au total, tout est double. C'est le portrait de l'Équivoque.

Plus je regarde cette femme, si peu femme, qui n'eut pas d'enfants, plus je sens que les misères de ses premières années, sa situation serrée, étouffée, eurent en elle les effets d'un *arrêt de développement*. Elle resta à l'âge où la fille est un peu garçon. Elle n'eut pas de sexe ou en eut deux. De là, une certaine masculinité de l'œil et de l'esprit. Elle avait été jusque-là pour le roi un docteur, un prédicateur. C'était comme son directeur, dont il faisait une maîtresse. La sensualité du sacrilége, du plaisir dans la pénitence, dont il avait goûté au jubilé, se retrouvait ici. Sous ses dentelles noires, elle était le jubilé même.

Ce funèbre portrait, l'entrée brusque de cette douteuse figure dans le lit d'une morte, est justement la date de l'explosion du Midi, des cruelles exécutions militaires sur les protestants (1683).

Une averse d'édits persécuteurs les avait mis au

désespoir. Toutes carrières fermées. La vie même impossible : défense de naître ou de mourir, sinon dans les mains catholiques. Les temples abattus. Ils conviennent d'aller encore tous une fois prier sur les ruines, et faire requête au roi (4 juillet). On fait peur aux catholiques d'une si grande assemblée, et on les arme.

L'étincelle part du Dauphiné, éclate en Vivarais, en Languedoc. Les protestants arment aussi, on les amuse, on les divise. On ramasse des troupes. Ceux de Bourdeaux (Dauphiné) allaient prier hors de la ville. Ils voient des dragons qui s'y dirigent. Ils savaient déjà comment ces soldats traitaient les familles ; ils ont peur pour leurs femmes, reviennent, reçoivent des coups de feu et les rendent. Voilà ce qu'on voulait, voilà le sang versé.

Le gouverneur Noailles contenait jusque-là, à grand'-peine, et à l'aide des gentilshommes catholiques, la violence du clergé. Il se décida. Il comprit, en courtisan habile, que cette explosion lui mettait la fortune en main. Aux ordres cruels de Louvois qui prescrivaient la *désolation*, il obéit par une exécution plus cruelle qu'on ne demandait (chose avouée dans ses Mémoires, p. 15). — Nombreux supplices, de Grenoble à Bordeaux. Massacres en Vivarais et massacres aux Cévennes. Toute une armée dans Nîmes, une si terrible dragonnade, que la ville fut convertie en vingt-quatre heures.

Noailles craignit d'avoir été un peu loin. Il écrivit au roi qu'il y avait bien eu quelque désordre, mais que tout se passerait en *grande sagesse et discipline*, et qu'il promettait sur sa tête qu'avant le 25 novembre il n'y aurait plus de huguenots en Languedoc.

Ces lettres apportées au conseil n'y trouvèrent plus celui qui, en 81, avait sauvé les protestants des premières dragonnades. Louvois était le maître et Colbert se mourait.

Il était mort de la ruine publique, mort de ne pouvoir rien et d'avoir perdu l'espérance. On lui cherchait des querelles ridicules.

Le roi lui reprochait la dépense de Versailles, fait malgré lui. Il lui citait Louvois, ses travaux de maçonnerie et de tranchées faits pour rien par le soldat, le paysan, comme si les travaux d'art d'un palais étaient même chose. Il l'acheva en le querellant sur le prix de la grille de Versailles. — Colbert rentra, s'alita, ne se leva plus.

Il mourut détesté, maudit. Il fallut l'enterrer de nuit pour lui sauver les insultes du peuple. On fit des chansons, des *ponts-neufs* sur la mort *du tyran*. Mot mal appliqué? non. Ce très-grand homme, en deux sens à la fois, avait été le tyran de la France.

Tyran par la situation, le temps et la nécessité des choses; tyran par sa violence dans le bien, et son impatience, par l'emportement de sa volonté.

La guerre et Louvois, le roi et la cour, Versailles, le gaspillage immense, sont très-justement accusés. Mais, il y a autre chose encore. *La situation était tyrannique.* Colbert bâtit sur un terrain ruiné d'avance, celui de la misère, qui progresse en ce siècle sans pouvoir l'arrêter. Des causes politiques et morales, venues de loin, surtout l'oisiveté nobiliaire et catholique, après avoir ruiné l'Espagne, devaient ruiner aussi la France.

D'avance, Mazarin tue Colbert. L'impôt doublé vers 1648, reporté par la ligue des notables sur le petit cultivateur, l'obligea à vendre son champ au seigneur de paroisse. Mais ces champs réunis dans une main oisive produisirent peu. Il y eut sous Colbert famine de trois ans en trois ans. Pour nourrir aisément les armées, les manufactures, lui-même il maintint le blé à vil prix, en défendant presque toujours l'exportation, donc, en décourageant le travail agricole. De 1600 à 1700, tout objet fabriqué quintuple de valeur. Le blé seul est traité comme une production naturelle où le travail ne serait pour rien; on ne fait rien pour lui; il reste au même prix. (V. Clément.)

Le mal d'Espagne, la haine du travail, le goût de la vie noble étaient de longue date inoculés à ce pays. Colbert roula dans le cercle d'une contradiction fatale. Il veut *décourager l'oisif*, dit-il, il frappe les faux nobles. Par quoi? par l'autorité du roi, du roi des nobles, qui attirant tout à la cour, *nobilisant* la nation, la ramène à l'oisiveté. La vie morte et improductive du courtisan, du prêtre, de plus en plus amortit tout.

Cet homme du travail est dévoré par trois grands peuples improductifs : *le peuple noble*, qui de plus en plus vit sur l'État; *le peuple fonctionnaire*, que le progrès de l'ordre oblige de créer; troisième peuple, *l'armée permanente*, énormément grossie. Or le roi, tirant peu ou rien du grand corps riche, oisif, je veux dire du clergé, Colbert, triplement écrasé, est forcé d'inventer un peuple productif, de surexciter le travail, en repoussant l'industrie de l'étranger. Guerre de douanes, et bientôt guerre d'armées. Lui-même, si intéressé à la paix, il entre vivement dans la guerre contre la Hollande, et croit hériter d'elle pour la mer et pour l'industrie.

L'histoire ne peut rien citer de plus grand ni de plus terrible que sa subite improvisation de la marine. Elle étonne, elle effraye et par l'énormité matérielle, et par la violence morale. Colbert demanda à la France le plus rude sacrifice qui jamais lui fut demandé (avant la conscription). Je parle du régime *des classes*, où toute la population des côtes, enregistrée, numérotée, reste, dans ses meilleures années, disponible et prête à partir, pouvant être, d'un moment à l'autre, enlevée par l'État. L'armement des galères, si précipité, si cruel (on l'a vu), fait horreur. Les procédés de 93, de Jean-Bon-Saint-André, qui sut en quelques mois faire une immense flotte, la monta, y soutint contre l'Angleterre notre jeune drapeau républicain, ces merveilles de la Terreur font penser à Colbert. Et les résultats du ministre ne furent guère plus durables que ceux de la Convention.

Même véhémence impatiente dans les règlements de commerce, dans cette autre improvisation d'une industrie française. Il fut justement indigné de voir un peuple ingénieux, et très-artiste en bien des choses, attendre et recevoir d'ailleurs tous les produits des arts utiles. La fabrique n'est pas seulement une production de richesse, mais aussi une éducation, le développement spécial de telles facultés, de telle aptitude. Un peuple qui ne ferait qu'une chose serait bien bas dans l'échelle des peuples. Colbert éveilla, révéla, dans celui-ci, une adresse ignorée, fit éclater ici un art nouveau, celui surtout qui met le goût et l'élégance dans tous nos besoins d'intérieur, qui relève la vie matérielle d'un noble rayon de l'esprit.

C'était beau, c'était grand en soi. Mais les moyens furent moins heureux. D'une part, cette industrie naissante, tout d'abord il la veut parfaite ; cette jeune plante qui ne peut croître que des libertés de la vie, il l'enserre et l'étouffe dans les précautions tyranniques. Presque au début, ses règlements sont des lois de terreur (jusqu'à mettre au carcan pour une marchandise défectueuse, 1670).

De cette perfection imposée, il espérait autoriser nos produits devant l'étranger, les faire acheter de confiance. Mais, en revanche, il empêchait la fabrication inférieure de satisfaire aux besoins moins exigeants des classes pauvres.

On a dit à merveille la grandeur de cette création industrielle, mais pas assez sa chute, sa prompte décadence. Elle périt, et par la misère générale (plus d'acheteurs), et par l'émigration (les producteurs s'en vont même avant la mort de Colbert). Il assista de ses regards au détraquement de l'édifice qui bientôt allait s'écrouler.

Le grand historien de la France pour cette fin du siècle est Pesant de Boisguillebert. Il ne sait pas les temps anciens, et il a le tort de croire que les maux datent de 1660. Il n'en est pas moins véridique, admirable, dans le tableau qu'il fait des misères du pays et des abus criants qui subsistèrent sous Colbert même. Les trois *Terreurs* du fisc (tailles, aides, douanes) y sont en traits de feu. Il faut voir là marcher par les villages les malheureux collecteurs paysans qui lèvent la taille et en répondent. Ils n'y vont que d'ensemble, par bandes, de peur d'être assommés. Mais on n'arrache rien à qui n'a rien. Tout retombe sur eux. L'huissier du roi saisit leurs bœufs, le troupeau du village, puis la personne même de ces notables collecteurs; ils sont emprisonnés.

Et que de détails effroyables j'omets! Lisez, entre autres choses, la mort d'une commune, celle de Fécamp, si intéressante par sa pêche hardie de Terre-Neuve, et qui tombe en vingt ans de cinquante à six baleiniers.

Les *aides!* c'est bien pis. Les commis devenus marchands font une guerre atroce aux marchands qui veulent acheter le vin au vigneron, et non à eux. Toute communication est interrompue. « Ce qui vient du Japon ne fait que quadrupler de prix par la distance. Mais ce qui passe ici d'une province à l'autre devient vingt fois plus cher, vingt-quatre fois. Le vin d'un sou à Orléans vaut à Rouen vingt-quatre. Le commis, à lui seul, est six fois plus terrible que les pirates et les tempêtes, qu'une mer de quatre mille lieues. « La France arrache ses vignes. Le peuple ne boit plus que de l'eau. »

La douane a tué le commerce étranger. Nul marchand n'ose plus se mettre aux mains d'un receveur qui lui fait un procès, s'il veut, et n'est jugé que par des juges à lui.

Ainsi le peuple, ainsi Colbert, restèrent les misérables serfs des financiers, des fermiers généraux, des traitants, partisans, plus puissants que le roi.

Colbert, à son début, avait eu le bonheur d'en pendre quelques-uns.

En vain. Ils durèrent et fleurirent, et, vers la fin, ils l'étranglèrent, — bien plus, ils firent maudire son nom.

Sous Mazarin, c'était le chaos absolu. C'est, sous Colbert, un ordre relatif.

Les vieux abus subsistent, mais avec la force odieuse de l'ordre, que leur prête un gouvernement établi.

Sous Mazarin, la France misérable, en guenilles, buvait encore du vin; mais, sous Colbert, de l'eau.

Les progrès sont des maux. Sous lui, les fermes générales ne sont plus données à la faveur, mais à l'encan, au plus offrant, et elles rapportent davantage. Oui, mais à condition qu'on permette aux fermiers les rigueurs terribles qui font de la perception une guerre.

Dans son mortel effort, Colbert agit ainsi contre lui-même. Elle lui échappe, quoi qu'il fasse, cette France qu'il voulait guérir, travaillée des recors, mangée des garnisaires, expropriée, vendue, *exécutée*.

L'immense malédiction sous laquelle il mourait, le troubla à son lit de mort. Une lettre du roi lui vint, et il ne voulut pas la lire :

« Si j'avais fait pour Dieu, dit-il, ce que j'ai fait pour cet homme, je serais sûr d'être sauvé, et je ne sais pas où je vais... »

Nous le savons, héros! Vous allez dans la gloire, vous restez au cœur de la France. Les grandes nations, qui, avec le temps, jugent comme Dieu, sont équitables autant que lui, estimant l'œuvre moins sur le résultat que sur l'effort, la grandeur de la volonté.

CHAPITRE XIX

MARIAGE DU ROI ET RÉVOCATION DE L'ÉDIT DE NANTES

1684-1685

Une chose frappe dans plusieurs des discours solennels qui ouvrent les assemblées du clergé; c'est qu'il se dit *persécuté*. Comment? par qui? je cherche en vain.

Sont-ce les protestants qui le *persécutent* de leur esprit critique? Ils n'ont plus guère envie de rire. Ils ne sont plus l'école qui, d'Orléans, de Sedan, de Saumur, troublait de ses brocards curés, prêtres et moines. Ils sont graves depuis Richelieu. Leur orgueil est tombé depuis qu'ils se sont vus découronnés de leur haute noblesse, des la Trémouille, des Bouillon, des Rohan. Leurs gentilshommes de campagne ne désirent que l'ordre et la paix. Dociles aux gouverneurs, ils les aident même à calmer le paysan. Le protestantisme d'alors, dans sa masse principale, se compose de commerçants, d'industriels, — peuple hier, aujourd'hui bourgeoisie, qui par l'économie s'est un peu enrichie sous Colbert. Sans clientèles que quelques ouvriers, ils se voient comme perdus dans la foule catholique, qui envie fort leur petite fortune. Serré entre les ordonnances qui le frappent d'en haut et les violences qu'on suscite en bas, ce peuple se fait petit et n'a garde de provoquer, de *persécuter* ses tout-puissants ennemis.

Ce mot *persécuter* reste donc une énigme ? non. L'explication est donnée par les plus sages catholiques et les mieux informés, les gouverneurs, les intendants. Ils témoignent que, ni pour les mœurs, ni pour l'instruction, les catholiques ne soutenaient la comparaison avec les protestants, ni les prêtres avec les ministres.

Quelques génies ne font pas un grand corps ; Bossuet et Fénelon, dont on parle toujours, quelques évêques habiles, ne constituent pas le clergé. Il faut envisager l'ensemble.

L'intendant d'Aguesseau, dans son plan de réunion, dit qu'on doit commencer par la réforme des catholiques. Il déplore l'ignorance du clergé en Poitou et en Languedoc (Mém. de Noailles). L'intendant Foucauld (ap. Sourches, II, 315, 323) dit la même chose, et s'afflige des mœurs scandaleuses des curés. Le gouverneur Noailles insiste sur les mœurs honteuses du clergé des Cévennes, sur l'ignorance des curés de Languedoc, qui prêchent fort rarement et sont incapables, dit-il, d'instruire le peuple ou de soutenir des conférences avec les ministres. Il demande que les missionnaires rendent compte d'abord à l'intendant, plus capable que les évêques, etc.

Il était arrivé au clergé ce qui arriverait à tout corps puissant qui aurait pour lui le gouvernement, et qui de plus se jugerait lui-même, donc n'aurait rien à craindre. C'est que, d'une part, il serait trop grand seigneur pour étudier et travaillerait peu. Port-Royal fermé, l'Oratoire réduit, contenu, il n'y avait de grande école que Saint-Sulpice, qui systématiquement fut médiocre et prudemment stérile. D'autre part, une classe tellement en crédit, dominante, opulente, se gênait peu et cherchait son plaisir. Le roi se convertit, mais l'archevêque de Paris, Harlay de Champvallon, ne se convertit pas. Ses visites pastorales à ses maîtresses étaient la fable de la ville. La Correspondance administrative montre toute la peine que prit le roi pour modérer, étouffer les scandales, pour maintenir au moins dans la décence un corps que ses chefs ne contenaient guère, et pour arrêter, retarder la débâcle de l'Église.

En ce sens, les protestants persécutaient, humiliaient le clergé. Leur vie serrée et régulière en semblait la satire, et celle même des catholiques en général. Le grand trait des mœurs de ce temps, la dévotion galante et la pénitence amoureuse, l'universalité de l'adultère, distinguaient fortement les deux sociétés. La grande France, dévote et mondaine, avait sa bête noire en la petite, chagrine, austère, qui, sans rien dire, contrastait par ses mœurs, importunait de son triste regard.

On était loin de la Saint-Barthélemy, et même de la

guerre de Trente ans. Pour qu'il y eut une grande persécution, il fallait que beaucoup de gens y trouvassent leur compte et y eussent leur intérêt, enfin que ce fût *une affaire.*

L'industrie était malade. Le traité de Nimègue, qui fut la déroute de Colbert, sa mort et la disparition de cette grande volonté, avaient fort ébranlé son édifice artificiel. Les villes catholiques, Paris, Lyon, se plaignaient, accusaient Nîmes, les fabriques protestantes, l'industrie populaire du Midi, et ses produits à bon marché.

La noblesse, comblée par le roi (quoi qu'en dise Saint-Simon) et recevant sans cesse, ne se plaignait guère moins. La vie de cour la ruinait. On n'osait sonder les fortunes, on n'eût vu dessous que l'abîme. Le roi, obligeamment, interdit la publicité des hypothèques, qui eût mis à jour cette gueuserie des grands seigneurs. Ruinés par le jeu, les loteries, la plupart attendaient un coup du sort pour remonter. Plusieurs faisaient le sort, au lieu d'attendre, ou en volant au jeu, ou par *la poudre de succession*. Les plus hauts mendiaient, au lever, au coucher, dévalisaient le roi de tout ce qui venait, office ou bénéfice. Mais tout cela, des bribes ! des miettes ! Ils périssaient, s'il ne tombait d'en haut une grande manne imprévue, quelque vaste confiscation.

Ce miracle apparut au ciel en 1684. Six cents temples ayant été détruits, leurs biens, celui des pauvres, des maisons de charité, devaient passer aux *hôpitaux catholiques*. Les Jésuites surveillaient ces biens, espérant les administrer. Le P. la Chaise avait des gens à lui pour chasser, découvrir les débris de ce naufrage, les maisons clandestines de charité où les protestants continuaient à donner secours à leurs pauvres. Sa police, là-dessus, en remontrait au lieutenant du roi, la Reynie (*Corr. adm.*, IV, 343). Mais la cour visait ce morceau. Les Jésuites crurent prudent de demander et faire décider que ces biens revinssent, non aux hôpitaux, mais *au roi*, autrement dit à ceux qu'il favoriserait ou qui mériteraient en poussant la persécution. Sûr moyen de la rendre efficace, victorieuse, irrévocable. Car l'appétit vient en mangeant. Après les biens des temples, ceux des particuliers suivirent. Chacun fut ardent à la proie. Ce fut un gouffre ouvert, une mêlée où on se jeta pour profiter du torrent qui passait, ramasser des lambeaux sanglants.

Amènerait-on le roi aux rigueurs excessives d'une proscription générale? c'était la question. Quoique peu éclairé, déjà bigot, il avait des côtés honnêtes, voulait être honnête homme. Mais sa conversion même, qui lui donnait ces idées sérieuses, semblait aussi l'avoir attristé et aigri. On pouvait exploiter cet état de mauvaise humeur. Elle tenait fort à sa santé. La table, qui succéda aux femmes, l'avait ruiné bien plus vite. Beau encore à Nimègue, rajeuni pour Fontanges, il est, en peu d'années, l'homme de bois qu'a peint Rigaud au solennel portrait du Louvre. Plus de dents. La bouche rentrée, tirée par un coin sec, ne s'accorde que trop avec un œil triste et aigu, plein de pointes et de petitesses.

Même avant, des coliques et des ballonnements, les orages des voies digestives, le rendaient colérique, et il n'entendait que Louvois. C'est alors qu'il permit, sur un oui, sur un non, ces cruelles exécutions qui mirent en cendres les plus belles villes (1682-1684). La patience de l'Europe ne le fléchissait pas. Partout des bombes, avec ou sans prétextes. Pour se faire donner Luxembourg, il terrifie l'Espagne en prétendant rester au faubourg de Bruxelles, il écrase de bombes cette capitale des Pays-Bas. Et il traite de même la noble Gênes, un musée de l'Europe. Tout son crime était son commerce avec la Catalogne, qui la rendait trop espagnole. Hideuse exécution. Ce fut le ministre même du roi, le violent commis Seignelay, très-indigne fils de Colbert, qui se mit sur la flotte, et jeta quatorze mille bombes sur une ville sans défense, ses charmantes terrasses, ses palais et ses monuments. Le vieux Duquesne, à qui on fit faire cette barbarie, tout endurci qu'il fût, en était indigné.

C'était la guerre sans la guerre, — le fort, sans péril, à son aise, accablant, écrasant le faible. On eut pitié des Barbaresques mêmes, quand nos bombes, dans Alger, pleuvant sur les mosquées pleines de familles tremblantes, à travers les voûtes éclatées, emportant des pierres et des membres, firent des volcans de chair humaine. Ils volaient des chrétiens, mais nous volions des musulmans. Nous achetions partout des Turcs pour nos galères. L'exécution d'Alger, qui se fit par deux fois, n'avait pour but que de montrer à l'Allemagne quel roi était Louis XIV, et quel protecteur elle aurait si on le faisait Empereur.

Il vit ses armes bénies par le succès. Dieu parut déclaré pour lui. Son entreprise injuste sur l'Espagne fut légitimée par l'humble traité que la Hollande négocia pour l'Espagne et l'Empire. Le roi garda ses usurpations, et, de plus, le Luxembourg, au point fatal qui bride et l'Allemagne et les Pays-Bas, les menace à la fois (trêve de Ratisbonne, 1684).

De l'Angleterre, plus de nouvelles. Elle n'existe plus. Charles II, qui s'en va, n'a pas un mot pour l'intérêt de l'Europe, et pas un pour l'humanité, pour cette grande foule protestante, qui attend s'il ne viendra pas du moins une prière en aide aux martyrs.

Cette absence de résistance et d'intercession même, cette patience excessive de tous aurait dû adoucir le roi. Il restait triste, amer. Quels ennuis le maintenaient tel? Sa santé, et sans doute l'ennui qu'il trouvait déjà dans son nouvel intérieur.

Madame de Maintenon était-elle la femme douce et bonne qui illumine le foyer d'un rayon de tendre amitié? On l'a supposé. Mais ses lettres font sentir qu'elle n'avait rien de cela. Elle était sèchement, tristement judicieuse, et, sous formes discrètes, sournoisement violente. Elle avait de l'esprit, mais un petit esprit impérieux, à régler le menu, à diriger dans le détail. Quant à prendre hardiment le grand gouvernement, à faire marcher le roi dans une voie de raison, il lui aurait fallu pour cela un ferme caractère et du courage, se risquer pour la France et pour l'humanité. Dans sa longue vie subalterne, elle avait pris des habitudes de déférence, de prudence servile (habilement sauvées par l'attitude). Elle était lâche, au fond. Son confesseur, Godet, n'était pas pour la soutenir en face des Jésuites. La médiocrité platement calculée de Saint-

Sulpice, dont il était, ce juste-milieu pâle, et sa grossière finesse, ne la fortifiaient guère. Elle devait craindre les Jésuites. Nul doute qu'ils n'eussent préféré une personne tout à fait à eux.

La conscience du roi était-elle paisible? Il avait une femme stérile (dont la stérilité lui comptait beaucoup près du roi). Les primitifs casuistes exigent que l'amour conduise à la génération. Ils y ont renoncé plus tard (V. Liguori). Mais, alors, la casuistique disputait sur cela, faisait la prude encore. Dans ses égarements mêmes, le roi avait suivi la règle et procréé. Ici, converti cependant, près de sa vieille amante, n'ayant dans le plaisir de but que le plaisir, il progressait dans le péché.

Et dans ce péché même, l'ancien lui restait cher. Celle-ci ne donnant pas d'enfants, permettait au roi d'enrichir les enfants du double adultère. Elle en faisait les siens. Le lien entre elle et le roi, image burlesque de l'Amour, était le petit boiteux, le duc du Maine, avorton de malheur, rusé bouffon, de Scapin fait Tartufe. Lui-même se chargea de chasser sa mère de Versailles, et mérita par la bassesse sa monstrueuse grandeur. Dans la détresse du royaume, le roi, pour ses bâtards, trouva plus de deux cents millions. Il en fit des princes et des dieux, glorifia l'adultère, jouit encore de mettre sur l'autel le fruit du vieux plaisir, de le faire adorer.

Cet endurcissement personnel lui faisait chercher d'autant plus l'expiation facile des persécutions protestantes. S'il donnait à ses bâtards des fortunes scandaleuses, en revanche, il croyait sauver nombre d'enfants qu'il faisait catholiques. Les moyens les plus violents furent employés à cette œuvre pieuse. Beaucoup mouraient. L'extrême éloignement des temples conservés où l'on pouvait baptiser encore, causa aux nouveau-nés mille accidents cruels. Les familles, bravant la mer qui rend si dangereuse l'entrée de la Gironde, allaient les porter à Bordeaux, ou bien à la Rochelle. L'hiver fut rude. Ils périssaient de froid. Un grand peuple se trouva un jour à la porte du temple de Marennes, ses enfants dans les bras. Hélas! ils étaient morts, plusieurs gelés au sein. Une lamentation immense s'éleva (il y avait dix mille âmes), tous pleurèrent, et les hommes même. Pas un ne put chanter les psaumes, et il n'y eut que des sanglots.

Il paraît que la chose fut racontée au roi. On lui dit que des enfants, tirés et disputés entre leurs pères et leurs convertisseurs, avaient eu des membres arrachés. Il fit donner des ordres pour qu'on s'adoucît en Saintonge.

C'est aux protestants mêmes, à leur grand historien, Élie Benoît, que nous devons la connaissance de cette hésitation qui fait honneur à Louis XIV. Les écrivains catholiques, au contraire, nous feraient croire à une dureté inflexible qui n'est nullement dans la nature.

Le conseil, sauf Louvois, n'inclinait pas à la violence. Le parlement de Paris, quelque dompté qu'il fût, avait montré timidement son avis, en réduisant à de légères amendes les peines cruelles qu'on lui demandait. Les intendants n'étaient pas d'accord. Deux seulement, je crois, exprimèrent un avis.

L'intendant du Languedoc, d'Aguesseau, ouvrit un plan de conciliation, le plus hardi sans doute qu'aucun catholique eût risqué. Les protestants n'ont pas rendu justice à cette tentative généreuse, qui nuisit fort à son auteur, et lui fit perdre l'intendance du Languedoc. Dans ce plan, le dogme voilé était réellement immolé à l'humanité et au sentiment fraternel. Une dame de haut rang appuyait. Des mondains appuyaient. L'évêque d'Oléron, prélat aimable et tendre aux femmes, qui ne voulut jamais persécuter, dit aux ministres ce qu'eût dit Henri IV, que d'une religion à l'autre la nuance était trop légère pour valoir qu'on se disputât. Les ministres ne le crurent point. Une foi pour laquelle leur peuple souffrait tant, et qui déjà faisait tant de martyrs (cinquante ministres aux galères, en une fois) ne pouvait être ainsi trahie. Ce plan d'ailleurs, ni Rome, ni le roi, ne l'auraient jamais accepté, ni les gallicans même. Nicole eut le malheur, en cette même année 84, de publier un livre contre les victimes, fort d'insolence et faible de raison (V. l'excellente analyse de Sainte-Beuve dans son Port-Royal). Du milieu des supplices et du fond des galères, les ministres firent encore un appel à la discussion, et Bossuet répondit par un altier mépris à ces hommes livrés aux bourreaux.

Un grand événement avait eu lieu qui portait au plus haut la confiance du clergé et du roi. Charles II était mort, et, contre toute attente, le catholique Jacques II, exclu du trône et pourtant soutenu de l'Église anglicane, était devenu roi d'Angleterre (16 février 1685). Dès le premier jour de son [règne, il mendie l'argent de la France. La grande messe de Pâques est pompeusement célébrée à Whitehall après cent vingt-sept ans.

Le clergé de France, assemblé en mai à Versailles, et se sentant si fort, si près d'arriver à son but, tint un langage modéré, demanda peu contre les protestants, mais remercia le roi d'avoir, *sans violence, fait quitter l'hérésie à toute personne raisonnable.*

C'est ce qui le flattait le plus, d'entraîner tout par son ascendant seul. *Sans violence*, Foucauld, l'intendant du Béarn, lui promettait alors de faire la conversion de ce pays. « Les ministres d'eux-mêmes parlaient de se convertir. » On lui donna cinq mille volumes de Bossuet et des dragons. Mais la lecture aurait été trop longue. Tout d'abord, dans chaque village, les soldats menèrent le peuple à l'église. Mille outrages dans les maisons. Les femmes fuient aux montagnes; cinq ou six, serrées de trop près, aimèrent mieux périr, se précipitèrent, furent noyées, brisées par les gaves.

Des scènes, moins obscènes peut-être, mais tout aussi cruelles, se passaient en Écosse. Jacques avait lancé les dragons, trop célèbres, de Claverhouse, contre les puritains. La prière pour le nouveau roi, exigée d'eux, en était le prétexte. Des femmes, des enfants furent martyrs. Pour plusieurs, on abrége, on leur casse la tête à coups de pistolet. Les autres font spectacle. Une fille liée au rocher fut livrée à la mer montante, et jusqu'au bout chanta ses psaumes sous les yeux d'une foule en larmes qui demandait en vain sa grâce (Macaulay).

La tentative de Monmouth, fils naturel de Charles II, et candidat des puritains, fut, en juin et en juillet, étouffée dans des torrents de sang. Le juge favori de Jacques II, Jeffreys, se vantait d'avoir « exécuté plus de traîtres que l'Angleterre n'en vit depuis Guillaume le Conquérant. »

Un de ces traîtres qu'on pendit était un chirurgien coupable d'avoir pansé un homme. Des filles de dix ans auraient été exécutées si les parents n'eussent donné de l'argent à la reine. Une vieille dame qui avait sauvé un proscrit fut accusée par lui, et (comble d'horreur!) brûlée vive.

La situation de la France était autre. La question religieuse n'y était point compliquée de révolte. Nulle injustice, nul outrage ne réussissait à lasser la patience de nos protestants. Il était difficile de trouver à la persécution quelque prétexte politique. A cet effet, un pamphlet clérical, assez habile, fut lancé et troubla fort le roi. On y montrait les protestants comme un grand corps armé qui eût agi d'ensemble sous l'impulsion d'un directoire secret. Rien ne contribua davantage à le décider. Il croyait faire une œuvre et politique et populaire, désirée de la France. De violentes explosions d'artisans, mendiants, etc., avaient eu lieu; des bandes, menées par les curés, avaient détruit des temples, malgré l'autorité. Celle-ci eût été trop coupable si elle eût plus longtemps contenu ce bon peuple dévot.

Le roi était parfaitement entouré, et la lumière ne pouvait lui venir.

Ce n'était pas madame de Maintenon, ex-protestante, qui aurait osé l'éclairer. Elle eût voulu, je crois, pouvoir se reculer, ne pas parler. Pour une si grande résolution, d'une portée si vaste et si obscure, où le roi plus tard pouvait varier, elle eût bien mieux aimé dire modestement qu'elle n'était qu'une femme et ne se mêlait pas de choses si hautes.

Mais les Jésuites ne pouvaient lui permettre de s'abstenir.

Madame, mère du régent, dit expressément qu'elle écrivit *un mémoire pour conseiller la Révocation* (II, 128, 171). Et le bon sens indique qu'il en dut être ainsi. Si elle ne leur eût donné un gage décisif, elle n'eût jamais obtenu le consentement à la chose si difficile, qui faisait son sort, le mariage.

Sa situation, pendant deux ans, avait été intolérable. Elle n'était sûre de rien, et elle était la personne la plus dépendante du monde. Sa garantie unique était l'altération de la santé du roi, qui peut-être le rendrait fidèle.

Sous ce rapport, la nature la servit.

Non-seulement il perdit les dents, mais une carie de la mâchoire se déclara, un trou se fit dans l'os. Quand il buvait, il devait s'observer; autrement le liquide remontait et voulait passer par les narines (*Journal ms. des médecins*, 1685). Cette désagréable infirmité accusait un état morbide plus général qui, peu après, amena une fistule.

L'épouse devint garde-malade.

Les Jésuites eurent ce qu'ils voulurent. Ce fut un pacte entre elle et eux. Elle se soumit, baisa la griffe, *conseilla la proscription*. Et ils se compromirent, *con-*

sentirent le mariage. Mais ils ne le firent point, ils le laissèrent faire, se réservant sans doute de pouvoir dire plus tard au roi (s'il lui venait un repentir) que lui-même les avait forcés.

Pour le roi, les deux choses étaient affaires de conscience.

Par la révocation, il expiait le double adultère. Par le mariage, il s'amendait, légitimait et régularisait la position d'une femme dévouée qui l'avait guéri de la Montespan.

Madame dit (II, 108) que le mariage eut lieu *deux ans après la mort de la reine*, donc dans les derniers mois de 1685. M. de Noailles (II, 121) établit la même date.

Pour le jour précis, on l'ignore.

On doit conjecturer qu'il eut lieu après le jour de la Révocation, déclarée à la fin d'octobre, ce jour où le roi tint parole, accorda l'acte qu'elle avait consenti, et où elle fut ainsi engagée sans retour.

Sinistre mariage. En novembre, à l'entrée du terrible hiver des supplices et des fuites, il se fit la nuit à Versailles, dans le plus grand mystère.

Ils furent mariés simplement par le curé de la paroisse, Hébert, qu'on fit évêque pour payer sa discrétion. Il avait laissé des mémoires que connut la Beaumelle.

Les témoins furent (non Bossuet, comme on l'a dit, mais les valets intérieurs), Bontemps et un autre. Le roi Louis XIV édenté et boitant (d'une tumeur du 28 octobre), le roi, dis-je, et madame veuve Scarron, dans son deuil et ses coiffes noires, s'unirent à ce moment qui, pour tant de familles, fut celui de la séparation éternelle.

Déjà, de toutes parts, coulaient les larmes, éclataient les soupirs, et, si du côté de Paris le vent eût porté cette nuit, on eût entendu les sanglots.

CHAPITRE XX

— SUITE —

LES DRAGONNADES

1685-1686

La Révocation, si longtemps préparée, eut pourtant tous les effets d'une surprise. Les protestants s'efforçaient de douter. Ils avaient trouvé mille raisons pour se tromper eux-mêmes. L'émigration était très-difficile; mais son plus grand obstacle était dans l'âme même de ceux qui avaient à franchir ce pas. Il leur semblait trop fort de se déraciner d'ici, de rompre tant de fibres vivantes, de quitter amis et parents, toutes leurs vieilles habitudes, leur toit d'enfance, leur foyer de famille, les cimetières où reposaient les leurs. Cette France cruelle, qui si souvent s'arrache sa propre chair, on ne peut cependant s'en séparer sans grand effort et sans mortel regret. Nos protestants, le peuple laborieux de Colbert, étaient les meilleurs Français de France. C'étaient généralement des gens de travail, commerçants, fabricants à bon marché qui habillaient le peuple, agriculteurs surtout, et les premiers jardiniers de l'Europe. Ces braves gens tenaient excessivement à leurs maisons. Ils ne demandaient rien qu'à travailler là tranquilles, y vivre et y mourir. La seule idée du départ, des voyages lointains, c'était un effroi, un supplice. On ne voyageait pas alors comme aujourd'hui. Plusieurs, après avoir enduré contre toutes les persécutions, quand on les traîna dans les ports pour les jeter en Amérique, désespérèrent, moururent, ne pouvant quitter la patrie.

On ignorait cela, et on prit toute précaution pour les tromper, les retenir, les empêcher d'emporter leur argent. En 1684 avaient eu lieu les grandes exécutions militaires dans tout le Midi. Mais, en 1685, il n'y eut que la petite affaire du Béarn. Le clergé parla bas, avec modération. Des petits édits vexatoires, qui les blessaient dans le détail, leur firent croire qu'on n'avait pas l'idée d'une proscription générale. On mit partout des troupes, on ferma la frontière (le dénonciateur de l'émigrant a *moitié de ses biens*). Mais, en même temps, pour leur donner espoir, on adoucit les gênes qui entravaient le mariage protestant. Cette faveur (du 15 septembre) les rassure quelque peu, de sorte que l'immense coup de la Révocation, un mois après (18 octobre), les trouve au gîte immobiles, hésitants, ne sachant ce qu'ils ont à faire.

Et l'édit même de la Révocation est encore équivoque. Il supprime le culte, chasse les ministres, veut que les enfants deviennent catholiques. Sur les parents, il ne s'explique pas ; il semble s'arrêter au seuil de la conscience, réserver l'intérieur et respecter la foi muette.

La police, à Paris, donna le commentaire. Le 19 octobre, on dit brutalement aux gens de métier, aux pauvres, qu'il fallait se convertir sur-le-champ. Ils furent terrifiés, n'objectèrent rien. Le roi crut tout fini. Le 20, il autorise les bourgeois protestants à s'assembler pour faire d'ensemble une déclaration de conversion.

Pour le Midi, Noailles demanda explication à Louvois qui répondit dans ces termes obscurs : « Le roi veut que *vous vous expliquiez* durement avec les derniers qui s'obstineront à lui déplaire. » Noailles enfin comprit, et *s'expliqua* par ses dragons.

Ce mot *dragon* veut dire ici soldat. Il y en avait de tous les corps. C'était l'armée entière qui était rentrée à la paix. En guerre, nourrie chez l'habitant, Louvois voulait encore l'entretenir ici de même, et il la jeta sur la France. Elle sentit cruellement les maux dont elle avait accablé l'étranger.

On avait dragonné la Hollande, la Westphalie, le Rhin. On a vu les tolérances de Turenne pour son misérable soldat. Au défaut de vivres et de solde, on lui donnait les libertés de la guerre, une joyeuse royauté de gueux chez ceux qui le logeaient. Les Hollandais assurent que l'élève, l'ami de Condé, Luxembourg, disait bonnement : « Amusez-vous, enfants ! pillez et violez. » Qu'il l'ait dit, c'est peu sûr : mais l'horreur du pays d'Utrecht prouve assez qu'il agit ainsi.

En France, les gaietés du soldat avaient été devancées par le peuple. La canaille de la Rochelle avait fait une farce de la destruction du Temple. Elle avait descendu la cloche, l'avait dragonnée et fouaillée pour avoir servi les huguenots. On l'enterra, et on la fit renaître. Une dame servit de sage-femme, une autre de nourrice. Réconciliée et baptisée, la cloche jura qu'elle ne sonnerait plus le prêche, et fut honorablement remontée au clocher d'une paroisse.

Ces facéties, racontées à Versailles, durent aider à tromper le roi, à lui faire prendre légèrement les amusements de ses dragons, les tours d'écoliers qu'ils jouaient à ces orgueilleux endurcis. L'usage de *berner* se retrouvait partout dans notre vieille joyeuse France. Aux prisons, on *bernait* (parfois à mort), on sautait sur la couverture celui qui ne payait pas la bienvenue (V. Marteilhe). Aux colléges, on *bernait*, on bafouait le mauvais camarade, trop fier, triste, morose. Exemple, ce neveu de Mazarin, qui, au collége de Clermont, retomba hors de la couverture sur le pavé, et se tua.

Tel l'écolier, tel le dragon. C'était le soldat le plus gai, le soldat à la mode, dont on contait les tours, comme ceux du zouave aujourd'hui. Mais le zouave est fantassin, est peuple. M. le dragon, au contraire, de quelque trou de paysan qu'il vînt, une fois suffisamment dressé, brossé à coups de canne, était un gentilhomme, un marquis, à l'instar de son colonel général, Lauzun, roi de l'impertinence. Il avait du seigneur, il avait du laquais. Rossé par l'officier, il le rendait au paysan. Vrai singe, il aimait à mal faire, et plus mal que les autres; c'était son amour-propre. Il était ravi d'être craint, criait, cassait, battait, tenait à ce qu'on dît : Le dragon, c'est le diable à quatre.

Il s'apprivoisait cependant, s'il trouvait des gens de sa sorte, à rire, boire avec lui. Quand il entrait en logement, chez le bourgeois aisé, il ne pensait d'abord qu'à faire ripaille, à user largement de cette abondance inaccoutumée. Il aurait volontiers mangé avec ses hôtes. Mais ceux-ci, les huguenots, étaient son antipode. Il tombait là dans une famille triste et sobre, consternée d'ailleurs, qui obéissait, le servait, mais était à cent lieues de s'entendre avec lui. Les enfants avaient peur, fuyaient. Le mari restait sombre. La dame, les demoiselles, effarouchées du bruit et des chansons obscènes, étouffées du tabac dont l'odieuse fumée remplissait la maison, avaient grand'peine à cacher leur dégoût.

Cela seul eût gâté les choses. « Nous sommes les maîtres après tout. Tout est à nous ici. » Ils ne se gênaient pas, donnaient carrière à leur malice, gâtaient, brisaient, détruisaient pour détruire. Ne criant assez fort, ils se mettaient parfois à battre à la fois de quatre tambours. Pour crever le cœur à la dame, ils forçaient son armoire, gâtaient, pillaient son linge, orgueil de la femme économe, en prenaient le plus fin, des draps de toile de Hollande pour en faire litière aux chevaux.

La femme protestante, bien plus que son mari, plus nettement, plus obstinément, montrait son horreur du papisme. Noailles dit (1684) qu'en Languedoc, les gentilshommes sont déjà convertis, qu'ils s'efforcent de convertir leurs femmes, et n'y réussissent pas. On voit en 1685 et 1686, qu'à Paris, les femmes obstinément s'assemblent pour prier (*Corresp. admin.*, IV, 351). Le roi croit que la persévérance de certains maris ne tient qu'à celle de leurs femmes; qu'elles cèdent, ils céderont (IV, 349). Donc, le procureur général les séparera, enfermera les femmes aux couvents des Nouvelles-Catholiques (368).

Un protestant, un catholique, dans la rue, se ressemblaient fort. Mais, au premier coup d'œil, on distinguait la femme protestante. Celle de la bourgeoisie marchait dans le petit bonnet, la fraise, la jupe étroite du temps de Louis XIII. Même la dame protestante se reconnaissait tout de suite à je ne sais quoi de serré, de modestement fier, si on peut dire. Telle elle était d'enfance. Dans une famille sérieuse et très-fermée, comme sont les familles calvinistes et israélites, la demoiselle n'est point formée aux grâces mondaines par la société. Elle ne connaît d'homme que son père. Et ce père, qui lui lit le livre saint, en réalité est son prêtre. Son seul confesseur est sa mère. Ici tout est droit, point de courbe. Une telle fille reste vierge, même après qu'elle est mariée, vierge de cœur et de pudeur, non sans roideur, peut-être. Elle est austère d'aspect, et plutôt triste. Qui s'en étonnera, après tant de persécutions? Son père, en lui lisant la Bible, sombre histoire des fléaux de Dieu, souvent a dû confondre les *sept servitudes* antiques avec celles de nos temps. Les massacres d'Achab ou ceux de Charles IX, pour la famille émue, c'est même chose. Et quelle mère, sous Louis XIV, entendit sans frémir l'histoire d'Hérode, la guère aux innocents?

L'enlèvement des enfants commença vingt-cinq ans avant la Révocation, — donc, la terreur des mères. Leur vie était tremblante, leur cœur toujours serré. Le mari gentilhomme, s'il n'avait plus la cour, avait la chasse, allait, venait. Le mari commerçant, bien plus distrait encore, avait les intérêts, l'application de la fabrique, le mouvement du commerce. Elle, rien que ses enfants et Dieu. Sédentaire, solitaire, elle les tenait bien près sous elle. Il eût suffi que le dimanche l'enfant, mené au temple, passât devant l'église, vît les cierges et les fleurs, dit : « Que c'est beau! » Il était catholique, enlevé et perdu. Pour une femme dans ces angoisses, la prière était l'état habituel, et le constant recours à la protection d'en haut. La moindre idée mondaine, de réunion, de toilette, lui eût semblé un grand péché. Si, par malheur, elle était belle (de pureté surtout et de vertu visible), elle l'était avec tremblement, en demandait pardon à Dieu. Les enfants, de bonne heure, étaient à l'unisson, tout sages, tout sérieux dès le maillot, très-discrets, point bruyants. On le vit dans les fuites, dans les cachettes où un rien perdait la famille; ils ne bougeaient, étaient muets, souffraient tout, ces pauvres petits.

En décembre 1685, parut l'édit terrible pour enlever les enfants de cinq ans. Qu'on juge de l'arrachement! Un coup si violent supprima la peur même. Des cris terribles en jaillirent, des serments intrépides de ne changer jamais.

Chaque maison devint le théâtre d'une lutte acharnée entre la faiblesse héroïque et les furies de la force brutale. Les soldats, ces esclaves de la vie militaire, formés par le bâton, voyaient pour la première fois les résistances courageuses de la libre conscience. Ils n'y comprenaient rien, étaient étonnés, indignés. Tout ce que l'homme peut souffrir sans mourir, ils l'infligèrent au protestant. Pincé, piqué, lardé, chauffé, brûlé, suffoqué presque à la bouche d'un four, il souffrit tout. Tel eut les ongles arrachés. Le supplice qui agissait le plus, à la longue, c'était la privation de sommeil. Ce moyen des dompteurs de lions est terrible aussi contre l'homme. La femme résista mieux aux veilles. Bien souvent, il était rendu qu'elle ne l'était pas et lui reprochait sa faiblesse, le ranimait. On chassait alors le bonhomme, on l'envoyait aux vivres, on le tenait loin de chez lui (V. le ms. de Metz).

Donc, le duel restait entre la dame et vingt soldats (on en mit jusqu'à cent dans une maison de Nîmes). Elle devait les servir seule, sans domestiques (défense d'en avoir de catholiques, et le petit peuple protestant abjurait). Ceux qui persévéraient étaient surtout les gens aisés. Cela donnait aux dragonnades l'aspect d'une jacquerie. On voit fort bien, à plusieurs traits, que ce qui animait ainsi les dragons au martyr de la dame, c'est que c'était une dame, une femme délicate, qui, même étant simple bourgeoise, était toujours noble d'éducation et de tenue, déplacée dans cette vie de corps de garde. Elle aurait été paysanne qu'on l'eut tourmentée moins. Contre elle il y avait, au fond, une aigreur niveleuse dont eux-mêmes ne se rendaient pas compte. La renchérie, la précieuse, la prude, la dégoûtée, on prétendait la mettre au pas, la faire devenir bonne enfant. Portes closes. Tenue en chambrée, en camaraderie militaire, ils lui faisaient faire la cuisine, tout leur ménage de soldats. Ils ne la laissaient plus sortir, riant de ses souffrances, de ses prières, de ses larmes. Mais nulle humiliation de nature ne peut dompter l'âme. Elle se relevait par la prière, par la fixité de sa foi. Outrés, ils en venaient aux coups, et, pour l'exécution, chose cruelle, souvent coupaient des gaules vertes, pliantes, qui s'ensanglantaient sans casser. Le sang les enivrait. Ils imaginaient cent supplices. Telle fut lentement, cruellement épilée, telle flambée à la paille, comme un poulet. Telle, l'hiver, reçut sur les reins des seaux d'eau glacée. Parfois ils enflaient la victime (homme ou femme) avec un soufflet, comme on souffle un bœuf mort, jusqu'à la faire crever. Parfois, ils la tenaient suspendue, presque assise, à nu, sur des charbons ardents. (Claude, Plaintes, p. 74 ; Élie Benoît.)

« Mais le viol était défendu. » Quelle moquerie ! On ne punit personne, même quand il fut suivi de meurtre (E. Benoît, 350). On eut soin de loger les officiers ailleurs que les soldats, de peur qu'ils ne les gênassent. Du reste, les officiers, encore humains en 1683, en 1686 rouaient de coups les soldats trop humains. Les généraux riaient de voir les huguenotes houspillées, que les soldats mettaient nues à la porte et faisaient courir dans la rue. Pourvu que le libertinage n'eût point de résultat, on ne se troublait guère. On savait bien pourtant que les soldats ne copiaient que trop les Villars, les Vendôme. Ce que Madame nous en dit, personne ne l'ignorait, ni le roi, ni la cour. Mais l'infamie sans trace n'était pas l'infamie. « Un petit mal pour un grand bien, » ce mot du casuiste fit tout passer. Madame de Maintenon se résigne en disant : « Dieu se sert de tous les moyens. »

La Terreur de 93, en pleine guerre, devant l'ennemi, dans la misère et la famine, fut sauvage, mais point hypocrite, et n'eut point les gaietés diaboliques de 1685. Les femmes furent guillotinées, non insultées. Elles montèrent pures à l'échafaud ; madame Roland, honorée. Mademoiselle Corday fut vierge sous le fer. Un valet ivre ayant touché sa tête, il y eut un soulèvement dans la foule, et les journaux tonnèrent. La Commune lui fit son procès.

Du reste, tous les martyres du corps ne font rien sur un libre esprit. Quoi qu'on pût entasser d'outrages et de douleurs, la victime de la dragonnade, souvent navrée, sanglante, était plus affermie. Les démons demandèrent par où on la prendrait, et si, brisant le cœur, on ne pourrait dompter la foi. On lui martyrisait son mari sous ses yeux. On profanait sa fille par des sévices honteux. Autre épreuve : on liait la mère qui allaitait, et on lui tenait à distance son nourrisson qui pleurait, languissait, se mourait. Rien ne fut plus terrible ; toute la nature se soulevait ; la douleur, la pléthore du sein qui brûlait d'allaiter, le violent transport au cerveau qui se faisait, c'était trop... La tête échappait. Elle ne se connaissait plus, et disait tout ce qu'on voulait pour être déliée, aller à lui et le nourrir. Mais, dans ce bonheur, quels regrets? L'enfant, avec le lait, recevait des torrents de larmes.

Une des scènes les plus affreuses se vit à Montauban. On avait mis trente-huit cavaliers chez M. et Mme Pechels. Elle était grosse et très-près de son terme. Ils brisèrent, gâtèrent et vendirent ce qu'ils voulurent, ne laissèrent pas un lit. Ils mirent leurs hôtes dans la rue, et, avec cette femme enceinte, ses quatre petits enfants dont l'aîné avait sept ans. Ils ne permirent de rien emporter qu'un berceau. Pour adieu, ils leur jetèrent, au départ, des cruches d'eau froide dont ils restèrent mouillés, glacés. Ils erraient dans la rue, quand un ordre leur vint de l'intendant de rentrer dans leur maison pour recevoir d'autres soldats. Six fusiliers d'abord, et il en venait toujours d'autres. Tous mécontents de ne trouver plus rien, ils se vengèrent par l'insolence et leur firent souffrir mille outrages. Enfin, ils les chassèrent encore. La dame, prise de douleur à ce moment, était sur le pavé sans asile. Défense de recevoir les *rebelles*.

Elle ne savait où aller. Son mari et une sage-femme la tenaient sous les bras ; le moment approchait, et elle était près d'accoucher sur le pavé. Heureusement, la maison de sa sœur se trouva libre de soldats pour quelques heures. Elle y entra et accoucha la nuit. Le matin, il vint une bande ; ils firent si grand feu dans sa chambre, qu'elle et l'enfant faillirent étouffer. Voilà donc cette femme, sanglante, faible, pâle, encore forcée de se traîner dehors. Elle fait un grand effort, va jusqu'à l'intendant, croyant à la pitié, croyant à la nature. L'affreux commis la fit mettre à la porte. Elle s'assit sur une pierre. Mais là même, cette infortunée ne put être tranquille. Des soldats la suivaient, l'entouraient, l'obsédaient, la martyrisaient de risées.

Comment les dames catholiques enduraient-elles un si navrant spectacle? Elles étaient émues; mais plusieurs, par pitié pour l'âme, voulaient qu'on tourmentât le corps, aidaient à la persécution. D'autres auraient volontiers intercédé, et elles n'osaient. Aller, à travers les soldats, trouver un intendant insolent, libertin, pénétrer chez un officier brutal qui se permettait tout, comme dans une ville prise : il y avait de quoi faire reculer une femme. Les seigneurs mêmes firent des indignités. Une dame catholique qui hasarda d'aller trouver ainsi M. de Tessé pour avoir la grâce d'un homme, pleura, se jeta à ses pieds, s'y roula de douleur. Elle étouffait de sanglots. Le drôle trouva cela plaisant, en fit des farces ; il se mit à la copier, se jeta aussi à genoux, bouffonna, hurla et miaula.

Pour revenir, une voisine catholique de madame Pechels qui la vit de sa fenêtre n'y tint pas, eut le cœur percé, et, la pitié se changeant en fureur, elle alla accabler l'intendant d'injures, au point qu'il perdit contenance, la laissa faire. Elle abrita l'accouchée, qui peu après rejoignit son mari. Ils ne furent pas longtemps ensemble. Elle fut chassée de Montauban, et on lui ôta ses cinq enfants. Seule, elle errait dans les campagnes, suivie, traquée comme une bête. Les paysans catholiques la cachaient et l'avertissaient.

Pechels, pendant ce temps, traîna de prison en prison près de deux ans. Les plus affreux cachots ne parvinrent pas à le tuer, et enfin on l'embarqua pour l'Amérique, d'où il revint plus tard. Ces époux héroïques furent réunis. Mais retrouvèrent-ils leurs enfants ?

CHAPITRE XXI

HOPITAUX, PRISONS, GALÈRES

1686

Nos anciens hôpitaux ne différaient en rien des maisons de correction. Le malade, le pauvre, le prisonnier, qu'on y jetait, était envisagé toujours comme un pécheur frappé de Dieu, qui d'abord devait expier. Il subissait de cruels traitements.

Une charité si terrible épouvantait. Les noms si doux d'hôtel-*Dieu*, de *Charité*, de *Pitié*, de *Bon-Pasteur*, etc., ne rassuraient personne. Les malades se cachaient pour mourir, de peur d'y être traînés. Dans les famines qui, sous Mazarin et Colbert, eurent lieu de trois ans en trois ans, rien ne pouvait décider les affamés à aller se faire nourrir à l'*Hôpital général*. Mais la cour, les puissants n'aimaient pas à voir errer ces grands troupeaux de misérables, accusation vivante de l'administration. On fit la chasse aux pauvres. On les traqua, les ramassa par tous les moyens de police, par l'effroi même des supplices infamants. Obstinément ils fuyaient l'hôpital, comme la maison de la mort. Elle y était en permanence. Les sains et les malades couchaient pêle-mêle quatre, six, dans un lit. Cette promiscuité hideuse avec les galeux et les vénériens, des gens couverts d'ulcères, faisait frémir. Il y eut des scènes terribles. Un vieux soldat estropié qui ne voulait pas y entrer, fut marqué, flagellé par les rues (1659). Des femmes mêmes furent traitées ainsi (1656, 1669).

Toute maladie contagieuse régnait là, éternisée par l'entassement des ordures et l'infection. L'ancienne France, négligente dans les palais mêmes, insoucieuse de la propreté, oubliait les soins les plus simples, les plus nécessaires à la vie. Nul progrès. Au contraire. François Ier fit faire des latrines à Chambord. Louis XIV n'en fait point à Versailles ni à ses bâtiments de Fontainebleau. De là, dans une telle splendeur, des contrastes honteux. Madame n'en a rien oublié.

Si les palais furent tels, qu'était-ce des prisons? Les vieux couvents, humides et sombres, qui presque partout aujourd'hui servent à cet usage, quoi qu'on fasse, gardent un fond indestructible de malpropreté historique, une odeur indéfinissable qui, dès l'entrée, affadit le cœur. Les malheureux qui ont connu les prisons de Louis XIV, disent que l'air vicié en était le plus grand supplice. Dans plusieurs, on ne respirait que par d'étroites fentes ouvertes sur des fossés fiévreux. Les rats, les serpents même, des insectes hideux y pullulaient dans les ténèbres. Telles prisons de nos côtes, telles du côté des Alpes sous les neiges, étaient si mouillées, si moisies et si froides qu'on y perdait les dents et les cheveux. Plusieurs cachots étaient des puits où l'eau montait en certain temps; d'autres le passage des latrines d'un couvent, d'une ville, ou enfin d'une voirie où pleuvaient les charognes, où des corruptions de toutes sortes, des entrailles de bêtes, pourrissaient sous l'homme vivant.

Dans le grand entassement des prisonniers, en 1685, on en combla les hôpitaux. Celui de Valence eut la gloire d'être le plus cruel. On y envoya des gens de partout. Quand les dragons étaient à bout, et que les Jésuites eux-mêmes n'avançaient pas, ils disaient : « Cet homme à Valence! »

L'évêque de Valence, Cosnac, nous est déjà connu. C'était un homme d'esprit, né gueux, fier, brave, un dur Gascon. Nous l'avons vu aumônier de Monsieur pour le mener en guerre, tâcher d'en faire un homme. Par madame Henriette, il aurait voulu arranger la croisade d'Angleterre. Avec un très-réel mérite, il avait une mine basse et atroce, la laideur qui promet le crime. Un long exil où il crevait d'ambition, l'envenimait encore. La persécution le lâcha, ôta la bonde à sa férocité. Il put légalement avoir un enfer à lui, l'hôpital de Valence. Mais il lui fallait un bourreau. Il fit revenir en France un homme unique et admirable pour cela, qui, ayant un petit démêlé avec la justice, se promenait hors du royaume. Celui-ci vaut qu'on s'y arrête. Les protestants n'ont guère connu de lui que ses derniers exploits. Ses procès, heureusement, qui sont à la Bibliothèque et aux Archives, nous permettent de donner la complète histoire du héros. On se rappelle la musique d'Henri III et ses enfants de chœur que soignait le bouffon Zamet.

Notre héros Guichard paraît avoir été le Zamet de Monsieur. Mais ce prince, dans ses jeux de page, moins dévot qu'Henri III, aimait que le plaisir fût assaisonné d'athéisme, de chansons contre Dieu. Guichard l'en amusait, et aussi de tels vilains petits tours qui pouvaient le mener en Grève. Un jour, il vole dans un couvent de filles les ornements d'église, aubes et nappes d'autel, pour en faire on n'ose dire quoi. Il monta vite. Au funèbre moment où la ligue se fit contre madame Henriette et prépara sa mort, un mois avant, Guichard devient, de musicien, gentilhomme ordinaire du prince.

Les choses changèrent lorsque le roi (déc. 1671) fit épouser à son frère une princesse bavaroise. Celle-ci, laide, mais forte, énergique, fit marcher son petit mari par le droit chemin du devoir. Le roi n'avait d'enfant mâle que le Dauphin, malsain, bouffi comme sa mère. La Bavaroise voulut fonder la branche cadette, faire souche d'Orléans. Trois ans de suite, elle tint Monsieur et elle eut trois enfants (entre autres le régent). Guichard perdit son prince et fut comme déporté dans la charge des bâtiments. Il eût voulu alors diriger l'Opéra. Mais le roi avait donné cette direction au charmant musicien Lulli. Guichard, dans un repas d'acteurs, dit (devant la Molière) : « Lulli crèvera. Qu'est-ce qu'une vie d'homme? rien. Il y suffit d'une prise de tabac. »

Pour donner cette prise, il s'adressa à un certain

Aubry, officier de police qui connaissait Lulli. Si le tabac manquait, on pouvait se rabattre sur le poignard, et Guichard pour cela avait un autre ami, exercé et adroit. Tout était prêt déjà, arsenic et tabac. Mais une sœur d'Aubry eut pitié de Lulli, et l'avertit. Le roi fit venir Monsieur, et le pria de trouver bon que le Parlement informât contre son Guichard. Celui-ci, nullement décontenancé, jeta tout sur Aubry. Il se croyait très-fort, étant protégé des évêques qui avaient été aumôniers de Monsieur, les évêques du Mans, de Valence. Le Parlement, influencé, frappa à côté du coupable sur le complice. Aubry fut chassé du royaume, et Guichard eut seulement à donner quelque argent. Aubry appelle, accusant nettement Lamoignon, l'homme des évêques, d'avoir fait rendre cette étrange sentence. Tout cela en 1675, entre les procès de la Brinvilliers et de Penautier. On flairait l'affaire des poisons. On se disait tout bas que le même Guichard avait expédié son beau-père. Il faussa compagnie, se mit hors de cour, hors de France.

En 1685, il hasarda de rentrer. Son ancien camarade, Cosnac, le couvrit, le prit à Valence. Il avait fait peau neuve. Ce n'était plus Guichard; il s'appelait le seigneur d'Hérapine. Au grand hôpital général, il déploya un vrai génie. Il s'enquit des cachots les plus cruels de France, pour les imiter tous, mais en y ajoutant des aggravations inouïes. Ayant hôpital et prison, il usait des malades contre les prisonniers, faisait endosser à ceux-ci les chemises des premiers, sales, infectes, sanglantes, tachées d'ulcères. Ils devenaient malades eux-mêmes d'horreur et de dégoût, se sentant pénétrés de ces émanations et gagnés de la pourriture.

Cette maison avait deux mérites. On n'y languissait pas. Puis, chose qui dut plaire en cour, il y avait de la décence. Les femmes y avaient des femmes pour bourreaux. D'Hérapine avait remarqué que l'homme le plus dur qui bat une femme et voit le sang partir au premier coup, tremble un peu de la main, parfois frappe à côté. Il avait pris de rudes femmes du Rhône, qui, à la vue du sang, s'irritent au contraire, deviennent aussi folles à frapper qu'un taureau qui a vu du rouge. (Lettre de Blanche Gamond à M. Murrat, insérée dans Jurieu, t. II, xv, 356.)

Personne n'est parfait. L'excellent d'Hérapine avait un défaut, l'avarice. Cela lui fit du tort. Il espérait nourrir tout son monde de coups de bâton, et n'en plaignait les rations. Mais quelques patients lui jouaient le tour de mourir. Un fut trouvé qui, de faim et de fureur, s'était mangé deux doigts. Il lui venait aussi à l'Hôpital des enfants, et jamais on n'en pouvait revoir aucun. S'ils étaient morts, il s'en lavait les mains. Mais il ne pouvait les représenter même morts, ni montrer leurs petits squelettes. La justice s'enquit. Pour la seconde fois, l'honnête homme prit peur et partit, emportant la caisse de l'hôpital. On supposa qu'il s'était souvenu de sa profession originaire, qu'il vendait les petits enfants.

D'autres maisons venaient après Valence, par certaines spécialités de supplices. Aigues-Mortes était célèbre par ses fièvres et ses tours sans toit. Bordeaux avait à faire valoir son *enfer* du château Trompette, loges de pierre en forme de cornue, où on était debout ou roulé sur soi, sans repos. L'hôpital des forçats de Marseille n'était point hôpital; on n'y guérissait pas, on bâtonnait; c'était la porte des galères, l'entrée à l'enfer éternel.

Jamais on ne sortit des galères de Louis le Grand. Les condamnés à temps y restaient toute leur vie. J'avais l'espoir de trouver aux registres du bagne quelque chose sur ces martyrs, et je cherchai en vain. Depuis (1853), l'amiral Baudin en a retrouvé quelques-uns. Hélas! l'article de chacun, une destinée d'homme! n'y prend que quatre lignes. On y voit cependant des choses instructives, des enfants de quinze ans, et un même de douze, condamné par Basville à être forçat pour toujours; très-coupable, il a suivi son père au prêche. (*Bull. d'hist. prot.*, I, 59.)

La *Correspondance administrative* (citée plus haut) montre la facilité avec laquelle on mettait aux galères des gens *non condamnés* (1662), un même, malgré l'opposition expresse du parlement de Toulouse (1671). Tout cela reste inconnu sous Louis XIV. Ce n'est qu'à son extrême fin, quand il est aux abois (1712) et va mourir, qu'on ose publier en Europe quelques détails; les légendes d'abord des saints forçats (Marolle, Lefebvre), mais cela pour les âmes pieuses et comme livres de dévotion. Dans deux ouvrages uniquement se trouve le tableau réel des galères. Toutefois l'Europe y fait alors peu d'attention; le roi s'en va et ses victimes avec; on s'y intéresse moins; un siècle nouveau est lancé, et les protestants mêmes semblent penser plutôt aux triomphes de l'Angleterre et de la

Prusse. Reprenons-les, pour notre compte, ces chers et précieux témoignages, reliques vénérables des martyrs de la conscience.

Ces livres, très-rares, sont : 1° celui de Jean Bion, un prêtre charitable, chapelain de la *Superbe*, qui eut le cœur brisé, s'enfuit et se fit protestant ; 2° celui de Jean Marteilhe, de Bergerac, qui fut douze années aux galères. Ce dernier est un livre de premier ordre par la charmante naïveté du récit, l'angélique douceur, écrit comme entre terre et ciel. Comment ne le réimprime-t-on pas?

Pris avec un ami, comme il fuyait de France, Marteilhe fut innocenté par les juges de Lille, mais condamné par un ordre du roi. Il nous a donné l'intérieur de la Tournelle de Paris, d'où la chaîne partait pour Marseille. Qu'on se figure une énorme voûte circulaire, comme notre Halle au blé, mais fermée, obscure comme un four. Telle était la Tournelle, dépôt des galériens. Là (barbarie très-inutile), ils étaient scellés par le cou à des poutres énormes sans pouvoir s'asseoir ni se coucher. Aux soupirs, aux gémissements, répondaient des averses effroyables de nerfs de bœuf, donnés au hasard des ténèbres. Des faibles, des vieillards mouraient. Pour n'être enchaîné que de la jambe, on payait tant par mois. Le capitaine de la chaîne, qui se chargeait de la conduire, n'aimait à mener que les forts pour éviter la dépense des chariots nécessaires aux malades. Donc, au 17 décembre, la chaîne où était Marteilhe se trouvant déjà à Charenton, par une gelée à pierre fendre, on les dépouille tous pour fouiller leurs habits, prendre le peu qu'ils avaient d'argent. Nus de la tête aux pieds, deux heures durant, au vent de bise! Plusieurs sont raidis et gelés ; les coups n'y font plus rien, ils restent. D'autres meurent dans la nuit, dix-huit en tout. Voilà la chaîne plus légère, et le chef s'en va plus content. C'était l'usage. De cinquante qu'on emmena de Metz, cinq étaient morts au premier jour de route. D'autres à chaque étape. Le capitaine en était quitte pour avertir l'église, prendre attestation des curés.

Ceux qui voient, dans les tableaux spirituels, ternes et secs, de Joseph Vernet, nos galères de Toulon, se doutent peu de la réalité. Il n'y eut jamais machines si grossières. Point d'entre-pont. La cale était un petit trou où l'on mettait les vivres et où l'on jetait les malades. Tout le monde couchait sur le pont, ou plutôt ne couchait pas; faute de place, on restait assis. A un bout, une table sur quatre piques, où siégeait, mangeait le comite, l'âme de la galère. Courant près des bancs des rameurs, criant, jurant, hurlant avec la fureur provençale, il promenait sur cette file de dos nus l'horrible sifflement du nerf de bœuf, qui tantôt frappait une ampoule, tantôt se relevait sanglant. Par moments, épuisé de sa course effrénée, il allait se rasseoir sur son trône de fer. Ses bourreaux en second lui succédaient, et il n'y avait pas de repos. S'ils avaient molli un moment, le capitaine, de son château de poupe, l'eût vu, eût menacé de les jeter à l'eau. C'était toujours un cadet de famille, un chevalier de Malte, élevé dans la férocité de l'ordre, durci aux guerres des Barbaresques; sous l'habit de l'homme de cour, un cœur de soldat-moine, blasphémant tout le jour, n'invoquant que le diable, sans Dieu, ni foi, ni pitié, ni famille. N'ayant pour héritiers que Malte, ils mangeaient tout, vivaient royalement, buvaient et faisaient chère exquise, dans cet enfer de coups, de cris, d'hommes affamés.

Rien de plus gai qu'une galère. Tout s'y faisait rhythmiquement au concert parfait de la rame. Si l'on s'arrêtait quelque peu, les marins provençaux tendaient lestement une tente. Un d'eux battait du tambourin. Ces furieux danseurs, comme autant de sauvages, trépignaient une ronde ou sautaient la *moresque*, les sonnettes aux genoux, sans souci du cercle lugubre des hommes enchaînés sur leurs bancs.

Ceux qui, pendant des nuits, de longues nuits fiévreuses, sont restés immobiles, serrés, gênés, par exemple, comme on l'était jadis dans les voitures publiques (j'y ai été une fois cent heures de suite), ceux-là peuvent deviner quelque chose de cette vie terrible. Ce n'était pas de recevoir des coups, ce n'était pas d'être, par tous les temps, nu jusqu'à la ceinture, ce n'était pas d'être toujours mouillé (la mer lavant toujours le pont très-bas). Non, ce n'était pas tout cela qui désespérait le forçat. Non pas encore la chétive nourriture, qui le laissait sans force. Le désespoir, c'était d'être scellé pour toujours à la même place, de coucher, manger, dormir là, sous la pluie ou sous les étoiles, de ne pouvoir se retourner, varier l'attitude, d'y trembler la fièvre souvent, d'y languir, d'y mourir, toujours enchaîné et scellé.

La cale, où quelquefois on mettait le mourant, qui eût gêné trop la manœuvre, en faisait bien vite un cadavre. L'odeur y était si terrible, qu'on défaillait en y entrant. On y était mangé des poux. « Quand j'étais forcé d'y entrer, dit l'aumônier Bion, j'étais à l'instant suffoqué et couvert de vermine. Il me semblait marcher dans l'ombre de la mort. Pour confesser, il me fallait, dans ce lieu si étroit, me coucher le long de l'agonisant, parfois tout contre un autre qui déjà avait expiré. »

Charité rare! les aumôniers, presque tous, étaient des Lazaristes fort durs. Ces disciples de Vincent de Paul, dans leur simplicité apparente, leur rudesse, leur malpropreté (Marteilhe, 277), avaient dupé les rois et les Jésuites même. Ils avaient fait une énorme fortune, desservaient les chapelles royales, étaient aumôniers de l'armée, de la flotte; ils avaient même part à la nomination des curés de village. Ils furent les très-cruels persécuteurs des forçats protestants, épiant, entravant leurs communications, les empêchant de recevoir les charités de leurs frères, secours si nécessaires sans lesquels ils mouraient de faim. Quiconque était surpris distribuant cet argent devait mourir sous le bâton. Bion, Marteilhe et autres, racontent, avec terreur encore, ce que c'était que ce supplice. Le patient, collé sur un canon, bras et jambes liés en dessous, le corps nu, attendait... Un silence horrible se faisait. On prenait pour bourreau un Turc des plus robustes, qui, nu lui-même, pendant l'exécution, était frappé derrière par le comite, qui l'éreintait, s'il frappait mal. Le Turc avait en main un rondin à nœud, véritable assommoir. La vue du corps supplicié était telle, dès les premiers coups, que des galériens endurcis, malfaiteurs, meurtriers, en détournaient les yeux (Bion).

C'est le supplice qu'endura M. Sabatier, un homme de courage héroïque, qui aima mieux mourir que de révéler le nom du banquier qui lui transmettait l'argent pour ses frères. Quand la peau et la chair furent détachées des os, qu'on crut qu'il expirait, on mit, selon l'usage, du sel et du vinaigre sur cette chose informe qui restait. Il survécut pourtant, mais la voix ne lui revint pas, ni le cerveau. Il n'était ni vivant ni mort.

Les Lazaristes traitèrent presque de même des protestants qui ne pliaient pas le genou à la messe. Cette barbarie (que le roi désapprouva, dès qu'il l'apprit) fut exercée dans six galères. On porta les patients évanouis et déchirés dans l'horreur de la cale. Bion, hors de lui-même, noyé de larmes, y descendit, les trouva à peu près sans voix, calmes et doux, non abattus moralement. Ils furent étonnés et touchés de ses larmes, le consolèrent. C'était trop, son cœur échappa. « Leur sang prêchait, dit-il, et je me sentis protestant. »

Ce qui est curieux, c'est que le comite même, bourreau patenté des galères, parfois endurci trente années à déchirer la chair humaine, finissait par faiblir. Marteilhe en conte un fait étrange. Blessé par la mitraille d'une frégate anglaise, ne pouvant presque remuer le bras, guéri à peine, il retourne à la rame. Le comite arrive d'un air féroce : « Que fais-tu là, chien d'hérétique, *giffe* (*propre à rien*, en provençal)? De quoi te mêles-tu, de ramer? Va-t'en donc au *paillot* (c'était la chambre des vivres). » — La nuit, il le fait venir, lui dit : « J'ai peur de l'aumônier. Je voudrais ménager vos frères; s'ils sont damnés dans l'autre monde, ils seront bien assez punis. »

Ainsi le ciel moralisait l'enfer. Le spectacle constant d'une vertu si douce, d'une patience si inaltérable, troublait les tigres de pitié. Si le comite était vaincu, jugez du peuple. Plusieurs se dévouèrent aux derniers périls pour aider, guider la fuite des persécutés. On put souvent voir à la chaîne avec le protestant, le catholique charitable qui avait voulu le sauver. Avec le forçat de la foi ramait le forçat de la charité. On y voyait le Turc, qui, de tout temps, au péril de sa vie, et bravant un supplice horrible, servait ses frères chrétiens, se dévouait à leur chercher à terre les aumônes de leurs amis. Ces hommes admirables avaient si bien l'élan et l'ivresse de la charité, que, quand ils obtenaient ce périlleux bonheur, ils remerciaient Dieu à genoux.

Oh! noble société que celle des galères. Il semblait que toute vertu s'y fût réfugiée. Obscur ailleurs, là, Dieu était visible. C'est là qu'il eût fallu amener toute la terre. Un homme l'a senti, le Puget. Ses atlas de Toulon, pris évidemment sur le vif, vont tellement au cœur, qu'on croit sans peine qu'ils ont été saints.

Ce monument sacré, que vous voyez au Louvre, semble une halte de rameurs. Les deux hommes, de la ceinture en bas, ne sont plus hommes, mais élément : ils sont devenus mer, ce n'est qu'algues et coquilles. Mais le reste est au ciel. Leurs yeux y sont tournés, dans une adorable douceur.

L'un, jeune encore, naïf, oppressé de souffrances, touchant ses reins endoloris, n'en a pas moins son âme en haut. Il espère dans la mort et l'immortalité, il a aux lèvres un souffle faible, mais il voit quelque chose, une lumière... Il va monter, ce semble, dans un rayon de la foi.

L'autre, d'âge plus mûr, si aimable (qui ne l'eût aimé? qui n'eût voulu un tel ami?) est une nature crédule, tout imaginative. Il a oublié la douleur, est absent du présent. La main enfoncée dans sa joue, il jette l'ancre dans son passé. Il a débarqué heureusement au paradis de sa jeunesse. Il voit là des choses charmantes. J'en suis sûr, c'est sa mère, sa bonne femme, ses petits enfants... Doux foyer!... Que je crains qu'il ne s'éveille tout à l'heure et plus amèrement ne pleure son bonheur écoulé!

CHAPITRE XXII

PRISONS DE FEMMES ET D'ENFANTS — LES REPENTIES —
LES NOUVELLES CATHOLIQUES

1686

Des dames catholiques, pour faire leur cour, ou par excès de zèle, plusieurs par vraie bonté, avaient sollicité d'être geôlières. Quand on songe qu'en France, jusqu'à nous (1840), les femmes étaient gardées par des hommes, on ne peut qu'applaudir au dévouement de ces dames. Les hôtels de madame de Saint-Simon, de Lamoignon et autres, devaient être, ce semble, d'assez douces prisons. En pratique, la chose se trouva inexécutable. Les curés, qui régnaient absolument chez ces dévotes et n'en bougeaient, rendaient la vie terrible aux prisonnières. Dans ces maisons à eux, sans surveillance, ils se livraient à d'étranges fureurs. Dès le lendemain de la Révocation (7 décembre 1685, *Corr. adm.*, IV, 385), les magistrats s'affligent, s'inquiètent. Harlay et la Reynie se confient leurs tristesses. Ils écrivent « que plusieurs craignent de se faire catholiques pour n'être pas livrés aux dévots, aux zélés. » La Reynie mande et admoneste « un *bon* curé, qui, par bonne intention, jeteroit tout par les fenestres. »

Le zèle de ces pasteurs allait fort loin. L'évêque de Lodève (prélat austère, mais furieux) avait chez lui, dans sa prison épiscopale, une jeune demoiselle. Chaque jour, infatigablement, il allait la trouver et la catéchisait. Et, chaque jour, voyant qu'il réussissait peu, des arguments il passait aux injures et même aux voies de fait, aux coups de poing; il la rouait de coups (E. Benoît).

Les couvents étaient, sans doute, des prisons plus convenables. On remit aux religieuses nombre de femmes mariées qu'on séparait de leurs maris. L'inconvénient, c'est que d'abord, dans leur excessive ignorance, elles avaient horreur de leurs prisonnières, ne les distinguant pas des juives, ou bien croyant qu'elles n'avaient de Dieu que Luther et Calvin. Les supérieures, faites à la tyrannie, s'exaspéraient aux plus humbles résistances. Les nonnes, vraies enfants, traitées comme des petites filles et soumises à toute humiliation, trouvaient naturel de traiter de même une dame, qui généralement, par son austérité, sa supériorité d'esprit et de culture, eût dû inspirer le respect. Dans ces maisons de femmes, avec leurs grilles et leurs clôtures, l'homme était maître cependant; l'aumônier obsédait la prisonnière dans sa cellule, réglait les pénitences, ordonnait les sévérités. C'est de lui, de lui seul, qu'elle dépendait entièrement.

Celles qui furent plongées aux noirs cachots des citadelles avaient du moins plus de tranquillité. Le geôlier militaire (par pitié ou argent) les ménageait et parfois même leur permettait de se réunir et de chanter ensemble leurs psaumes. Les vieux donjons d'Angers et de Saumur, de Ham, du Pont-de l'Arche, si humides et si sombres, seraient devenus ainsi de petites églises.

De temps en temps, on vidait les prisons. On ramassait de grands troupeaux de femmes et de vieillards, qu'on entassait dans un vaisseau et qu'on jetait sur une plage d'Amérique. Un Français, des Cévennes, se trouvant dans un port d'Espagne, y vit un de ces vaisseaux. Sur le pont, quelques dames prenaient l'air; elles avaient la mort sur le visage. Il causa avec elles, et apprit qu'il y avait dans l'entre-pont des demoiselles de son pays, une de quinze, l'autre de seize ans qui était malade à la mort. Elles étaient justement ses cousines. Il descendit et trouva là, d'une part, quatre-vingts femmes ou filles sur des matelas, et en face, une centaine de pauvres vieux qui n'avaient que le souffle. Déjà dix-huit étaient morts depuis le départ de Marseille. Il pleurait tant qu'il ne pouvait parler. Elles lui dirent que sa sœur se cachait, errait dans les bois. Elles lui montraient beaucoup de courage. Il fut mis à l'épreuve; le malheureux vaisseau se brisa à la côte; on n'en sauva pas la moitié.

Sauvées? mais le furent-elles ces infortunées sans protection, dans la vie hasardeuse et violente de nos colonies? (V. la lettre, Jurieu, I, xɪx, 22).

La noyade valait mieux encore que l'affreux sort de celles qu'on gardait, qu'on mettait aux dures et sales maisons des Filles repenties. Celles surtout qui, pour fuir, avaient pris l'habit d'homme, on faisait semblant de croire que c'étaient des coureuses (Marteilhe, 83), et on les jetait dans ces lieux de correction, dont l'atroce discipline était moins désolante encore que la hideuse société. — Enfin, celle qui n'en mourait pas, de gouffre en gouffre allait plus bas encore. On pouvait la plonger dans l'Hôpital général, ce grand cimetière, un affreux Paris dans Paris, qui a eu jusqu'à 7,000 âmes. Condamnation barbare, et d'horrible sous-entendu. Avec le désordre du temps, que devenait une femme dans cette profonde mer des maladies, des vices, des libertés du crime, la Gomorrhe des mourants? Je frémis, quand j'entends de la bouche de Louis XIV : « Je lui donne trois mois ; puis, *elle ira à l'Hôpital.* » (*Corr. adm.*) Cela veut dire : « Jetée aux bêtes. » Mais, sut-il bien la portée de ce mot? Heureusement quelqu'un de plus compatissant bientôt la délivrait : la mort.

Dans cette succession de douleurs, au fond des citadelles, des couvents, chez les Repenties et jusque dans cette dernière fosse, l'Hôpital qui l'engloutissait, que pensait-elle, cette femme, cette mère? Elle avait deux pensées : l'une qui la relevait, c'était Dieu ; l'autre qui la navrait, ses enfants ; — sa fille surtout, sa fille, seule désormais, livrée à toute chance de péché et de honte, cheminant par les précipices, hélas! sans que sa mère pût lui donner la main.

En décembre 85, avait paru le terrible décret : « *De cinq ans* à seize ans, tout enfant sera enlevé dans huit jours. »

Un enfant de cinq ans!... A un âge si tendre l'enfant fait partie de la mère. Arrachez-lui plutôt un membre, à celle-ci. Tuez l'enfant. Il ne vivra pas. Il ne vit que d'elle et par elle, d'amour, qui est la vie du faible. Les parents avaient beau se convertir, on n'enlevait pas moins l'enfant. J'ai sous les yeux une lettre de désespoir pour une petite fille enlevée (*Bull. d'Hist.*, 1854, p. 358-382). Quel changement pour l'enfant même! Combien dur, combien brusque, terrible, pour une si jeune tête, imaginative et peureuse, comme elles sont à cet âge. Tout perdu à la fois. Le petit lit si doux entouré d'une mère, le jardin, la grande cheminée où elle avait sa petite chaise, plus rien de tout cela! La voilà seule, parmi des étrangères, dans un grand dortoir froid, à grands corridors froids, vastes cours glaciales qu'on traverse l'hiver au matin, sur la neige, pour s'en aller à la chapelle. Là, l'agenouillement sur la pierre, les longues prières incomprises, l'immobilité morfondue. La nourriture maigre, indigeste, pauvre pour un enfant qui croît. Des classes interminables, les petits pieds dix heures fixés aux dalles. Les alternatives violentes d'une maîtresse passionnée qui a des favorites et des souffre-douleurs, en change, varie, baise ou châtie, au hasard du tempérament et du moment, qui ne sait rien, n'enseigne rien. Pour premier, dernier mot, le fouet.

On croyait que l'enfant faiblirait aisément, qu'il oublierait le peu qu'on avait pu déjà lui enseigner. Point du tout. Il montrait souvent une ténacité singulière. Même celui qui avait un père et une mère de religion différente, s'attachait invariablement à la religion persécutée. Une fille de quatre ou cinq ans, mise au couvent par sa mère catholique, garde huit ans le ferme désir de retourner chez son père protestant. Une autre de neuf ans reste fidèle à sa mère protestante ; enlevée plusieurs fois, elle résiste toujours. Telle est la noblesse instinctive, la générosité innée de l'âme humaine. L'enfant, constitué juge dans la famille par l'autorité insensée, jugeait que le vrai devait être là où il voyait le martyre.

Quelles étaient les souffrances de ces petits dans ces longues résistances ? Qui l'a su ? Dès sept ans, on les traitait en hommes, et c'est tout dire. La sage loi ecclésiastique dit : qu'à sept ans *l'homme est en état de connaissance*, donc, s'il résiste, pervers, malicieux. De vieilles filles, aigres et colériques, les menaient violemment, sans savoir ce qu'est un enfant, ni se douter qu'il peut être brisé. Plusieurs, en sortant de leurs mains, restèrent épileptiques. Plusieurs moururent, comme ce petit Brun, que la comtesse de Marsan livra pour jouet à ses domestiques, et qui, battu, mis au fond des latrines, tourné en rond des heures entières, constamment éveillé à coups de coude, finit par ne s'éveiller plus. (*Bull.*, 1858, 435.)

Il y eut des résistances terribles et indomptables, **des enfants lions. Les petites Mirat, orphelines de huit à dix ans, résistèrent douze années de suite. Enlevées** de chez leur grand'mère, par les magistrats de Meaux et les archers, elles cassent les glaces du carrosse, se blessent, veulent s'élancer par la portière. Il faut les soldats pour les contenir. On les met chez un catholique. Elles se sauvent chez des parents, qui les conduisent, à qui? au président de Lamoignon, qui les avait fait enlever. Il les met à Charonne, dans un couvent dont elles sautent les murs. (Élie B., 883.) Reprises et ramenées chez lui, il les retient sous clef dans son hôtel. Mais là, leur fureur et leurs cris, la violence de leur résistance font tant de bruit, que le roi même les rend à leurs parents de Meaux. (*Corr. adm.*) C'étaient alors de grandes demoiselles. On a regret de dire que l'évêque de Meaux, Bossuet, longtemps s'acharne à les persécuter, obtient leur emprisonnement. (V. ses lettres, *France prot.* de Harg., article *Frotté*.) Élie Benoît les a crues hors de France. Nous les voyons à Meaux sous la très-dure main de Bossuet.

La spéculation se mêlait à tout cela. Les couvents enlevaient de préférence les jeunes filles adroites qui avaient des talents d'aiguille, faisaient de jolies choses qu'on vendait bien (Élie B., III, 339). Bien plus encore on recherchait, on se disputait même celles qui payaient de fortes pensions (*Corr. adm.*, IV. 353). L'évêque de Montauban en enlève une de quatorze ans, la met au couvent de Bordeaux : « car elle aura cent mille écus. »

Quatorze ans! âge fragile, moment délicat et sacré. C'est là surtout qu'il faut la mère, ses tendresses, son embrassement. Comment les traitait-on, ces grandes filles, de sensibilité si vive, qui ont tant besoin de ménagement? J'en vois une privée de sa mère, qu'un père et un frère catholiques enferment, battent, jusqu'à plus de vingt ans; puis, enlevée par des soldats, jetée aux couvents de Toulouse, profondes oubliettes; on ne l'a plus revue. Dans les couvents de Nouvelles catholiques, qui se créèrent partout en France, la discipline était le grand moyen. Barbaries impuissantes. Les religieuses exaspérées en vinrent à l'idée diabolique de les châtier devant témoins. Celles d'Uzès avaient huit rebelles. Elles avertirent l'intendant Basville, et firent venir le juge d'Uzès et le major du régiment de Vivonne, et, devant eux, ces impudiques, ces furieuses, dévoilèrent les huit demoiselles (elles avaient de seize à vingt ans), et les fouettèrent avec des lanières armées de plomb. (V. le récit dans Jurieu et dans Élie Benoît, 893.) Leurs cris épouvantables s'entendaient de la rue.

Que restait-il après des excès si énormes? Les isoler sans doute et les accabler une à une. Une pauvre fille en lutte contre toute une communauté, le cœur toujours serré, sentant partout la haine, nourrie du froid régime, bien calculé, qui énerve et pâlit, abreuvée d'humiliations, plongée parfois dans un vilain trou noir où elle a peur, doit sans doute à la longue défaillir ou mourir. Mais la mort, c'était sa victoire et son affranchissement. Si l'on craignait cela, on essayait tout à coup autre chose. La rebelle, par un brusque changement, était mise dans un régime de grande douceur. On l'ôtait à ces aigres nonnes, rudes béguines de province, et on la déposait dans les bras, les pieuses tendresses de dames séduisantes qui eussent apprivoisé l'oiseau le plus sauvage. La maison de Paris, comme la plupart des couvents de la capitale, élégante et humanisée, était relativement un paradis. La pauvre fille brisée ne pouvait faire, dans un si grand changement, qu'elle ne donnât un peu à la nature, ne respirât, ne détendît son cœur. L'aumônier était Fénelon.

Le quartier du Palais-Royal, où était cette maison, couvert alors de grands hôtels, de couvents, et de leurs jardins, était tout autre qu'aujourd'hui. Trois grands jardins surtout : celui du palais même, double alors d'étendue, avec le mystérieux pavillon où accoucha la Vallière; celui des Jacobins, c'est maintenant le marché; celui des Capucines, qui est la rue de la Paix. Entre les deux premiers, la butte des moulins de Saint-Roch est, comme elle fut toujours dans ce quartier, une oasis de silence et de solitude. Là se trouvait le couvent des Nouvelles catholiques.

L'autorité n'était pas une femme. Le supérieur (c'est le vrai titre de Fénelon) était cet homme charmant. Il avait vingt-sept ans quand il y fut nommé en 1678. Ce choix hardi fut un coup de génie de l'archevêque Harlay de Champvallon. Pour imposer aux protestants par un semblant d'austérité, on eût pu prendre un cuistre, un Godet par exemple. Harlay se moqua des censeurs, voulut des résultats; le spirituel prélat, peu scrupuleux, crut que la Grâce ne serait efficace près de ces raisonneuses qu'en parlant par la voix d'un homme jeune, aimable, pieux, mais très-habile aussi, qui les ferait déraisonner.

A cet âge il était prodigieusement affiné, noble visiblement et de rare distinction, faible, un peu vieux dès sa naissance. Il était en effet le fruit du dernier amour d'un vieillard. Son père, un grand seigneur, M. Fénelon de Salignac, veuf, et âgé, ayant de grands enfants, avait épousé, malgré eux, une demoiselle noble et pauvre. L'enfant qui vint de ce mariage fut fort mal reçu de ses frères, quoique, destiné à l'Église, il ne pût leur faire tort. Cette situation pénible ne contribua pas peu à lui donner la grâce et la douceur, une certaine adresse aussi, pour se faire pardonner de vivre. De ses ancêtres paternels, tous diplomates, il tenait quelque chose d'onduleux et d'insinuant. De sa mère, qui, plus jeune, eut plus de part à sa naissance, il eut des dons aimables et singuliers, ces heureuses contradictions qui plaisent dans la femme et en font une énigme ; humble et plein du désir de plaire, vif et subtil, et contenu ; le génie propre au monde, mais pour le mettre aux pieds de Dieu.

Écoutons Saint-Simon qui l'a vu peu avant sa mort et dans la grande position d'archevêque-prince de Cambrai : « Il avait du docteur, de l'évêque et du grand seigneur. Il fallait faire effort pour cesser de le regarder. » Mais les portraits qui restent (à Versailles et ailleurs) ajoutent des traits moins favorables, quelque chose d'usé, d'effacé, de trop raffiné, et je ne sais quelle obliquité, un mouvement fuyant de l'épaule, une allure serpentine, comme d'un ingénieux sophiste byzantin. Rien de faux et pourtant rien qui rassure assez. On sent que ce génie complexe dont le propre est l'ondulation, n'aura pas besoin de mentir pour varier et tromper tout le monde, que dis-je ? pour se tromper lui-même.

Élevé près de sa mère par un très-savant précepteur dans l'étude de l'antiquité et surtout dans les lettres grecques, il fit sa théologie aux Jésuites de Paris. Un oncle qui s'occupait beaucoup de lui, vit qu'on exploitait trop sa brillante facilité. Il risqua de l'éteindre pour le fortifier, et le mit à Saint-Sulpice. Cette congrégation, alliée, amie des Jésuites, moins compromise et plus modeste, s'en tenait (comme Saint-Lazare) à l'arrêt du pape, qui, dès 1604, avait défendu d'agiter les grandes questions de la théologie, la vitale question de la Grâce. L'Église devait aller les yeux fermés, s'interdisant surtout de se comprendre elle-même. Pour la plupart, ceci réalisait l'heureux mot de Pascal, son conseil : « Abêtissez-vous. » Pour d'autres, ce renoncement d'esprit mettant toute religion au cœur, pouvait les jeter au fatalisme de sentiment, d'amour, qu'on a appelé le *Quiétisme.*

Fénelon n'en était pas là encore à Saint-Sulpice. Il lisait les Pères grecs, et ne rêvait que missions du Levant, apostolat d'Athènes, délivrance de la Grèce. On le retint ici, et on lui imposa cette charge de supérieur des Nouvelles catholiques.

Il n'y eut jamais de situation plus dangereuse. Ces filles arrivaient là, à peine arrachées de leurs mères, et tout en pleurs. D'autres ayant déjà passé par des mains dures, ayant souffert plus qu'on n'ose dire, languissantes, pâlies. Et cependant, tout intéressantes qu'elles fussent, de leur sérieuse éducation elles restaient militantes. A mesure qu'elles revenaient à elles par la douceur de cette maison, elles se défendaient de leur mieux. Eucharis discutait. Elle luttait, selon sa faiblesse, pour retenir encore le cher enseignement de famille, si mêlé à sa vie d'enfance et à ses meilleurs souvenirs. Grand contraste avec le troupeau de tant de femmes domptées qui se ressemblaient toutes, et de vieilles brebis ennuyeuses. Seulement, avec ces jeunes filles, il n'y avait aucun progrès à espérer, si on voulait rester sur le terrain de la logique. Les tirer d'un dogme à un dogme, c'était presque impossible. Mais fondre tous les dogmes dans l'attendrissement religieux, perdre tout dans l'amour de Dieu, c'était la seule voie sûre. Fénelon, on le voit plus tard, avait lu beaucoup les mystiques. Ce n'est pas tout à coup, après son entrevue avec madame Guyon, qu'il se trouva avoir cette science et cet approfondissement. Tout cela venait de plus loin, de ces années obscures où il en eut le temps, l'occasion, la nécessité.

Il est bien entendu qu'il ne dit rien de tout cela dans son petit traité de l'*Éducation des filles* (1687), livre calculé, hors de toute théorie, manuel, judicieux, pratique et terre à terre, écrit pour mesdames de Beauvilliers et de Chevreuse, qui réussit si bien en cour et qui le fit précepteur du duc de Bourgogne. Un seul mot de mysticité, dit trop tôt, l'eût perdu près de ses maîtres de Saint-Sulpice, chez son patron Bossuet, et surtout à Versailles. Un trait essentiel de ce personnage, qui fut le plus prudent des saints, c'est que ses intimes amis l'ignorèrent toujours, et que chaque pas où il se révéla fut pour eux une surprise. Par trois fois, il les étonna, et quand ils le virent précepteur, et quand ils le virent quiétiste, enfin quand la publication du *Télémaque* montra en lui le romancier sentimental et l'utopiste politique.

Le Quiétisme florissait à Paris depuis longtemps. Dès 1670, madame Guyon l'y prêchait sous les formes de l'Amour pur. Je ne crois nullement que Fénelon, qui y vint alors étudier et vécut dix-huit ans à Paris (jusqu'en 1688), ait pu ignorer ces doctrines. Elles n'allaient que trop à son âme tendre et subtile, de sensibilité contenue. Libre de Saint-Sulpice, transplanté de ce sol ingrat dans le charmant jardin des fleurs malades, il lui fallut puiser pour elles à la seule source qu'offrît l'aridité du temps. Le Quiétisme, à son premier degré élémentaire (obéissance, passivité, renoncement à soi-même et abandon à Dieu), c'était l'enseignement naturel de la situation. Dans la mesure prudente où un homme si fin put administrer ce calmant, il devait engourdir à merveille des âmes endolories, dont tant de cruels souvenirs renouvelaient les blessures. Jamais, sans ce loto, le pauvre cœur n'eût oublié.

Oublier! Mot pénible à dire. Cette maison ruinée, ce père en fuite, cette mère prisonnière, tout cela revenant dans les songes, avec tel air des psaumes, faisait pleurer encore, et les beaux yeux parfois en étaient rougis le matin. A la longue ces ombres austères s'en allaient pâlissant. On avait des amies, des compagnes caressantes, si tendres! qu'on eût craint d'affliger. Le parloir agissait. Par les visites de grandes dames venaient l'air de Versailles, les belles nouvelles, tout l'olympe de cour, la chronique des nobles mariages. Ajoutez d'autre part un appel incessant au cœur, un miracle par jour, un Dieu qui se donne sans cesse et veut se donner davantage. Fénelon, généreusement, accorde la communion fréquente, et même quotidienne. État prodigieux, si émouvant pour une enfant à cet âge de crise, de se sentir toujours son jeune sein habité de Dieu !

Ainsi, très-haut, très-bas, entre une vie de miracles et une vie déjà semi-mondaine, entre Versailles et le dixième ciel, l'âme flottait. A ces brusques passages on s'affaiblit bientôt. Elle perdait surtout de son activité, avait de moins en moins la disposition de sa raison. Le meilleur directeur qui constamment dirige, nous ôte l'habitude de faire un seul pas de nous-mêmes. Mollement soutenu à la lisière, on n'aime plus à appuyer le pied. Nulle initiative. Il est bien plus facile de suivre et laisser faire, « d'attendre en attendant, » ce que dira la voix aimée d'une autorité douce, qui, par moment, sévère, est encore aimée d'autant plus.

L'âme ainsi croit ne plus rien faire. Mais l'imagination va toujours son chemin. Ignoraient-elles, ces jeunes saintes, que les obéissantes, les charmantes et les empressées, bien connues et triées par madame de Maintenon, passeraient à sa maison, sous l'œil et la spéciale protection? Oserai-je le dire? Quiconque a vu l'agréable uniforme, noble, sérieux, mais galant, de Saint-Cyr, qui ne dérobe nul avantage de jeunesse, au contraire fait valoir le cou, le joli bras (gravures de Lavallée), qui l'a vu pensera que plus d'une convertie sentit là l'attrait de la Grâce. Celle du roi était assurée à cette maison. Les demoiselles qui l'amusèrent d'*Esther* et d'*Athalie*, y trouvèrent faveur et fortune, et de beaux établissements.

Du reste, Fénelon lui-même, dans son *Avis à une dame de qualité sur l'éducation de sa fille*, conseille pour celle-ci deux choses. Il faut, dit-il, faire de Dieu son ami, l'ami du cœur, être avec lui comme avec son intime, lui dire tout sans cérémonies. Mais en même temps il est capital pour la jeune fille de se mettre à portée de trouver un sage mari, *propre à réussir dans les emplois*.

Tel est cet habile homme, et tel l'étonnement qu'il donne toujours de le trouver visant si haut dans la dévotion, et pourtant si pratique dans la voie de son temps. Mais cela est-il facile à concilier? La préoccupation des places s'arrange-t-elle bien avec les libertés de la vraie vie religieuse? Qu'eût dit le Moyen âge de ces deux ambitions, et de ce mot si fort, qu'il dit légèrement, sans en mesurer la portée : Être l'intime ami de Dieu!

CHAPITRE XXIII

LA FUITE — L'HOSPITALITÉ DE L'EUROPE

1686

Dans les révolutions de notre orageuse patrie, bien des fois les mêmes frontières ont vu l'émigration. Bien des fois les forêts des Ardennes, les gorges du Cerdon, entre Lyon et Genève, nos côtes d'Océan, leurs anses solitaires, connues du seul contrebandier, ont vu des fugitifs, sous mille déguisements, chercher leur salut dans l'exil. Toutefois, entre proscrits et proscrits, grande est la différence. Le protestant pouvait rester; on faisait effort pour le retenir. Qu'il dît un mot, et il gardait ses biens et sa patrie, s'épargnait des dangers terribles. L'émigré de 93 voulait sauver sa vie; celui de 1685 voulait garder sa conscience.

La fuite du protestant est chose volontaire. C'est un acte de loyauté et de sincérité, c'est l'horreur du mensonge, c'est le respect de la parole. Il est glorieux pour la nature humaine qu'un si grand nombre d'hommes aient, pour ne pas mentir, tout sacrifié, passé de la richesse à la mendicité, hasardé leur vie, leur famille, dans les aventures d'une fuite si difficile. On a vu là des sectaires obstinés ; j'y vois des gens d'honneur qui, par toute la terre, ont montré ce qu'était l'élite de la France. La stoïque devise que les libres penseurs ont popularisée, c'est justement le fait de l'émigration protestante, bravant la mort et les galères, pour rester digne et véridique : *Vitam impendere vero*. La vie même pour la vérité !

Voilà pourquoi les chemins du passage, ces défilés, ces forêts, ces montagnes, ces lieux d'embarquement, sont sacrés de leur souvenir. Que de larmes y furent versées ! Il était rare que l'on partît ensemble. La famille se séparait parfois pour émigrer par des lieux différents, ou bien par l'impossibilité de faire fuir des malades, des faibles, des femmes enceintes qui traînaient de petits enfants. On se quittait, le plus souvent, pour des destinées bien diverses. Tel périssait, telle était prise, enfermée, perdue pour toujours. On ne se revoyait qu'au ciel.

Le terrible danger d'une séparation éternelle, des lois féroces, aggravées coup sur coup, rien ne pouvait les retenir. « Celui qui fuit, aux galères pour toujours. Son dénonciateur aura la moitié de ses biens (août 1685). » — « Celui qui aide ou guide le fugitif, est de même pour toujours galérien (7 mai 1686). » Et ce n'est pas assez ; on ajoute *la mort*.

Nul roman comparable pour l'intérêt des aventures

et le pathétique des situations à ces histoires trop vraies. Un comique terrible, à tout moment, vient s'y mêler à la tragédie. Il n'est sorte de ruses, de bizarres déguisements, qu'on n'emploie pour échapper. Les femmes, spécialement, y furent héroïques, admirables, ne reculèrent devant nul danger, nulle souffrance. Plusieurs même se défigurèrent pour être moins reconnaissables. De jeunes demoiselles, devenues tout à coup intrépides et aventureuses, à quinze ans, à seize ans, se hasardaient dans les bois, les déserts, à la merci d'hommes de mine affreuse et affamés d'argent, qui eussent fort bien pu tuer, dépouiller la pauvre brebis sans défense, au lieu de faire pour elle un pénible voyage, qui pouvait leur valoir la mort. Marteilhe en cite deux, qui, habillées en homme, allaient échapper en plein hiver par la forêt des Ardennes, faire trente lieues sous les arbres chargés de givre, par des voies défoncées, sur un affreux verglas. Elles furent prises et mises en son cachot. Elles étaient de son pays et de sa ville. Elles furent si heureuses de la rencontre, qu'elles en pleuraient de joie. Lui, se défiant de sa sagesse, il n'accepta pas cette société charmante, et protégea les innocentes mieux qu'elles ne faisaient elles-mêmes, leur obtint un cachot à part.

Il y a mille histoires d'embarquements aventureux. Plusieurs se jetaient à fond de cale dans les bâtiments qui partaient, sous des tonneaux de vin, même dans des tonneaux vides ou sous des monceaux de charbon. Une famille restait là parfois quinze jours dans les ténèbres, dans des gênes extrêmes, pour attendre le **vent favorable.** On allait jusqu'à prendre une simple barque. On se jetait au premier pêcheur pour passer l'Océan. Le comte de Marancé passa ainsi, avec sa femme et quarante personnes, dans une barque, malgré la plus rude saison. Il y avait là des femmes grosses, d'autres qui allaitaient. Point de vivres. On crut passer vite. Le mauvais temps retint en mer; on resta des jours et des nuits sous la brume glacée. Les nourrices, épuisées, n'avaient plus de lait, donnaient de la neige aux enfants. Tous étaient demi-morts quand la blanche dune d'Angleterre parut enfin à l'horizon.

Heureux encore ceux-ci. Mais M. de Bostaguet, un autre gentilhomme normand, fut attaqué cruellement, et séparé des siens, au moment de s'embarquer. Nous avons ce récit de sa main même. Il confesse avec grand chagrin, dans une mâle pudeur de soldat, qu'il avait eu le malheur de faiblir, qu'ayant chez lui je ne sais combien de femmes, mère, sœurs, filles et belles-filles, nièces, enfants et sa femme enceinte, il n'avait pas eu le courage de les exposer aux dragons, et qu'il avait faibli. Mais la désolation de cette chute était si grande dans la famille, qu'avec tant d'embarras, une mère de quatre-vingts ans, des petits enfants, etc., on résolut de se remettre à Dieu, de laisser tout, terres et maisons, et de fuir à tout prix. Cette lourde et nombreuse couvée que traînait Bostaguet, ces pauvres femelles tremblantes, qui avançaient lentement vers la mer, tout cela fut rejoint bien vite par les soldats, les garde-côtes. Bostaguet et ses gendres, ses domestiques, se défendirent à coups de pistolet; il y eut des hommes tués, mais lui-même fut blessé. Cependant le troupeau de femmes fuyait sur les falaises le long de la mer. Situation terrible, car à cette heure le flux montait. Bostaguet eut le déchirement de sentir qu'on allait les prendre, les lui ôter sans doute pour toujours. Il s'enfuit, fut caché par des paysans catholiques, même par des curés charitables, mais mal pansé, martyrisé. Enfin, il échappa, entra dans l'armée de Guillaume. Longues années après, il put faire revenir ce qui restait de sa famille.

Tels ne revinrent jamais. Capturés par les Barbaresques, ils furent vendus en Afrique, en Asie. D'autres prirent des brigands pour guides et furent assassinés. Des guides mercenaires, pour mieux tromper les gardes, faire évader un riche, les endormaient en leur livrant des pauvres. Des forbans se chargeaient de faire passer la Manche, prenaient des fugitifs à bord; puis, une fois en mer, leur arrachaient ce qu'ils avaient et les mettaient au fond de l'eau.

On a réimprimé un beau et terrible récit : *Les larmes de Chambrun*, pasteur d'Orange. C'était un homme énergique, éloquent, né pour soutenir tous les autres, et qui pourtant tomba. Il était alité dans ce moment dans un cruel accès de goutte, à qui une fracture de la cuisse ajoutait d'atroces douleurs. Dans cette ville, qui appartenait au prince d'Orange, la dragonnade fut plus furieuse qu'ailleurs, proportionnée à la haine qu'on supposait au roi pour Guillaume. Le comte de Tessé, un officier féroce et railleur, fut envoyé là.

Le logement ne fut pas plutôt fait qu'on entendit mille gémissements. On ne voyait dans les rues que visages inondés de larmes. La femme criait au secours du mari lié, roué de coups, pendu au feu, menacé du poignard. Le mari appelait pour sa femme mourante, qu'un coup avait fait avorter. Des cris d'enfants : « On tue mon père! on abîme ma mère! on veut mettre à la broche mon petit frère!... » Quarante-deux dragons s'établirent dans la chambre de Chambrun et autour de son lit. Ils allument cent bougies, battent de quatre tambours, se coiffent de serviettes, fument à son nez pour le faire étouffer. Ils boivent tant que le sommeil leur vient, mais leurs officiers entrent et les éveillent à coups de canne.

Chambrun avait fait fuir sa femme. Mais on la ramène à Tessé. Le rieur dit cruellement : « Eh bien, tu serviras à toi seule tout le régiment. » Elle se roula à ses pieds, désespérée. Elle était perdue, si un religieux à qui Chambrun avait rendu service ne l'eût cautionnée. Sans la faire abjurer, par un pieux mensonge, il dit : « Elle a fait son devoir. »

Rejointe à son mari, elle avisa à le faire emporter. Au moindre mouvement, il souffrait des maux indicibles. Quand on le vit partir sur un brancard, toute la ville pleurait, les catholiques comme les protestants. Les dragons mêmes étaient émus, et, dit-il, changeaient de couleur.

Le martyre du malade s'aggrava à Valence. Un cousin de madame de Sévigné, La Trousse, y commandait. Il lui ôta sa courageuse femme, qui seule faisait sa fermeté, et le malheureux abjura. Plus tard, guéri à Lyon, la frontière étant moins gardée, il trouva le moyen d'échapper déguisé en officier général, avec grand bruit, grand train, une voiture à quatre chevaux. Sa pauvre femme y eut bien plus de peine, fuyant de son côté avec trois demoiselles de Lyon. Les guides qu'elles avaient payés eurent la barbarie de les laisser en pleine montagne. C'était l'hiver. Elles erraient et ne trouvaient pas le chemin. Elles restèrent neuf jours sur la neige, chassées dans le Cerdon, traquées le long du Rhône. Les demoiselles, vaincues de froid, de fatigue et de faim, voulaient revenir à Lyon et se livrer. Madame de Chambrun eut du cœur pour les quatre, ne leur permit pas le retour, et finit par leur montrer enfin des hauteurs les tours de Genève, le salut et la liberté.

L'exemple que la petite Genève donna alors est le plus grand, je crois, qu'on puisse trouver dans l'histoire de la fraternité humaine. Cette ville de seize mille âmes, pendant près de dix ans, reçut, logea, nourrit quatre mille fugitifs. Énorme effort, excessive dépense, et soutenue avec une persévérance admirable. Augmenter sur-le-champ d'un quart sa population, sa consommation, c'est ce qu'aucune ville n'aurait supporté. Si Paris a un million d'âmes, représentez-vous ce que serait l'invasion subite d'un quart en plus, de deux cent cinquante mille âmes. Ajoutez que, de ce côté, venait la partie la plus pauvre de l'émigration. Nos braves paysans du Jura, avec des dangers incroyables, par les sapins, les précipices, en plein hiver, par les sentiers des chèvres, les faisaient passer un à un, mais dénués et sans bagages. Comme des naufragés ou comme l'enfant qui vient de naître, ils abordaient nus à Genève, n'apportant que leur corps mal vêtu, affamé, souvent martyrisé. Toujours de nouveaux arrivants. Ils s'écoulaient, d'autres venaient. C'était un torrent de fantômes; on eût dit la marche des morts vers la vallée de Josaphat.

Les maisons de Genève ne sont pas grandes. La famille d'alors était serrée et close, d'une certaine raideur pour l'étranger et d'un *aparté* puritain. Tout cela disparut. La pitié et la charité changèrent violemment ces choses de forme. Les portes s'ouvrirent grandes. On mit des lits partout, cinq ou six dans chaque chambre. Telle maison en eut quarante-cinq! Toutes les habitudes changées, complet bouleversement. La dame génevoise, concentrée jusque-là, un peu prude et méticuleuse, prend chez elle, avec elle, au saint des saints de la famille, ces pauvres inconnues. Elle coupe ses robes à leur taille, se dépouille pour couvrir des enfants presque nus. Grande table et petite chère. Pour nourrir tout ce monde, elle accepte, elle impose aux siens une sobriété rigoureuse. Elle vide les greniers et les caves. Elle prend l'eau pour elle et réserve le vin pour ces malheureux épuisés.

Nos Français du Midi, sous la bise de Genève, au souffle du mont Blanc, dans ces grands courants froids que le Rhône, que l'Arve, ces furieux torrents, amènent là de toutes parts, supportaient avec peine le cruel hiver de 1686. Leurs hôtes, non contents de manger avec eux tout ce qu'ils avaient, s'endettèrent généreusement. De leur crédit chez les marchands, ils enlevèrent du drap, du linge, des chaussures, habillèrent tout ce peuple. Nos Français discrètement, pour ménager le bois de la maison et soulager leurs hôtes, les laisser respirer un moment, allaient presque tous chercher un peu de soleil sur la pente abritée que depuis on appela le *Petit Languedoc*. Cette rampe domine le beau Jardin des plantes que Rousseau, Candolle et Saussure, rendent tellement illustre. Mais ce grand souvenir de la charité génevoise glorifie plus encore ce beau lieu et le rend sacré.

Cependant arrivaient les lettres insistantes de Louis XIV pour qu'on chassât les réfugiés. La petite ville, sans armes, avec ses vieux mauvais remparts, n'eut garde de désobéir. On ordonna à son de trompe leur expulsion. Il en sortit des foules par la porte de France. Mais, à minuit, on les faisait rentrer par la porte de Suisse. Pendant que les crieurs proclamaient leur bannissement, les huissiers de la ville en habit noir faisaient pour eux la collecte de porte en porte. Fureur et menaces du roi, qui va, dit-il, agir. Genève, en ce péril, décida que ceux qui viendraient désormais seraient conduits à Berne. Mais rien ne put lui faire abandonner ceux qu'elle avait reçus. Elle en garda trois mille. Berne et Zurich la rassurèrent en lui offrant au besoin une armée de trente mille hommes. (V. l'intéressant mémoire de M. Gaberel, tiré des actes.)

Au reste, de quoi s'étonner? quoi de plus français que Genève, ce lac sacré, ce doux pays de Vaud? La France y recevait la France. Ceux qu'elle doit surtout remercier, ce sont les nations étrangères, d'autres langues, de mœurs opposées, qui nous ouvrirent les bras noblement, généreusement. L'Allemagne du Nord, dans son ingénieuse hospitalité, fit que ces fugitifs se crurent dans la patrie, leur fit exprès des villes pour vivre ensemble où on ne parla que leur langue. Ils eurent leurs tribunaux et se jugèrent eux-mêmes. L'Angleterre, magnifiquement, dépensa sans compter, sans se lasser jamais. Elle donna l'argent; et un de nos réfugiés, Schomberg, lui porta la victoire.

Mais, de toute l'Europe, la plus excellente hospitalité fut celle de la Hollande. Elle fut l'*arche* dans ce déluge. Peuple froid de parole, mais chaud en acte, solide en amitié, avare pour être généreux. Au jour de la Révocation tous donnèrent largement, tous, juifs, luthériens, anabaptistes, catholiques même. Mais, ce qui valait mieux, excellents organisateurs dans les choses de la charité, les Hollandais créèrent de nombreux établissements de refuge, et surtout pour les femmes. Chaque ville voulut en avoir. Ici, les dames furent reçues, là les femmes de ministres, ailleurs les jeunes demoiselles. Tout cela, par une noble attention, dirigé par des Françaises. Vivres, pensions, propriétés, rien ne manqua à ces établissements. Amsterdam bâtit mille maisons pour les nôtres. La Frise et toutes les provinces leur donnaient des terres et des exemptions d'impôts. Ce n'est pas tout. Les Hollandais, les Anglais de concert, firent savoir dans la Suisse, qu'ils n'avaient pas assez de pauvres, d'émigrés et de fugitifs, et prièrent qu'on leur en cédât.

Racontons le meilleur. Dans ce grand élan de pitié, quand les complaintes des martyrs se chantaient partout en Hollande, le cœur le plus touché, le plus tendre, qui n'en disait rien, c'était la belle et bonne femme de Hollande. Elle qui ne vit que d'intérieur, de famille et de doux ménage, elle sentit à fond cette terrible révolution de la famille, tant d'époux séparés, de veufs et d'orphelins. Elle adoptait ceux-ci, accueillait ceux-là. Souvent, en donnant tout, elle voulait davantage et se donnait elle-même. Les dames les plus riches ambitionnèrent et recherchèrent la main des plus pauvres de ces exilés. C'était le plus souffrant, celui qui avait tout perdu, santé, famille, enfants, celui qui arrivait le plus frappé de Dieu, à qui leur cœur allait de préférence. Qu'on me permette ici de m'arrêter, de rappeler un fait plus ancien qui précède la Révocation, mais qui s'est renouvelé souvent dans ce siècle.

L'antique église des vallées vaudoises des Alpes, image trop fidèle du christianisme primitif, dans son innocence agricole, n'était que plus haïe des papistes et très-spécialement des Jésuites du Piémont. Tout-puissants à la cour, de vingt ans en vingt ans, ils y firent lâcher les soldats. Dans la persécution de 1655, tout le petit pays étant couvert de troupes, écrasé, sauf les hauts sommets neigeux, inhabitables, l'intrépide pasteur Léger s'y maintint, résolu à ne pas quitter son troupeau. Plusieurs hivers durant, sans abri que les antres, vivant du peu que des hommes hardis y portaient à grand risque, toujours il échappa à la poursuite des dragons. Mais il n'échappait pas à la nature terrible de ces lieux. Plus d'une fois, la tourmente l'enleva, le jeta demi-brisé dans les torrents. Plus d'une fois, sur des pentes rapides, il fut roulé par l'avalanche. Souvent, couvert de givre, la barbe et les cheveux hérissés de glaçons, il perdait figure d'homme. On le priait en vain d'abandonner cette vie impossible. Il s'obstinait. Mais il devenait sourd, aveugle par la neige, et ses membres roidis lui refusaient le mouvement. Il fallut donc descendre. Il arriva en Suisse et sur le Rhin, n'ayant rien que sa Bible, dévasté, ruiné, une ombre d'homme, hélas! une ombre douloureuse, ne faisant un pas sans gémir. Il était dans son lit quand une lettre lui vient de Hollande, la lettre d'une dame veuve. Cette dame, fort riche, lui écrivait que, s'il n'était malade, elle n'eût pas osé s'offrir à lui, mais que, dans cet état, elle croyait pouvoir le prier d'accepter sa main. Cette charmante bonté eut l'effet d'un miracle. Notre homme, hier dans les affreux glaciers, tombe dans une bonne ville de Hollande. Son antre est maintenant une opulente maison, un nid chaud, partout tapissé. La dame qu'à sa lettre il croyait vieille, voici que c'est une jeune sainte, qui veut le servir à genoux. Il remercie Dieu, ressuscite. Son grand cœur et sa gratitude, son amour, le refont. Le voilà un autre homme plus vivant qu'il ne fut jamais, plus chaleureux. On le sent à son livre, à cette œuvre admirable, la brûlante histoire des martyrs.

CHAPITRE XXIV

MASSACRE DES VAUDOIS — LES VOIX D'EN HAUT
ASSEMBLÉES DU DÉSERT

1686

« Poussons au ciel nos acclamations, dit Bossuet (25 janvier 86), et disons à ce nouveau Constantin, à ce nouveau Théodose, ce que les 630 Pères dirent autrefois dans le concile de Chalcédoine : « *Vous avez* « *affermi la foi, vous avez exterminé les hérétiques.* « *Roi du ciel, conservez le roi de la terre !* » Voilà ce que nos pères ont admiré. Mais ils n'ont pas vu, comme nous, les troupeaux égarés revenir, leurs faux pasteurs les abandonner, sans même en attendre l'ordre, et *heureux* de pouvoir donner leur bannissement pour excuse. »

Mot dur pour les ministres, que l'on chassa si cruellement en gardant leurs enfants! Ceux qui restaient furent jetés aux galères (50 en une fois dès

1684). Bossuet l'a oublié. Il semble croire ce que le roi écrit en Hollande et en Angleterre (20-27 déc. 85). « Qu'il n'y a *point de persécution*, que les protestants émigrent *par caprice d'une imagination blessée*, » etc. (V. Dépêches de d'Avaux.)

Qui est persécuté? L'Église catholique. Voilà qui est étonnant et qui effraye. Dans son chant de triomphe, se mêle un sinistre gémissement : « Qu'elle est forte cette Église et que redoutable est le glaive que le Fils de Dieu lui a mis dans la main! Mais c'est un glaive dont les superbes et les incrédules ne ressentent pas le double tranchant. Elle est fille du Tout-Puissant; mais son père, qui la soutient au dedans, l'abandonne souvent aux persécuteurs; et, à l'exemple de Jésus-Christ, elle est obligée de crier, dans son agonie : Mon Dieu, mon Dieu, pourquoi m'avez-vous délaissée? Son époux est le plus puissant comme le plus beau et le plus parfait de tous les enfants des hommes ; mais elle n'a entendu sa voix agréable, elle n'a joui de sa douce et désirable présence qu'un moment. Tout d'un coup il a pris la fuite avec une course rapide, et, plus vite qu'un faon de biche, il s'est élevé au-dessus des plus hautes montagnes. Semblable à une épouse désolée, l'Église ne fait que gémir et le chant de la tourterelle délaissée est dans sa bouche. »

Cherchons qui fait pleurer l'Église. Bossuet nous l'a dit dès longtemps. Dès 1681, il désigne les esprits forts, les *libertins*, prêts à profiter des discordes du monde catholique. La presse de Hollande vient de créer le journalisme (Bayle, 1684). Une inquiétude générale semble annoncer une révolution religieuse.

Le protestantisme branle, mais le catholicisme est-il solide ?

Qu'arriverait-il, si, du dogme vieilli, l'esprit nouveau faisait éclore un christianisme sans dogme ?

Longtemps, dans un repli des Alpes, avait existé une telle église, nue, naïve, innocente et sans théologie. Depuis un siècle à peine, elle avait, de confiance, adopté des ministres de Genève, mais n'en restait pas moins fort loin de l'esprit de Calvin, dans une heureuse impuissance de rien comprendre à sa doctrine. Pauvre petite église, la plus antique de l'Europe, par sa simplicité, elle allait se trouver aussi la plus moderne, et la plus près de nous. N'était-ce pas, à l'autel des Alpes, que la foi, la philosophie, s'épouseraient dans la liberté ?

Sans bien s'expliquer tout cela, Rome, d'une haine instinctive, avait poursuivi les Vaudois. Elle en semblait troublée plus que de la savante et disputeuse Genève. Toujours, elle avait eu à Turin un nonce ardent, prêt à saisir toute occasion d'obtenir la persécution. Le politique et rusé Savoyard, qui regardait toujours de sa montagne d'où soufflait le vent de l'Europe, ayant besoin du pape par moments, alors faisait ce qu'il voulait. La propagande organisée de longue date à Turin, Annecy, Grenoble, etc., par le Jésuite Possevino et le doux saint François de Sales, procédait par l'argent, l'intrigue, surtout les vols d'enfants. Mais cela ne suffisait pas ; dans ces mystérieux conciliabules dominaient des dévotes italiennes plus ardentes que le clergé même, violentes, effrénées Madeleines, qui (comme la Pianesse en 55) se croyaient damnées sans remède si elles ne se lavaient dans un bain de sang.

Pour être sûr d'en répandre beaucoup, il suffisait d'imposer aux Vaudois des logements militaires. Tout le monde connaissait, et par la tradition, et par le livre de Léger et ses gravures si populaires, l'effroyable trahison de 1655. Sous un tel souvenir, le petit peuple n'oserait jamais se fier aux soldats et se ferait exterminer plutôt. En y portant la dragonnade, on pouvait espérer cela. On travailla l'été de 1685. On fit comprendre au roi que tous les émigrants iraient à cet asile, et, dès le 12 octobre, voulant le leur fermer, il intima à la Savoie d'occuper militairement et de convertir les Vaudois. Il insista, offrit des troupes. Le duc, jeune homme de vingt ans, n'était pas pour lui résister.

Les Vaudois effrayés envoyèrent à Turin, et ne furent pas même reçus. Leurs ministres disaient qu'il n'y avait rien à faire qu'à se soumettre et souffrir tout. Cela était-il possible? On accepte le martyre pour soi; mais comment l'accepter pour sa femme et ses enfants? Comment livrer les faibles à l'infamie, l'innocence aux souillures? Résister, ne résister pas, c'était même chose; la confiance de 55 eut même résultat que la défiance de 86. Les Vaudois savaient bien que, pour les dévots savoyards, pour l'idôlatrie piémontaise, leur terre sans madones et sans moines était la terre maudite, où l'on pouvait tout faire, où nul excès n'était un crime. D'autre part, les Français, c'étaient ceux de la dragonnade, ces terribles railleurs, sans pitié dans leurs jeux, cruellement facétieux dans l'outrage et dans les supplices. Tout leur esprit n'empêche pas que, si on leur trouve un mot d'ordre, un sobriquet pour l'ennemi, ils ne le répètent à l'aveugle, n'aboient tous à ce mot, comme la meute à l'hallali du cor. Ici, ce mot était *barbets*. Les ministres dans ce dialecte s'appelant *barbes*, on nommait *barbets* les Vaudois. Avec cela, on répondait à tout, et tout était permis. « Des hommes ? non, ce sont des *barbets*. »

Les Suisses et les princes allemands, dont ils implorèrent l'intercession, ne leur donnèrent rien qu'un conseil misérable et impraticable, de quitter leur pays, de passer les Alpes en janvier. Voyage bien difficile aux hommes, impossible aux familles. Il eût fallu laisser leurs femmes, leurs enfants. L'abattement de l'Europe était extrême. Nul ne soufflait. Un roi de France, tellement uni à l'Angleterre, maître en Savoie, terrible aux Espagnols, qui, voyant ses soldats en Béarn, avaient demandé grâce, un roi qui menaçait l'Empire et voulait la moitié du Palatinat, un roi tellement absolu en France, qui régnait jusqu'à l'âme, changeait la religion d'un mot, — c'était un objet de terreur pour toute la terre. La Hollande, on l'a vu, priait que Dieu attendrît le cœur du roi. Les réfugiés, dans des vers datés de 1686, prient « ce grand prince, en qui on admire tant de vertus, de comprendre que la rigueur qu'on lui conseille est un piége pour l'empêcher d'être élu empereur. » Au 1er janvier, l'éloquent Saurin, prêchant à la Haye, dans les vœux attendris qu'il fait pour la Hollande et pour ses alliés, prie aussi pour Louis XIV : « Et toi, prince redoutable que j'honorai comme mon roi, Dieu veuille effacer de son livre les maux que tu nous a faits, les pardonner à ceux qui nous les font souffrir. »

Tel est le vrai christianisme, ennemi de la résistance. Quand il est conséquent, il reproduit son origine, la soumission à l'Empire, la résignation sous Tibère, l'oubli de la patrie pour la patrie céleste, un pieux consentement à la mort de la liberté. Les ministres ici parlent aussi bien que les évêques. Basnage ou Saurin valent Bossuet. En Languedoc, comme aux Alpes, les ministres empêchèrent d'armer. Il ne tint pas à eux que le roi n'eût un triomphe durable et éternel.

Dans ce silence inouï de la terre, il montait dans l'apothéose, ne voyant plus ce monde, entendant tout au plus quelques plaintes soumises et de faibles gémissements, mélodie du triomphe, douce au triomphateur, quand il entend derrière l'esclave soupirer et prier. C'était le moment où Lebrun, faisant tomber les toiles du plafond de sa Galerie, dévoila tout à coup cet Empyrée, tout d'or et de peintures étincelantes. La monstrueuse enflure des Borées qui soufflent la gloire n'était rien en comparaison de l'enflure délirante des inscriptions, outrage aux nations qu'on voit renversées de la foudre, terrassées, garrottées. Le roi regarda froidement, trouva cela naturel, ne fit aucune objection.

Ce défi à l'Europe, ce ne fut pas assez de le mettre à Versailles, chez le roi, on le mit à Paris sur la place publique. Les nations vaincues, les mains liées derrière le dos, furent exposées en bronze, comme au pilori de l'histoire. Un Cerbère sous le pied du roi figurait l'hérésie, la France protestante, moins liée qu'écrasée. A ce roi pape, à ce roi Dieu, qui, par delà la victoire extérieure, avait eu la victoire sur l'âme, ce n'était plus des sujets qu'il fallait, mais des adorateurs. Le dévot courageux qui, sans ménagement pour le roi, au risque de déplaire, dressa l'idole et l'adora, fut le duc de la Feuillade. Le 24 mars 1686, il donna ce spectacle à la place des Victoires. A la façon des madones italiennes, le dieu devait avoir sous lui une lampe toujours allumée, en faveur des fidèles qui viendraient y faire des prières ou suspendre des *ex-voto*. Ce luminaire fut ajourné, pour ne pas déplaire à l'Église. La Feuillade attendit. A sa mort; la chapelle devait être son propre tombeau. Un souterrain, partant de son hôtel et passant sous la place, permettait de placer sous le maître le fidèle esclave.

Le roi envoya le Dauphin pour l'érection de la statue. Il quittait peu Versailles. Son sang s'était aigri. La violente politique de ces dernières années, la violente alimentation qui le surexcitait, les furieux conseils de Louvois, bombardements, proscriptions, tout faisait fermenter en lui une humeur âcre. Les plus légères contradictions, dans cet état de colérique orgueil, deviennent horriblement sensibles. Le roi avait chez lui un audacieux contradicteur, — un homme? non, nul n'aurait osé, — mais la nature osait. Pendant qu'il se voyait aux plafonds de Versailles, plus qu'homme, un soleil de beauté, de jeunesse et de vie, cette effrontée nature lui disait : « Tu es homme. » Elle se permettait de le prendre à l'endroit par où tous sont humiliés. Il avait eu des tumeurs au genou et avait patienté. Elle lui en mit une à l'anus. Nul remède, que chirurgical, une opération très-nouvelle, partant fort solennelle, qui ne manquerait pas de retentir en Europe, dont la chirurgie ferait un riomphe, une éternelle fanfare, pour glorifier l'opérateur hardi. Il allait devenir, comme cet homme de Molière, *un illustre malade*, une victime renommée, un fameux patient. On gardait ce secret encore, mais il ne pouvait tarder d'éclater. Quoi de plus irritant que cette attente? Neuf mois entiers, il résista, recula, craignant l'éclat de cette affaire, pensant, non sans raison, que l'Europe en rirait, et s'enhardirait par le rire.

Dans un gouvernement tellement personnel, la chose était très-grave. Un prince si cruellement contrarié au plus haut du triomphe même, pouvait céder aux plus cruels conseils. En réalité, Louvois régna seul (jusqu'en novembre, jusqu'à l'opération), et fit, avec la signature de ce malade, des choses excessives et féroces, insensées même, comme de démolir les maisons des récalcitrants. On cassait, brisait tout. Le prince de Condé, des fenêtres de Chantilly, voyait piller, ruiner ses vassaux, c'est-à-dire lui-même. Dans la banlieue même de Paris, au village de Villiers-le-Bel (Élie Benoît, 903), deux cents charretées de meubles furent enlevées, vendues par les dragons et par les faux dragons. Des paysans hardis prenaient cet habit pour piller.

Si on agit ainsi à deux pas de Versailles, qu'était-ce au loin, dans les vallées vaudoises? A l'armée de Savoie, Louvois en joignit une de quatre mille hommes. C'étaient huit ou dix mille soldats contre deux mille paysans. Visiblement, on voulait écraser. Pour comble, au moment même, ou pour les sauver ou pour les tromper, le duc gracieusement leur permit de partir, ce qui les divisa. Les uns ne s'y fiaient pas, voulaient combattre. Les autres se soumettaient, ne s'armaient pas, se croyaient gardés par leur innocence. A la vallée de Saint-Germain, violente résistance, qui irrita et fit faire mille actes cruels. Pour pénétrer plus haut, ils se firent guider par des femmes dont on fit sauter la chemise; ces pauvres créatures, ils les faisaient marcher en les piquant derrière de la pointe de l'épée.

Dans la vallée de Saint-Martin, tout ouvert, nulle défense. On vient amicalement au-devant des troupes, qui tuent, pillent, violent. Ailleurs, les généraux, le Français Catinat, et le Savoyard Gabriel, oncle du duc, donnent des paroles de paix, désarment et lient les hommes, les envoient à Turin. Restent les femmes, les enfants, les vieillards, que l'on donne au soldat. Des vieux et des petits, que faire, sinon de les faire souffrir? On joua aux mutilations. On brûla méthodiquement, membre par membre, un à chaque refus d'abjuration. On prit nombre d'enfants, et jusqu'à vingt personnes, pour jouer à la boule, jeter aux précipices. On se tenait les côtes de rire, à voir les ricochets, à voir les uns, légers, gambader, rebondir, les autres assommés, comme plomb, au fond des gouffres; tels accrochés en route aux rocs et éventrés, mais ne pouvant mourir, restant là aux vautours. Pour varier, on travailla à écorcher un vieux (Daniel Pellenc); mais la peau ne pouvant s'arracher des épaules, remonter par-dessus la tête, on mit une bonne pierre sur ce corps vivant et hurlant, pour qu'il fît le souper des loups. Deux sœurs, les deux Vittoria, martyrisées, ayant épuisé leurs assauts, furent de la même paille qui servit de lit, brûlées vives. D'autres, qui résistaient, furent mises dans une fosse, ensevelies. Une fut clouée par une épée en terre, pour qu'on en vînt à bout. Une détaillée à coups de sabre, tronquée des bras, des jambes, et ce tronc effroyable fut violé dans la mare de sang.

Memento. Ce serait une chose trop commode aux tyrans si l'histoire leur sauvait ces exécrables souvenirs. Les délicats peut-être, les égoïstes, diront : « Écartez ces détails. Peignez-nous cela à grands traits, noblement, avec convenance. Vous nous troublez les nerfs. » A quoi nous répondrons : Tant mieux si vous souffrez, si votre âme glacée sent enfin quelque chose. L'indifférence publique, l'oubli rapide, c'est le fléau qui perpétue et renouvelle les maux. — Souffre et souviens-toi : *Memento.*

Pourquoi, dans les bibliothèques, des mains inconnues ont-elles furtivement arraché partout les gravures du livre de Léger, qui représentaient les martyres de 1655? Parce qu'ayant profité du crime, on a voulu l'enfouir dans l'oubli, le faire disparaître. — Je n'ai pas de gravures, mais je mets à la place ces tableaux véridiques des martyres de 1686, ces pages arrachées de Muston. Les archives de Turin lui ont été ouvertes, et l'on voit en tête de son chapitre xv les preuves de tout genre, qui ne permettent pas de chicaner et de faire semblant de douter.

Nulle apparence que ces crimes fussent expiés jamais. Nulle voix ne s'éleva. La Suisse ne dit pas un mot, ni la Hollande, ni l'Allemagne. Tous étaient plus effrayés qu'indignés. Chacun tremblait pour soi. Le succès de la dragonnade, la conversion subite de près d'un million d'hommes faisait croire que la France avait enfin atteint sous ce roi l'unité. La tenant en sa main, cette France, comme une épée, que n'en pouvait-il faire? Le dernier homme et le dernier écu, il aurait pu les prendre. Elle ne les eût pas refusés, quand elle ne refusait pas l'âme et la conscience. Les puissances signent à petit bruit une alliance défensive. Hollande, Suède et Brandebourg, d'autre part Espagne et Empire, font une armée sur le papier. Armée future, possible, éventuelle. Le triste empereur Léopold qui, sans les Polonais, n'eût repoussé les Turcs, sera l'Agamemnon de cette armée hypothétique (Augsbourg, 9 juillet 86). En supposant qu'elle existât, on avait vu avec combien de peine ces corps hétérogènes agissent. C'est l'histoire du dragon à plusieurs têtes et plusieurs queues, dont parle la Fontaine, monstre effrayant, paralytique, qui ne peut faire un pas. On en rit à Versailles. Le roi en fut si peu ému, qu'il prit ce moment même pour réduire sa marine, voulant en employer l'argent à amener dans son parc les eaux de l'Eure. Œuvre babylonnienne qui ne fut jamais achevée, mais dont les ruines maussades ennuient, attristent l'œil. C'est l'effet général du Versailles aquatique. Les très-rares promeneurs qui visitent, de réservoir en réservoir, cette énorme cité des eaux, sont étonnés, épouvantés. Ce que les Romains firent pour les plus nobles buts, pour assainir, abreuver des provinces, donner à des peuples entiers l'élément de la vie, de la fécondité, a coûté moins que ce joujou.

De la cour retournons au peuple. Envisageons l'aspect que présentait la foule des nouveaux convertis. C'était fort peu de leur avoir arraché une signature. Il fallait leur apprendre leur religion nouvelle, la leur faire pratiquer. Beaucoup tombaient malades sérieusement pour en venir là. Les curés étaient furieux. A grand'peine les tiraient-ils de leurs maisons pour les faire aller à l'église, où, sur des listes écrites, on les passait en revue. A la conversion du Béarn, on fit une procession générale où on les fit marcher entre des lignes de soldats. Feu d'artifice, décharges de mousqueterie, *Te Deum*, rien ne manquait à la fête. Ni la comédie désolante de ceux qu'on y poussait, et qui semblaient plus morts que vifs. On les mettait à genoux, on leur faisait subir la messe. Mais, quand il était question de les faire communier, les lèvres contractées, les dents serrées, se refusaient; à peine on leur fourrait l'hostie. Plus d'un, pâle, hâve, au retour s'alitait pour ne pas se relever. Une femme, menée à la communion par les dragons, ne parvint jamais à avaler. Elle rendit l'hostie dans un coin. Elle eût été brûlée vive, si elle n'eût réussi à s'évader. Elle le fut en effigie devant sa maison. (Lettre insérée dans Jurieu, t. II, xiii, 387.)

Dans un état si violent, on pouvait s'attendre à d'étranges choses. De résistance, aucune. Mais justement parce qu'il n'y avait aucun acte, la douleur s'exaltait et les têtes malades semblaient dans un pénible enfantement. État contagieux. Même les catholiques étaient troublés. Dès que les temples furent interdits ou détruits, vers 1685, les oreilles tintèrent. On croyait entendre des psaumes. La nuit, vers minuit ou deux heures, ils éclataient. Et cela, non pas seulement dans les montagnes des Cévennes où l'on eût pu y voir l'écho des chants lointains de secrètes assemblées, mais à Orthez en plaine découverte, en Champagne à Vassy. Tel en distinguait les paroles; tel y goûtait une vague mélodie, attendrissante, un concert d'anges, s'agenouillait, pleurait. Des femmes y reconnaissaient des voix plaintives. (V. les certificats dans Jurieu, Lettres, I, VII, 151-3.)

On défendit sous peine de mille livres d'amende d'aller écouter ces chants de nuit. Mais on les entendait aussi bien des maisons, passer, repasser sur les villes. Nul moyen d'atteindre cela. On y courait, et il n'y avait personne. Seulement, dans les airs, une grande voix de douleur planant par toute la contrée.

Elle prit corps, cette voix, en 1686. Au rude mois de janvier, sous le ciel, à la bise, par les longues nuits sombres, les ouragans neigeux d'hiver, le peuple, sans pasteur, pasteur lui-même et prêtre, commence d'officier sous le ciel. Celui qui avait sauvé sa Bible l'apportait; son psautier? l'apportait. Celui qui savait lire, lisait, un enfant parfois, une fille. Et qui savait parler, parlait. On chantait à mi-voix, craignant l'écho trop fort du ravin, des gorges voisines. Car la montagne émue eût chanté elle-même, au rhythme des forêts de châtaigniers battus des vents.

Louvois en eut avis, mais il n'y comprit rien. Il crut que ces lecteurs, ces prêcheurs, étaient des ministres revenus de Genève. Noailles, qui connaissait mieux ce peuple, avait dit qu'on ne ferait rien, si on ne l'enlevait des montagnes. Opération immense et difficile. On recula. On essaya la ruse. L'intendant du Languedoc, le fils de Lamoignon, Basville, fit dire à l'homme principal, un garçon de vingt ans, le Cévénol Vivens, cardeur de laine, que, s'il émigrait, il emmènerait qui il voudrait. On le trompait indignement. On lui donna des guides qui le menèrent en Espagne aux pas les plus affreux des Pyrénées, sur terre d'inquisition. Ainsi ce pauvre peuple, qui ne demandait qu'à partir, fut refoulé sur lui-même, sur les dragons, sur les supplices. L'exaltation doubla. Bientôt les femmes tombèrent dans des extases. Les enfants eurent des visions.

Qui aurait gardé sa raison dans ces extrémités terribles? L'un des esprits les plus sévères du siècle, le fort lutteur contre Bossuet, Jurieu, pasteur de Rotterdam, qui, à cette entrée de la Hollande, voyait, sans fin, arriver le naufrage, frappé profondément, parut délirer de douleur, s'aveugler, radoter. Tous en rirent. Le docteur Bayle en rit. Et le triomphateur Bossuet demande, en haussant les épaules, si M. Jurieu ne voit pas qu'il devient la risée des siens. Les *amis* de Jurieu, ravis de le voir imbécile, firent frapper à sa gloire la médaille ironique, où sa maigre figure, sous un chapeau de quaker, cheveux courts et barbe pointue, dans son air extatique, fait dire : « Il est devenu fou. »

Voilà un homme perdu. Voyons pourtant ce livre de dérision : « L'Accomplissement des prophéties, ou la Délivrance prochaine de l'Église. » Il paraît le 16 mars 1686, précisément cinq mois après la Révocation. Un de ses caractères singuliers, c'est qu'il frappe à la fois et les catholiques, et les protestants. Il l'adresse aux juifs de Hollande. Trois signes ont annoncé que Dieu va se créer un peuple, absolument nouveau : 1º la Renaissance, la subite éruption des sciences; 2º l'imbécillité catholique, qui, tout en croyant que l'hostie est Dieu, la profane outrageusement; le délire du roi de France qui abreuve les protestants d'affronts, mais ne les tue pas, et se crée par toute la terre de furieux ennemis; 3º le fait étonnant, inouï, le grand signe, c'est de voir un peuple (l'immense majorité des protestants) brusquement converti du blanc au noir. Spectacle très-contraire à celui de l'Église primitive, où les persévérants furent innombrables. Donc, Dieu veut abîmer ce peuple, s'en faire un, renouveler la face du monde.

Voilà la base terrible, âprement révolutionnaire, qu'il pose pour bâtir par dessus. Le règne de l'Anti-Christ, commencé au vº siècle, va expirer. Jurieu calcule sur les nombres de l'Apocalypse. En comptant les jours pour années, il trouve trois ans et demi, 42 mois. Le premier coup sera frappé en avril 1689. — En effet, le 11 avril 1689, fut couronné dans Westminster le champion du protestantisme, Guillaume d'Orange, et l'Angleterre ressuscitée devint, contre Louis XIV, le centre de la résistance européenne. Étonnante divination qui saisit tout le monde, et qui, prise au sérieux, ne contribua pas peu à réaliser l'événement à la date indiquée.

Après ce coup, l'Anti-Christ languira et ne fera plus que trainer. Mais enfin, dans les derniers temps qui précéderont le Jugement, y aura-t-il encore des rois, des monarchies? Jurieu ne le sait pas. Ce qu'il sait, et dont il est sûr, c'est que tout doit entrer dans l'Unité définitive, former un seul État, la République d'Israël.

CHAPITRE XXV

TENSION EXCESSIVE DE LA SITUATION — LE ROI OPÉRÉ
LA DÉTENTE — LES SUSPECTS

1686-1687

Tel le roi, telle la France. Elle subit toutes les variations de sa santé. La proscription s'aigrit avec le mal du roi. L'opération amène une détente subite, une faiblesse, une énervation générale. Résultat pitoyable qui n'est point d'amélioration. La Révocation, en 86, est une fureur; en 87, *une affaire*. On sursoit aux martyres, on se rue sur les biens.

Le roi, triste et violent, dans sa pénible attente, en lutte avec les chirurgiens qui, dès l'été, voudraient agir, en fait pâtir l'Europe. A la nouvelle de la ligue d'Augsbourg, quoiqu'on lui remontre humblement qu'elle est purement défensive, il fait sur le Rhin un acte agressif, plus qu'un acte, une fondation. C'est un fort qu'il bâtit sur la rive allemande, en face d'Huningue, et près de Bâle. Défi à la Suisse, défi à l'Empire. Tête de pont pour passer quand on voudra. Voilà pour le haut Rhin. Il y tenait déjà l'Alsace. Mais, plus bas, il réclamait une grande part du Palatinat au nom de la duchesse d'Orléans, sœur du duc de Bavière. Plus bas encore, il aurait eu Cologne, sous le nom de Furstemberg, son agent, son traître gagé, qui déjà lui avait fait ouvrir Strasbourg. Immobile cette année et ne pouvant chasser, il se lançait d'autant plus sur la carte avec Louvois, dans cette grande chasse allemande. L'électeur de Cologne, qui se mourait, était aussi l'évêque de Liége, et il avait encore les évêchés d'Hildesheim et de Munster, en Westphalie. Louvois par Furstemberg qu'il allait faire élire de force, donnait tout cela au roi, la Meuse centrale et le bas Rhin. Il plongeait au cœur de l'Empire. L'empereur, occupé des Turcs et des Hongrois, n'y pouvait rien.

Le seul obstacle, c'était cette affaire intérieure de la Révocation que l'on disait finie et qui traînait. Elle était cependant menée avec vigueur. Mais l'on émigrait d'autant plus. L'argent fuyait par toutes les frontières. Les rebelles échappaient, tout au moins par la mort. Soumis de leur vivant, ils avaient la malice d'attendre l'agonie pour se dédire, rétracter tout et se dire protestants. Là, une scène violente. Le confesseur faisait venir le juge au lit, et l'on signifiait à l'agonisant qu'il allait être traîné nu sur la claie. A Dijon, une femme y fut mise avant d'expirer (Elie B., 985-987). A Arvert, près de la Rochelle, une demoiselle, près de se marier, meurt, et son pauvre corps, suivi du fiancé en larmes, repaît les yeux d'une foule cruelle. Ne l'ayant eue vivante, du moins il ne la quitta pas, la garda, et la nuit l'ensevelit de ses mains.

A Rouen, la dame Vivien est traînée, mais non enterrée. Trois jours durant, elle amusa les petits garçons du collége, écoliers des Jésuites. A Cani, en Caux, un gardien fit une exhibition de la femme Diel, à tant par tête, pour voir le « corps d'une damnée. » Les personnes les plus respectables ne furent point exceptées. Le vicomte de Novion, vieil officier, la vénérable mademoiselle de Montalembert, qui avait quatre-vingts ans, furent ignominieusement traînés. Tels enterrés d'abord, mais condamnés plus tard, furent, dans l'état le plus horrible, exhumés, pleins de vers, empestant l'air, effrayant la nature. Chacun fermait ses portes et ses fenêtres au passage des hordes qui traînaient ces charognes. Un bourreau renonça, s'enfuit. Mais il lui fallut revenir sous peine de mort. Cela fit créer un supplice. M. Mollières de Montpellier, faible et malade, fut condamné à traîner un corps mort. Il tomba en faiblesse. Les soldats le frappèrent. En vain. Il était mort; on le mit sur la même claie.

Celui au nom duquel on faisait tout cela craignait la mort lui-même. L'ulcération se déclarait; il fallait opérer. Auparavant, il voulut faire un acte de piété. Il était touché, non des maux des hommes, mais de l'indigne et cruel traitement que subissait l'hostie, donnée à des bouches indignes. Il défendit de faire communier personne qui n'y consentit librement. Mais qui n'y consentait, pouvait en revenant retrouver les dragons chez lui.

L'intendant Foucauld, qui vint à Versailles au moment de l'opération, et qui le vit après, le trouva adouci. Il désirait du moins que la persécution fût plus habile, que les évêques et curés ne prissent pas si ouvertement les fonctions de police, qu'ils s'abstinssent dans leurs sermons de menaces militaires. Il blâma la férocité imprudente des confesseurs qui, au premier refus d'un mourant, forçaient le juge de venir, de procéder publiquement. Le spectacle hideux de la claie irritait trop. Plusieurs, exaspérés, proclamèrent qu'ils défiaient ce supplice, le désiraient d'avance, comme honteux aux persécuteurs. Le roi recommanda (8 décembre) de prendre en douceur ces refus de mourants et de n'en pas faire bruit. Il défendit aussi une aggravation révoltante qu'on donnait à ses ordonnances. Les femmes enfermées devaient d'abord être rasées; mais, par excès de zèle, on leur rendait la chose effrayante, infamante : elles étaient tondues par la main du bourreau (Corresp. admin., IV, 373).

On commençait à réfléchir sur l'effet de la dragonnade. Lâcher ainsi le soldat chez les riches et les gens aisés, qu'était-ce sinon soulever toutes les convoitises des pauvres? Le soldat n'était rien qu'un paysan en uniforme qui pouvait fort bien être imité par le paysan. Dans les environs de Paris, plusieurs prenaient ce métier lucratif, s'affublaient en dragons, et, sous le terrible habit vert, pillaient, rançonnaient les maisons, sans trop s'informer de la foi des maîtres.

Ainsi la jacquerie militaire, lancée à l'étourdie, eût eu ce noble fruit de faire un peuple de voleurs.

On contint les soldats, mais comment contenir la cour? Elle était bien tentée. Le roi, fort affaibli, était entouré d'une foule frémissante dont les mains démangeaient. Le père la Chaise, tout désintéressé, était moins importun. Il ne prit qu'une chose, et si petite! une feuille de papier. Quelle? La *Feuille des bénéfices*, le maniement complet de l'Église de France, la nomination aux évêchés, abbayes, cures, etc., autrement dit, la disposition d'un bien de quatre milliards.

Les autres grappillaient. Ils fondirent sur les biens vacants des fugitifs. On en donnait gratis, ou on en vendait à vil prix. Pour les non-émigrants, on pouvait par le zèle des dénonciations en faire des émigrants, les dépouiller. Si quelques catholiques s'honorèrent en sauvant la fortune des fugitifs, beaucoup d'autres effrontément, dans ce moment où tout était permis, se firent héritiers d'hommes vivants, nièrent même les dépôts confiés. Un exemple, illustre en ce genre, est celui de M. de Harlay. Ce magistrat, entre les mains duquel Ruvigny, en partant, avait laissé sa fortune, se fit scrupule d'être en contravention avec les défenses du roi, se dénonça, et, ce bien confisqué, il le reçut du roi en don.

Cela est beau, rare, héroïque. Mais sans s'élever à ces hautes vertus, beaucoup s'enrichissaient par des spéculations fort simples. Madame de Maintenon, personne de conscience, et peu intéressée, ne voit nulle indélicatesse à acheter pour rien les biens pris aux proscrits. Dans une lettre souvent citée, elle engage son frère à s'établir grandement en achetant de ces terres; elle prévoit, espère « que la désolation des huguenots en fera encore vendre. »

Ainsi baissait le niveau de la conscience publique. On commença à réfléchir que l'on était bien fou de retenir les huguenots et d'empêcher l'émigration, qu'il était plus avantageux de lâcher les personnes et de garder les biens. On dit au roi que, s'il les laissait libres de partir, peu en profiteraient, qu'ils resteraient plutôt par esprit de contradiction. En mars 88, on ouvre les prison, on ouvre les frontières. Beaucoup sont embarqués pour l'Amérique, la plupart conduits par des gardes aux portes du royaume, où on leur lit leur bannissement, la confiscation de leurs biens.

Ce fut une grande scène et bien touchante, de voir ces pauvres gens, dans leurs habits de prisonniers, maigris et les yeux caves, défiler des prisons, puis menés militairement, et souvent avec des voleurs. Leur douceur, leur patience, firent revenir beaucoup de catholiques. Déjà, dans les prisons, plusieurs avaient attendri les geôliers, les soldats. Élie Benoît a religieusement consigné, dans son histoire, les faits qui témoignent de la bonté que témoignèrent quelques dragons, et d'autres gens de condition différente. A Metz, M. de Boufflers avait d'abord montré quelque indulgence, mais il en fut réprimandé (E. B., 909, 981).

Je dois à l'obligeance de M. Gaberel un fait touchant, sur le départ des Huber, devenu plus tard une gloire de Genève. Qui ne connaît les trois, de père en fils, illustres ? *Huber des oiseaux, Huber des abeilles, Huber des fourmis.* Leur ancêtre, dans son journal, fait le récit suivant : « Nous arrivâmes, un soir, dans un petit bourg, enchaînés, ma femme et mes enfants, pêle-mêle avec quatorze galériens. Les prêtres vinrent nous proposer la délivrance moyennant l'abjuration. On avait convenu de garder le plus grand silence. Après eux, vinrent les femmes et les enfants, qui nous couvrirent de boue. Je fis mettre tout mon monde à genoux, et nous prononçâmes la prière que tous les fugitifs répétaient : « Bon Dieu, qui vois les injures où nous som« mes exposés à toute heure, donne-nous de les « supporter et de les pardonner charitablement. Af« fermis-nous de bien en mieux. » Ils s'étaient attendus à des injures, à des cris; nos paroles les étonnèrent. Nous achevâmes notre culte en chantant le psaume CXVI. Ce entendant, les femmes se mirent à pleurer. Elles lavèrent la boue dont le visage de nos enfants était couvert, obtinrent qu'on nous mît dans une grange séparément des galériens. Ce qui fut fait. »

Dur et cruel exil ! Laisser tout, partir ruiné ! Voilà ce que la clémence du roi accorde aux protestants. N'importe. Ils en profitent. Toute la bourgeoisie fait sans bruit son petit paquet, se précipite à la frontière. Et alors le roi se repent. On fait dans les familles une barbare distinction. On laisse aller les hommes, mais on garde les femmes plus fidèles à leur foi. Elles restent enfermées aux couvents ou aux cachots des citadelles, pour pleurer toute leur vie, à jamais séparées de leurs maris, de leurs enfants. — S'ils partent, ces maris, c'est pour porter leur épée au prince d'Orange.

Le roi regrette alors d'avoir été si bon ; il referme les frontières, occupe les routes et les passages, refait de la France un cachot. Il emploie son armée à garder ses sujets.

Du reste, la plupart étaient cloués au sol par la misère, n'ayant pas même le petit viatique qui rend la fuite possible. Les trois cent mille qui partent, ce sont des gens aisés, pour la plupart. Les sept ou huit cent mille qui restent sont les pauvres.

Grand peuple infortuné, dont on sait peu l'histoire, sinon dans le Midi. Rien ou presque rien n'est connu de ce qu'il souffrit dans le Nord et le Centre. Il est cruel que ses douleurs ensevelies soient dérobées à la pitié de l'avenir! Elles subsistent seulement, les lois de fer qui ont pesé sur lui, lois imprimées, réimprimées aux temps de Louis XV, et réunies alors dans un terrible Code qu'on n'eût qu'à copier pour avoir les lois de 93.

De temps à autre, des lettres de ministres, d'autres actes administratifs, nous montrent l'autorité civile réprimant faiblement les aggravations arbitraires que le clergé ajoutait à ces lois. Il sentait trop qu'il n'arrivait à rien, n'atteignait pas à l'âme. De là une profonde fureur, et mille outrages, mille violences capricieuses, contre ces foules soumises. On les faisait mentir. Puis, on leur disait qu'ils mentaient. On ne leur rendait pas leurs enfants enlevés. Si on les leur laissait, on les forçait de recevoir un enseignement que la mère désolée croyait idolâtrique et de damnation. Il fallait que l'enfant apprît et désapprît, eût deux dogmes et sût deux langages.

On voyait aux églises, dans un coin réservé, sur des bancs séparés, ces malheureuses familles forcées d'assister là, toujours sous le regard. On les tannait d'offices indéfinis, de fêtes qu'il leur fallait fêter. Malgré les défenses du roi, on en faisait, sur listes, des appels continuels. Malgré le roi, encore, on exigeait sans cesse qu'ils prouvassent, par certificats, leur communion, leur assiduité à faire des sacriléges.

La difficulté et l'angoisse étaient extrêmes aux grands moments de la vie. Les naissances, les mariages, ces solennels bonheurs de l'homme, étaient des crises d'inquiétude. On pleurait d'être mère. On avait peur de naître. On ne savait comment mourir. Mais vivait-on vraiment? En alerte toujours et l'oreille dressée, comme le lièvre au sillon. Cela dura cent ans, jusqu'aux premières lueurs de la Révolution. Pendant tout un long siècle, ce peuple de près d'un million d'âmes eut plus que la Terreur et plus que la *Loi des suspects*.

CHAPITRE XXVI

LES PETITS PROPHÈTES

1688

Le xviie siècle peut se vanter d'un fait original, unique et inouï, qu'on ne vit pas avant, qu'on ne vit pas après. C'est que tout un grand peuple, de la France méridionale, tomba malade de douleur, frappé d'extases et de somnambulisme. Femmes, filles, enfants, sanglotaient dans les convulsions, prêchaient la pénitence, voyaient des choses parfois très-éloignées, et parfois à venir.

Isaïe fut, dit-on, scié en deux. Toute sibylle, tout prophète est victime. Mais dans les temps anciens, ce don cruel frappe un individu, non pas la race, n'est pas héréditaire. Ici, ce fut bien pis : il passa dans la génération, et la pauvre sibylle continua son malheur par l'enfantement. Le ventre de la femme prophétisa; l'enfant y tressaillait, trépignait de cette fureur. On eut ce spectacle effrayant, contre nature et monstrueux, de voir le nourrisson, sous l'accès meurtrier, prêcher déjà dans le berceau!

Les faits sont constatés, indubitables, et, quoique étonnants, naturels, fort peu miraculeux. C'est le somnambulisme aggravé par l'horreur d'une situation unique, par l'anxiété habituelle, et devenu une condition de race. De là cette précocité étonnante de prédication. Quant aux prophéties mêmes, elles étaient généralement vagues. Seulement pour les circonstances présentes, le péril du moment, l'arrivée des dragons ou une trahison imminente, les somnambules en avaient connaissance et en donnaient, presque toujours à temps, des avis fort précis.

Fléchier et les autres peuvent rire de ce désolant phénomène, en faire de fades plaisanteries, supposer que tout cela est artificiel et appris. Ils vont chercher bien loin. La vraie cause, aisée à trouver, c'est celle même dont ils sont coupables. Le désespoir fit ce miracle affreux.

Ils content qu'un M. de Serre, gentilhomme verrier, avait rapporté cet esprit de Genève, qu'il le communiqua aux enfants des montagnes, tint école de prophétie, fit par centaine des héros, des martyrs, des gens qui riaient aux supplices. La belle explication! Est-ce qu'on enseigne l'héroïsme? En fait, d'ailleurs, le contraire est exact. Fléchier et ceux qui répètent ce conte, se démentent, étant obligés d'avouer que la raisonneuse Genève fut contraire à nos inspirés, les maudit, les chassa. Les ministres, comme prêtres, détestaient ce sacerdoce populaire. A Londres, ils prêchaient contre. Nos pauvres fanatiques y auraient été lapidés, si l'excellent Misson, avec un Anglais charitable, n'avait écrit pour eux son *Théâtre sacré des Cévennes* (1707).

Une difficulté plus grave qui m'est venue, c'est de comprendre comment l'inquisition d'Espagne, si cruellement persécutrice, n'amena pas chez ses *Nouveaux chrétiens* ce renversement de la vie nerveuse qu'éprouvent nos *Nouveaux catholiques* des Cévennes. Elle brûla par milliers des hommes. Mais ce n'est pas la mort apparemment qui désespère le plus l'espèce humaine. L'inquisition, avec la grossière milice de ses familiers, atteignit de moins près l'existence intérieure. Sa barbarie n'eut pas à son service l'ordre moderne, l'esprit exact de la bureaucratie, cette perfection de police à laquelle rien n'échappe.

Le clergé du Languedoc eut à ses ordres l'administration habile des élèves de Colbert, un administrateur de premier ordre, Basville, second fils de Lamoignon, un cadet qui avait sa fortune à faire, homme d'énergie peu commune, servit les prêtres mieux que s'il les eût aimés. On savait qu'en principe il n'approuvait pas la Révocation ; d'autant plus cruellement, en pratique, il l'exécuta pour rester en faveur. Il avait carte blanche. On le laissa former, avec l'argent de la province, une armée régulière, huit régiments d'infanterie. On le laissa créer une milice immense, 52 régiments de catholiques. Toutes les confréries du Midi, aini armées au nom du roi, donnèrent aux curés double force, la violence populaire autorisée par la loi même.

Les primes de cette terreur étaient très-fortes. Un curé de village avait le traitement de nos sous-préfets (Peyrat). Tant de maisons, de biens, étaient abandonnés, que les zélés n'avaient qu'à prendre. Ajoutez le menu casuel de la persécution. Ce qui restait de protestants aisés obtenaient, pour argent, certaines tolérances de leurs surveillants ecclésiastiques.

Basville, s'il n'avait été serf du clergé, aurait compris que rien ne pouvait affermir un peuple si sérieux dans la foi protestante plus que les missions des capucins. Il était insensé de lui montrer le catholicisme par son aspect le plus choquant. Mais ce fut, ce semble, un supplice que l'on voulait lui infliger.

Cet ordre avait le privilége de mener les suppliciés à l'échafaud, de persécuter l'agonie, et sa robe sinistre rappelait le sang des martyrs. D'autant plus indignaient les lazzi des moines gascons, leur batelage, mêlé de sorties colériques. Ces farces devant le Pont du Gard! dans ces paysages bibliques, au bord de ces torrents, aussi âpres, plus purs, que le Jourdain et le Cédron! c'était un dur contraste. La terre même était indignée. On doit quelque respect à de tels lieux. L'immense théâtre des Cévennes, cette longue chaîne de volcans éteints, verse, de ses cratères, aujourd'hui verdoyants, je ne sais combien de fleuves, la bénédiction de la France, l'Hérault au sud, l'Ardèche et le Gardon à l'est vers le Rhône, à l'Occident le Lot, le Tarn, et les deux voyageurs, la Loire et l'Allier, qui vont faire deux cents lieues ensemble. Quoi de plus grand? Qu'on les parcoure, ces lieux, ou qu'on lise le sévère et splendide tableau de M. Peyrat, un sentiment de religion vous saisit l'âme. Monuments imposants des vieilles révolutions du globe, ils ne le sont que trop aussi des sauvages fureurs de l'homme. Que de malheurs les ont frappés !

Malheurs non mérités. Ces populations qu'on transforma si cruellement étaient des tribus pastorales, de mœurs très-pures, d'un caractère fort doux, dans leur sauvagerie. Les romanciers de la vie bucolique, les d'Urfé et les Florian, ont choisi pour théâtre de leurs bergeries amoureuses les versants de ces montagnes. L'Astrée, c'est le Forez, la Haute-Loire, et Némorin, c'est le Gardon. De tels lieux, un tel peuple, pouvaient inspirer mieux que ces fades fictions. La réalité y est fort sérieuse et la nature sévère, l'été brûlant, mais l'hiver dur. Sous les neiges, le cardeur de laine a de longues veillées pour écouter la Bible. L'idylle, s'il y en a, serait celle de l'Ancien Testament, dans la mélancolie de Ruth et la gravité de Tobie.

Imbus de la douceur de l'Évangile, ils résistèrent longtemps à toute tentation de vengeance. Bien plus, en pleine guerre, alors si fanatiques, et effarouchés de supplices, nous les voyons par deux fois, par trois fois, lorsqu'ils saisissent un traître qui va les livrer à la mort, le renvoyer vivant, afin qu'il s'améliore, et lui dire seulement : « Repens-toi ! » (*Théâtre sacré des Cévennes.*)

La patience de ce peuple, fort dispersé d'ailleurs, et faible de sa dispersion, encouragea à faire sur lu de cruelles expériences. Le chef des missions, archiprêtre des Cévennes, le violent du Chayla, en usa, abusa, longtemps à son plaisir. Il avait vécu en Orient dans les pays d'esclaves. Il avait amené à Versailles l'ambassade du roi de Siam, qui, plus qu'aucune chose, flatta Louis XIV. Né de noble famille, il était de haute taille, de grande mine et guerrière, insolent. Dans sa longue tyrannie sans contrôle chez ces pauvres sauvages, qu'il regardait comme un bétail, il ne se gêna guère. Il fut tout à la fois dictateur et inquisiteur, sultan de la montagne. Qui eût osé se plaindre? Intendant, juges et généraux, tout craignait son crédit. Des familles de bergers, isolées dans leurs maisonnettes, dispersées par étages dans les hautes prairies, n'avaient ni défense, ni voix. La sombre Mende (un puits sous la montagne) était la capitale de ce terrible prêtre, d'où l'été il portait son quartier général dans les terres supérieures. Il ne s'en fiait pas aux lointaines autorités. Il avait ses soldats pour enlever les gens. Ses caves étaient fournies de prisonniers et prisonnières qu'il dragonnait lui-même.

Cela dura seize ans. On peut juger de ce que furent (autorisés par cette tyrannie) les tyrans inférieurs. Chacun, dans la gorge profonde, gardé par ses torrents, faisait ce qu'il voulait. A la seconde année (88), comble fut la mesure, le désespoir extrême, l'étincelle jaillit de partout.

On a vu en 85 qu'au premier moment du grand deuil des voix furent entendues du ciel. Elles résonnent encore, mais intérieures. Les jeunes cœurs surtout entendent, au plus profond d'eux-mêmes, ce mot mystérieux : « Mon enfant! »

Il n'y a rien de surnaturel et rien d'artificiel. Voix de douleur, voix de tendre pitié, en présence de si grands malheurs! Mais nulle idée de résistance. Des soupirs, des larmes, et c'est tout.

Cela éclate tout à coup sur une ligne de cent lieues, dans le Bas-Languedoc, dans les monts du Vélay, et sur la Drôme en Dauphiné. Presque partout ce sont des filles, innocentes sibylles, qui consolent le peuple de ce chant de colombes. Elles pleurent et défaillent, tombent dans un sommeil extatique. Les yeux fermés, à travers les soupirs, les sanglots, elles tirent de leur sein oppressé deux voix diverses, un dialogue ardent. Tantôt la voix du ciel (*Mon enfant, je te dis... Mon enfant retiens bien*, etc.). Tantôt répond le peuple et l'immense douleur : « Grâce! grâce! miséricorde! » Beaucoup de passages bibliques, et le tout en français. Chose toute simple, la Bible n'étant pas traduite dans nos langues du Midi.

La plus célèbre de ces filles est la *belle Ysabeau*, si intéressante, que Fléchier même, qui essaye de tourner en risée ces choses douloureuses, ne peut s'empêcher d'en être touché. C'était une enfant dauphinoise. A dix ans, elle avait eu une vue terrible, qui ne la quitta plus. Le premier sang versé (près de Bordeaux), une grande scène d'incendie, de massacre. D'abord l'horreur de la cavalerie chargeant, sabrant, les femmes et les enfants. Un ministre intrépide arrêtant court trois régiments, et défendant son peuple dans le temple... Et puis soudain la flamme!... Tout brûlant, peuple et temple, la colonne de feu montant avec le chant des psaumes... Cette grande vision lui resta, et, gardant les troupeaux, elle la revoyait toujours. Son père, cardeur de laine, très-pauvre, ne pouvant la nourrir, l'avait mise petite servante et bergère, dans une famille, chez la femme de son parrain. Ces gens étaient très-fiers de l'admirable enfant, mais craignaient d'être compromis par sa naïveté héroïque. A peine elle eut quinze ans, que son cœur s'échappa ; le don fatal lui vint, l'extase, l'éloquence du rêve. Elle versa ses larmes en prophéties.

On venait la voir de très-loin. Un avocat vint exprès de Grenoble, l'observa et en fut ravi. Il a laissé une relation authentique. C'était une toute petite fille, fort brune, de traits irréguliers, de forte tête et de front large, de beaux yeux, grands et doux. Quand l'extase la saisissait et que le sommeil la jetait sur un lit, elle gardait cette présence d'esprit de se couvrir d'un drap, craignant l'immodestie involontaire de ses mouvements. Dans les plus grands transports, elle ramenait sans cesse ce drap pour garantir son sein. Rien de violent, mais des plaintes et des pleurs. Elle chantait d'abord les Commandements de Dieu, puis un psaume d'une voix basse et languissante. Elle se recueillait un moment. Puis commençait la lamentation de l'Église, torturée, exilée, aux galères, aux cachots. Tous ces malheurs, elle en accusait uniquement nos péchés et appelait à la pénitence. Là, s'attendrissant de nouveau, elle parlait angéliquement de la bonté divine. Son inspiration bouillonnait, abondante et inépuisable, comme une eau longtemps contenue. Les mots coulaient d'un cours impétueux, jusqu'à s'embarrasser en finissant. Sa parole alors était comme un chant, une douce cantilène, peu variée, qui allait au cœur. Elle rougissait et se transfigurait d'une beauté merveilleuse. Tous criaient : « C'est l'ange de Dieu. »

Elle ne se cachait pas, faisant si peu de mal. On la prit et on l'amena à l'intendant du Dauphiné. Elle ne se troubla point et lui dit doucement : « Monsieur, je puis mourir. D'autres viendront qui parleront bien mieux. » Il la trouva très-innocente. Qu'avait-elle prêché? la pénitence, l'amendement des mœurs. L'on convenait que partout les inspirés obtenaient le succès d'une réforme morale. Qu'avait-elle demandé à Dieu, prédit, promis? la délivrance de l'Église? mais cette délivrance, on pouvait l'obtenir de la bonté du roi. Le seul danger était que la jeune sibylle ne devînt une légende. L'intendant jugea sagement que, pour cela, il fallait la montrer, la laisser voir à tout le monde. Elle fut mise à l'hôpital; chacun la visita et on vit une petite fille toute simple, dont l'humble apparence n'indiquait nullement de tels dons.

On ne peut trop le dire, à ce début, le point où s'accordaient Genève et les Cévennes, les ministres et les inspirés, les raisonneurs et les prophètes, c'étaient le respect du roi et la résignation. L'illustre Brousson de Nîmes, un homme de courage, de douceur admirables, qui plus tard fut martyr, avait rédigé dans ce sens la supplique générale de 1683, et constamment il en adressa d'autres, très-touchantes, dans l'espoir de changer le cœur de Louis XIV. Tout au plus admettait-il une intercession de l'Europe, liguée pour la défense. Envoyé à Berlin par nos réfugiés de Suisse, il n'agit près de l'électeur que pour un pacte défensif qui modérât le roi, le ramenât à un esprit de paix.

Jurieu, bien plus ardent, est cependant bien loin de toute idée agressive. S'il commence, en 88, à soutenir le droit de résistance, c'est qu'il y est conduit, provoqué par Bossuet.

Les effrontés apologistes de la Révocation, Maimbourg, Bruéys, Varillas, osaient écrire et imprimer qu'on n'avait point persécuté. Mais Bossuet ajoutait qu'on avait le *droit* de persécuter.

« L'Église ne le fait pas, dit-il, car elle est faible. Mais les princes ont reçu de Dieu l'épée pour seconder l'Église et lui soumettre les rebelles. » Les exemples ne lui manquent pas. Il prouve parfaitement que, dès les premiers siècles, le christianisme, arrivé à l'Empire, s'aida du glaive des empereurs, que les ariens, nestoriens, pélagiens, furent persécutés. C'est sur ce *droit* de forcer la conscience que s'engage la querelle, le duel des deux athlètes par-devant l'Europe, duel si grand, que la Révolution d'Angleterre semble n'en être qu'un incident. Jurieu commence en septembre 88 à publier par quinzaines, souvent par semaines, ses *Lettres pastorales*, redoutable journal où le monde trouvait à la fois et les principes et la légende, la théorie du droit de résistance et les actes des nouveaux martyrs. Bossuet n'échappe aux prises de Jurieu qu'en s'enfonçant dans sa barbare doctrine, en soutenant, — contre la nature, la pitié, la justice, — le faux droit de la tyrannie. Mais, pendant la dispute, le pied lui glisse dans le sang. Le succès de Guillaume, la révolution d'Angleterre et le grand changement de l'Europe, coupent la voix au prélat altier.

Avocat de la force, la force vous échappe. Dieu la transfère ailleurs. Rendez hommage au jugement de Dieu.

Ces lettres de Jurieu eurent un effet incalculable. Chaque semaine, arrivaient ensemble la voix du droit et la voix des souffrance, les arguments et les récits. On y lisait avidement les nouvelles de France, les fuites et les tortures, l'histoire des cachots, des galères, les saints confesseurs de la foi traînés au bagne, mourant sous le bâton. Une doctrine qui venait ainsi sanctifiée devait être invincible. Ajoutez l'émotion des grandes choses populaires, les psaumes qu'on entendit chantés au ciel, les touchantes assemblées du désert, les révélations des enfants, tout cela, transmis par Jurieu, allait au cœur des exilés, les exaltait au sacrifice.

Ils donnèrent leur sang, leur argent, à l'entreprise d'Angleterre. Le peu qu'ils avaient emporté, leur dernier sou, le pain de leur famille, ils le jetèrent dans cette loterie.

De l'argent qu'emporta Guillaume, nos réfugiés, si pauvres, donnent le tiers. Dans sa petite armée, ils donnent le général et presque tous les officiers, les chefs du génie, de l'artillerie, trois régiments invincibles. Mais tout ceci n'est rien. Ce qu'ils donnèrent surtout, c'est le souffle brûlant qui enleva la Hollande, lui fit risquer sa flotte, enfla les voiles de Guillaume.

Le froid calculateur, en passant le détroit, sentait de son côté bien autre chose que l'appel de cinq ou six seigneurs anglais. Il avait l'âme d'un grand peuple immolé des Cévennes aux vallées vaudoises, et des Alpes au Palatinat.

CHAPITRE XXVII

RÉVOLUTION D'ANGLETERRE

1688

Ni la Hollande, ni l'Angleterre, n'étaient prêtes pour l'événement. C'est ce qui ressort invinciblement du très-beau récit de Macaulay. On y sent à merveille le changement qui s'était fait en Angleterre de 78 à 88. La violente horreur du papisme qu'elle montra en 78 était fort attiédie. C'était déjà un grand peuple éclairé, calme, occupé d'affaires, surtout de la grande affaire qui était de profiter de la décadence de la Hollande. Jacques, papiste obstiné, et, comme tel, exclu du trône, n'en avait pas moins été bien reçu par l'Église anglicane. Celle-ci enseignait l'obéissance à tout prince, « fût-il Néron même. » On était bien loin du temps de Milton. Sidney, si récent, était oublié. L'affaire de Monmouth et sa cruelle répression nuisit à Jacques bien moins qu'on n'aurait cru. L'odieux fut pour Jefferies, pour le roi la victoire.

Les nations ont des entr'actes dans leur longue vie. On avait tant jasé dans les cafés de Charles II, qu'on n'avait plus envié d'agir. Tous les partis étaient blasés. Ce peuple très-avancé et qui avait passé par tant d'événements et de discussions, qui avait un trésor d'expériences tel que nul en Europe n'en avait un semblable, était très-fatigué quant aux forces de la volonté. Il savait et voyait, mais voulait peu, agissait peu.

Loin de se défier du roi papiste, le parlement de 85 lui avait voté un gros revenu permanent, et lui avait arrangé à souhait les corporations électorales. A chaque pas qu'il fit contre les libertés publiques, il lui vint des adresses flatteuses. Son drapeau hypocrite, où se ralliaient tous les tièdes, les douteurs qui se croyaient des esprits forts, c'était le beau mot : *Tolérance*, suppression des lois restrictives, l'indulgence et la liberté.

Indulgence pour remplir l'armée, la flotte, de catholiques dévoués au pouvoir absolu. — *Indulgence* pour mettre aux tribunaux les hommes imbus du droit divin, pour qui le roi est la loi même. — *Indulgence* pour appeler les Irlandais sauvages ou les dragons de France. — *Indulgence* pour mettre les Jésuites au Conseil, et les moines partout. — Enfin, pour un centième du peuple, *liberté* d'opprimer le reste.

Les catholiques étant si peu nombreux, Jacques voulait d'abord les appuyer des anglicans. Quand nos calvinistes français arrivèrent, il dit qu'ils n'auraient pas un sou d'aumône, s'ils ne communiaient selon le rite anglican. Mais l'Église établie ne fut pas dupe de ces avances. Il dut se chercher des alliés ailleurs, s'adressa aux puritains, et parvint en effet à s'en concilier quelques-uns, tant les haines étaient amorties !

Il s'enhardit alors, sur le conseil du Jésuite Pètre, ignorant et ambitieux, à faire le pas hardi. En Écosse d'abord, *au nom de son pouvoir absolu*, il suspendit les lois contre les catholiques et les dissidents modérés. De même en Angleterre (mars 87), en ajoutant ce mot qui aigrissait plutôt : « Sauf la décision des chambres, *qmand il nous plaira* de les assembler. »

Pour soutenir cela, il remplissait l'armée de catholiques et même d'Irlandais. Il fit des catholiques évêques. Il osa même, pour terrifier l'Église anglicane, ressusciter la commission ecclésiastique d'Élisabeth, qui devait s'enquérir de la conduite des évêques et faire au besoin leur procès. Acte agressif qui leur donna le courage de la résistance. Ils refusèrent de lire aux églises la Déclaration d'indulgence, furent arrêtés, mais absous par le jury, avec applaudissement général. La nation était fort aigrie, quand une grossesse de la reine et son accouchement avant le jour prévu, donna la perspective d'un futur roi papiste. On croyait l'enfant supposé. Sept lords appelèrent Guillaume à délivrer l'Angleterre, à chasser son beau-père, à faire sacrer sa femme, fille de Jacques II (30 juin 1688).

Ces sept hommes étaient-ils la nation? Avaient-ils ses pouvoirs? Elle était mécontente, mais cela allait-il à faire une révolution? il n'y avait aucune apparence. Voilà ce qui d'abord frappa Guillaume. Du reste, il n'y avait guère espoir d'entraîner la prudente Hollande dans une affaire si hasardeuse. Si on osait la proposer, la constitution du pays était telle, qu'une seule ville pouvait arrêter tout. Cette ville n'eût été rien moins que la grande Amsterdam, qui ne voyait d'appui pour la république contre la royauté possible de Guillaume que l'alliance de la France.

Louis XIV pouvait seul, à force de folies, supprimer le parti français. Au premier moment furieux de la Révocation, on avait saisi, dragonné, même des étrangers, des Hollandais. Réclamation de la Hollande. Le roi répond durement qu'il renverra ceux qui ne sont pas naturalisés, mais gardera ceux qui ont pris qualité de Français. C'étaient des gens attirés par Colbert pour ses manufactures. Ils n'avaient guère prévu que toutes ces caresses aboutiraient à la dragonnade.

Autre grief. Pour décourager l'émigration, l'ambassadeur d'Avaux se fit une police à la Haye. Il avait des agents habiles pour tirer des réfugiés leurs secrets de famille, savoir d'eux les parents qui devaient leur venir de France. Un certain Tillières s'était fait l'hôte, l'ami, le confident de nos protestants. Ceux qui arrivaient dénués, il les plaçait, et, en attendant, leur donnait de l'argent. Il savait tout, mandait tout à Paris. L'émigrant, parti pour Bruxelles, s'en allait tout droit à Toulon. On surveilla Tillères, on surprit ses rapports avec d'Avaux. On cerna sa maison. Mais le brigand ne se laissa pas prendre, il se fit tuer et frauda l'échafaud.

Le roi fut non moins imprudent en offrant de l'argent au grand pensionnaire Fagel, qui le dit partout. Plus maladroitement encore, il irrita le commerce hollandais, prohiba le hareng et mit par là en grève soixante mille pêcheurs. Nos réfugiés profitèrent de l'irritation populaire. En longue file, habillés de deuil, ils allèrent prier les états généraux d'intercéder pour leurs familles, restées en France à la discrétion des dragons. Ce fut une grande scène ; ils se mirent à genoux, pleurèrent abondamment. Cette supplication publique, continuée de rue en rue, de maison en maison, entraînait, emportait les cœurs. Ce fut bien pis, l'émotion devint une violente fureur quand le bruit se répandit que les réfugiés mêmes, établis en Hollande, le roi les demandait et voulait qu'on les lui livrât. L'honneur national en frémit, tout le monde demanda la guerre.

D'Avaux, qui voyait ce mouvement et les préparatifs que commençait Guillaume, écrit au roi qu'il doit faire marcher son armée sur Maëstricht, effrayer ainsi la Hollande, et clouer Guillaume au rivage. Le roi croit qu'une parole agira autant qu'une armée. Il fait dire par d'Avaux aux états généraux qu'il regardera tout mouvement contre Jacques comme une attaque personnelle. Il prend aussi sous sa protection le cardinal de Furstemberg, son électeur de Cologne. Défense à la Hollande d'agir ou sur terre ou sur mer, en Angleterre ou sur le Rhin.

L'orgueil de Jacques fut fort blessé d'être ainsi protégé. Il s'obstina à refuser les secours de Louis XIV. Il croyait, non sans apparence, qu'en acceptant ses troupes il se donnait un maître, que ses bons amis les Français, une fois débarqués en Angleterre, ne s'en iraient pas aisément. Le roi eût dû ne pas s'arrêter à cela, le protéger malgré lui, du moins par une flotte qui barrât le détroit et arrêtât Guillaume. Louvois, toujours jaloux de la marine, éloigna cette idée, reporta le roi vers l'armée, et l'amusa à l'idée de la conquête du Rhin. Le Dauphin, général en chef, et sous lui le duc du Maine, le fils du cœur, escamotant la gloire, voilà le projet qui charma le roi et madame de Maintenon. On se garda bien d'aller à Maëstricht, où le bâtard n'eût pu briller.

Le roi n'avait désormais en Europe d'autre allié que Jacques. Il avait contre lui et protestants et catholiques, spécialement le pape. Les évêques, les Jésuites même, peu satisfaits d'Innocent XI, animaient le roi contre lui. Défensive en 82, sa guerre au pape devenait offensive. Il était tout entier à cette vieille petite question de Rome. Elle ne pesait guère, pourtant, dans les affaires humaines. Le pape ne comptait plus. Louis XIV eût pu le laisser vieillir doucement et marcher sans en tenir compte. Mais l'encens de son Église française lui porta à la tête. La gloire d'avoir martyrisé un million d'hommes le rendit pour Innocent XI d'exigence implacable. Il l'attaqua sur l'orthodoxie même, faisant faire par l'avocat général Talon un réquisitoire contre lui, où on le signalait et comme ami du Jansénisme, et comme soutien de Molinos. Il n'était que trop vrai que ce grand docteur en dépravation avait été approuvé en 1674, sous Clément XI, par le maître du sacré palais (le censeur personnel des papes), que, de plus, il avait été toléré par Innocent XI pendant dix ans. L'homme et le livre circulaient publiquement, honorablement dans Rome, avec toutes les approbations des inquisitions romaines et espagnoles, et des ordres religieux. Le pis, c'est qu'Innocent, honnête, mais borné, connaissait Molinos, le recevait, le croyait un bon prêtre. Il fallut l'insistance du roi, de son ambassadeur, pour qu'en 85 le pape se décida enfin à le faire arrêter. Le procès fut étrange. On brûla des disciples, et on emprisonna le maître. Sa lâcheté, l'aveu qu'il fit de ses saletés personnelles, lui conservèrent la vie. Il en fut quitte pour faire amende honorable en robe jaune et pour être enfermé. On n'enferma pas sa doctrine, répandue partout désormais avec la honte de Rome, qui l'avait si longtemps acceptée, honorée.

Le pape le plus austère du siècle fut atteint de ce coup. D'autant plus fière était l'Église gallicane, d'autant plus durement le roi traitait Innocent XI. Celui-ci refusait Cologne à Furstemberg. On lui prit Avignon, on l'outragea dans Rome même. Le roi se fit maître chez lui. Une ambassade armée y entra solennellement pour maintenir le droit d'asile que les ambassadeurs avaient dans leur hôtel, et qu'Innocent, très-raisonnablement, eût voulu supprimer.

Voilà la belle guerre qui occupait Louis XIV. Il voulait faire, en Allemagne, un archevêque malgré le pape. Son armée, en quarante jours, a les succès les plus rapides. Les deux frères, le Dauphin et le petit duc du Maine, bien menés par Vauban, assiégent et prennent Philippsbourg, puis Heilbron, Heidelberg, et font trembler Augsbourg, qui est mise à contribution. A la gauche du Rhin, Boufflers prend Worms, Mayence et Trèves. Furstemberg n'est pas loin de saisir son électorat. Tous ces succès arrivent coup sur coup. Le jour de la Toussaint, la cour était à la chapelle. Vif émoi : « Philippsbourg est pris. » Le roi interrompt le sermon, dit la grande nouvelle ; puis ému, le cœur parternel gonflé de la gloire de ses fils, il se jette à genoux, remercie Dieu. On pleure de joie.

On eût eu lieu de pleurer autrement. Guillaume était parti. Cela s'était fait sans mystère. Une expédition de quinze mille hommes ne se cache pas. Lui-même, dans son manifeste, disait aller en Angleterre. Louvois s'obstinait à croire que tout cela était une feinte, qu'il descendrait en Normandie. Il fit même démolir les travaux que Vauban venait de faire à Cherbourg, de peur qu'on ne s'en emparât.

Guillaume débarqua à Torbay (15 nov. 88), et fut bientôt en possession d'Exeter. Il vit l'Angleterre autre qu'on ne lui avait dit, trouva un froid accueil. Pendant dix jours qu'il fut à Exeter, personne ne vint à lui. Son manifeste, combiné pour plaire à l'Église anglicane, aux tories, aux vieux royalistes, avait ajouté de la glace à celle qui déjà était dans le pays. Il venait, disait-il, défendre le protestantisme, mais pas un mot pour le parti avancé du protestantisme, presbytérien ou puritain. Les anglicans, auxquels il s'adressait, quoique fort mécontents de Jacques, penchaient plutôt pour lui, lui revenaient, gagnés par ses concessions, et ils lui restèrent jusqu'au bout.

Heureusement, l'armée de Guillaume était ferme. Elle était précisément forte par cet élément calviniste qu'il répudiait en Angleterre, je veux dire par nos huguenots, les frères des puritains. Je m'étonne que M. Macaulay ait cru devoir laisser cela dans l'ombre. Je ne crois nullement que la grande Angleterre, avec outes ses gloires, son aînesse dans la liberté, n'avoue pas noblement la part que nos Français eurent à sa délivrance.

Dans l'énumération homérique que l'historien fait des compagnons de Guillaume, il compte tout, Anglais, Allemands, Hollandais, Suédois, Suisses, avec le détail pittoresque des armes, des uniformes, tout, jusqu'à trois cents nègres à turbans et plumes blanches que de riches Anglais ou Hollandais ont derrière eux. Il ne voit pas les nôtres. Apparemment, la troupe de nos proscrits, par le costume, ne fait pas honneur à Guillaume. Plusieurs, sans doute, ont l'habit de la fuite, poudreux, usé, troué.

Tels quels, présentons-les ici. Les chefs du génie et de l'artillerie sont Cambon et Goulon. Les trois aides de camp de Guillaume sont aussi des Français. Trois régiments d'infanterie, en tout, deux mille deux cent cinquante hommes, sont Français, très-redoutable troupe, pleine de vieux soldats de Turenne, de gentilshommes et d'officiers, qui, dans cette guerre sainte, trouvaient bon d'être soldats. Ajoutez un escadron français de cavalerie.

Bien plus, presque toute l'armée était française par ses cadres. Guillaume y avait dispersé dans tous les corps, comme un ferment d'honneur et de bravoure, sept cent trente-six de nos officiers. (Voir les noms dans Weiss).

Ces gens-là, maintenant n'ayant rien sur la terre, nul foyer que la place qu'ombrageait le drapeau d'Orange, seraient morts trente fois plutôt que de ne le pas tenir ferme. Sous eux, les soldats achetés, les mercenaires ne purent que marcher droit. Une telle armée pouvait attendre dix jours, vingt jours ou davantage.

Macaulay ne cache pas l'extrême indécision de l'Angleterre. Il avoue que, quand Jacques eut fui honteusement, il avait cependant pour lui l'armée navale, et, dans la Convention nouvelle, *la moitié des Lords, le tiers des Communes.*

Ce tiers se serait augmenté, car l'Église anglicane était pour lui, le pressait de rester. Guillaume eut tout à craindre. Le sens de la famille est fort en Angleterre, et la vue de ce pauvre diable, détrôné par son gendre, sa fille aînée, trahi de la cadette, trahi du frère de sa maîtresse, Churchill, malmené dans sa fuite et nouspillé par les marins, cela touchait beaucoup.

Quand il rentra à Londres, si misérable, on le reçut encore en roi et on sonna les cloches. S'il n'eût pris peur, n'eût lui encore, il eût pu donner ce spectacle d'une assemblée partagée par moitié, d'une nation incertaine, lasse de l'un, mais n'aimant pas l'autre, et les rejetant tous les deux.

Il est fort curieux de voir avec combien de difficultés, de façons, de grimaces, le Parlement avala la dure pilule que présentaient les whigs, avec combien de peine il fut traîné à l'acte glorieux qui fonda, pour l'avenir, pour l'exemple du monde, la liberté publique.

On ne sait pas vraiment si l'opération se fût faite, sans une maladresse insigne de Jacques, qui, de France, écrivit à l'Assemblée de ne pas désespérer de sa clémence, assurant qu'il pardonnerait aux traîtres, *sauf quelques-uns qu'il ne nommait pas.* « Il annonçait à ceux qui disposaient de son sort, que, s'ils le rétablissaient, il n'en pendrait que quelques-uns. »

Cela l'acheva, décida contre lui les Pairs qui le défendaient encore. Ils votèrent *à l'unanimité :* Plus de roi papiste ; — *à la majorité de deux voix :* Point de régence (c'eût été un moyen indirect de continuer Jacques et le droit divin). Enfin, *à la majorité de neuf voix*, ils votèrent la grande hérésie, déjà votée par les Communes, reconnurent qu'il *y avait un contrat primitif entre le prince et le peuple.*

Ce contrat (idéal? historique? il n'importe guère pour la vérité éternelle) finit l'enchantement. Hallam le dit très-bien :

« Le meilleur de la constitution de 88, c'est qu'elle rompit la ligne de succession. Nul remède n'eût été trouvé (les préjugés étant si forts) contre l'éternelle conspiration du pouvoir. »

Ajoutons que ce fut le salut de l'Europe. Le grand traître depuis un siècle était la maison de Stuart qui partout avait fait la victoire catholique, les succès de l'Autriche d'abord, puis le triomphe de Louis XIV. Ce tronc fatal, il fut coupé, et avec lui le droit divin, le dogme de l'hérédité.

Si la monarchie se refit dans la quasi-hérédité que voulaient les Anglais, ce fut cependant sur la base posée par Sidney et Jurieu, l'élection primitive et le contrat social.

Le ciel ne croula point et le tonnerre n'intervint pas. Il est vrai que pour rassurer la dévotion politique des Anglais, inquiète de tant d'audace, on eut soin de faire cette chose nouvelle avec toute espèce de vieilles formes. On prit les salles antiques et l'antique cérémonial, toutes les comédies surannées et les mascarades gothiques. La jeune liberté naquit sous un masque de vieille.

CHAPITRE XXVIII

ESTHER — LE PALATINAT — LES CÉVENNES — APPEL AUX
ÉTATS GÉNÉRAUX

1689-1690

Les Mémoires de Dangeau, qui nous donnent l'intérieur du roi jour par jour, font sentir qu'il vivait dans une autre planète, à une grande distance des choses humaines et ne les percevait que par un écho affaibli. Au jour décisif où Guillaume franchit le Rubicon (je veux dire le détroit), 1er novembre 1688, le roi, à Fontainebleau, touchait les écrouelles; Jacques, à Whitehall, faisait publiquement baptiser par le nonce l'enfant qui ne devait pas régner.

Jacques arriva le 7 janvier 1689, fut noblement accueilli et établi à Saint-Germain. Sa chute, terrible pour la France, avait pour le roi l'agrément d'augmenter de beaucoup la splendeur de sa cour et sa majesté personnelle. Si cette catastrophe, en réalité, lui fit perdre le trône du monde, pour l'effet, l'apparence, elle en fit le roi des rois. Les lords qui suivirent Jacques et la foule irlandaise qui vint bientôt, plus tard l'électeur mort-né Furstemberg, avec quelques Hongrois, firent autour de Louis XIV comme une représentation permanente de l'Europe. Cela n'était pas sans grandeur. Si quelques courtisans riaient un peu de Jacques, la plupart compatirent. La cour, sensible pour un roi (au moment qui avait brisé la famille pour un million d'hommes), pleurait ce père trahi par son gendre et sa fille.

On fut trop heureux que le roi tournât aussi vers ces douces émotions. On eût craint un orage. L'imprévoyance de Louvois, qui faisait de la France la risée de l'Europe, pouvait assombrir de nuages le soleil de Versailles. Tout cela fondit doucement dans le délicieux attendrissement d'*Esther*, que les demoiselles de Saint-Cyr jouèrent le 25 janvier. Racine s'y était hasardé à célébrer d'avance la chute de Louvois dans celle d'Aman, le triomphe d'Esther-Maintenon. La nièce de celle-ci jouait Esther. Élise était représentée par sa fille de cœur, le bijou passager de son âme changeante, madame de la Maisonfort, si charmante et si malheureuse, que se disputèrent Fénelon et Bossuet. Spectacle délicat, sensuel autant que dévot. Dans l'ardeur innocente de leurs vives amitiés de filles, se révélait naïvement le premier éveil des jeunes cœurs. Cent choses fines ou passionnées, passant par ces bouches si pures, qui ne comprenaient qu'à demi, gagnaient un prix, un charme inestimable, faisaient sourire, presque pleurer. Elles chantèrent, pour le roi étranger et ses lords, les plaintes de l'exil et le chant du retour : « Troupe fugitive, repassez les monts et les mers!... » Mais quand elles en vinrent à ce mot émouvant : « Je reverrai ces campagnes si chères! j'irai pleurer au tombeau de mes pères! » devant les deux rois même, on ne put se tenir qu'on ne mouillât ses yeux de larmes.

Les fictions attendrissantes ont cela de fâcheux qu'absorbant ce que nous avons de bonté disponible, elles nous en laissent fort peu pour la réalité. Le roi, sensible pour Esther, aussi bien que pour Jacques, d'autant plus aisément accorda à Louvois les ordres impitoyables qu'il demandait pour la désolation du Rhin et l'exécution des Cévennes. C'est par là qu'Aman se soutint, mieux qu'il ne faisait dans la pièce. Il se retrouva nécessaire pour la guerre et pour la vengeance de la Majesté outragée par la désobéissance des Hollandais et l'entreprise de Guillaume. Venger un Dieu! cela est difficile. Il y faudrait des peines infinies, éternelles, si j'en crois les théologiens. Dès février, tout nagea dans le sang. Les nouvelles premières de l'incendie et des massacres arrivèrent dans un carnaval que le roi, pour braver l'Europe, voulut fastueux, solennel, malgré l'extrême épuisement.

Une guerre, avec le trésor vide, une guerre gueuse, trois cent mille hommes, et pas un sou, ce fut une terrible aggravation aux malheurs qu'on pouvait attendre. La dragonnade en grand! On mangea partout l'habitant. On vécut de pillages, de contributions sur les villes. Pour un jour de retard, brûlées! Des officiers s'illustrèrent par la férocité. Montclar, Feuquières, Duras, effacent le souvenir des dévastations de Turenne. La ruine imparfaite du Palatinat en 75, qu'est-ce auprès de sa destruction radicale en 89? Pour abréger, on fit sauter des villes avec la poudre. On achevait ensuite, on brûlait avec soin. On rasait même les villages. On coupait, arrachait, arbres, vignes, cultures. C'était encore l'hiver sur ce rude Rhin, encore la neige. Quatre cent mille personnes fuyaient et couchaient en plein champ. Toutes les routes couvertes de charrettes, de familles éplorées qui se sauvaient sans savoir où.

On prétend que le roi crut que c'était assez, et ne voulut pas signer la ruine de Trèves; qu'indigné, il fut même au moment de frapper Louvois. Cette tradition ne va guère avec la sanguinaire fureur (autorisée certainement) que l'on montra dans les Cévennes.

Pendant l'hiver, sous la protection des neiges, les assemblées du désert s'étaient multipliées. L'accomplissement visible des prophéties avait exalté dans ce peuple l'épidémie somnambulique. Nul souci de la mort. Ils prêchaient devant leurs bourreaux. Un jeune homme voit pendre son père et sa mère, est fait soldat. A peine au régiment, il prêche, à la tête des troupes; on ne parvient à le faire taire qu'en le mettant en morceaux. Au Vélay, deux frères et trois sœurs, avertis par l'esprit, et certains de mourir, demandent la bénédiction paternelle, et vont à l'assemblée où ils sont massacrés. L'une d'elles était enceinte et avait à la main un petit enfant qui voulut aller, prier, mourir avec sa mère. A minuit, on rapporta les six cadavres au père, qui bénit Dieu.

Le 14 février, trois mille personnes, qui revenaient d'une assemblée, descendant la montagne en longues files, trouvent sur le passage un capitaine Tirbon, qui menace, injurie la foule. Elle s'irrite. Il fait tirer. On lui répond par des pierres, des cailloux ; il est écrasé. Les soldats échappés se jettent dans une maison ; la foule, qui pouvait les brûler, leur fait grâce et chante un cantique.

Le 17 février, Basville, et son beau-frère, le général Broglie, avec un belliqueux évêque, entraînant de gré ou de force les milices et les gentilhommes, fondent sur l'assemblée de Privas. Elle se tenait chez un prophète. Il sort avec Sara, sa fille, à la tête du peuple ; ils repoussent les assaillants à coups de pierres et de pistolets. Il est tué avec douze hommes, la vaillante Sara blessée, gardée pour le supplice.

Le plus grand massacre fut aux hautes cîmes du Meilaret. A l'approche du colonel Folleville qui y montait, le peuple se donna le baiser de paix et essaya de se défendre. Il y eut trois cents morts, cinquante blessés seulement, preuve d'un acharnement féroce. On ramena à Basville des troupeaux de gens garrottés, de quoi pendre sur les montagnes.

Les assemblées sans armes étaient traitées de même. Les seigneurs catholiques faisaient parfois leur cour en massacrant ce pauvre peuple. Vers le dimanche des Rameaux, une grande assemblée eut lieu dans une vallée profonde, sous un château des environs de Castres. Ils lurent, chantèrent, pleurèrent. Vers minuit, une étoile filante les rassura, les exalta encore. Une belle fille en blanc, que nul ne connaissait, prêcha, les exhorta au repentir ; elle désignait et appelait ceux qui avaient reçu de l'argent pour leur conversion ; ils fondaient en larmes et l'assemblée priait pour eux. Cependant quelqu'un vient : « Vous êtes perdus ! voici l'ennemi ! » — « Nous ne pouvons mourir dans un meilleur état, » disent-ils ; et ils continuent de chanter. On leur dit encore qu'un baron ameutait les communes, venait les égorger. Ils ne bougèrent. D'autre part, sur leur tête sonnait le beffroi du château ; toute la maison sortait en armes et le curé en tête. On était presque au jour. Des deux parts arrivent deux bandes, qui tirent au plus épais de la foule. Douze morts du premier coup, d'innombrables blessés. Deux cordonniers, un menuisier, le suisse du château, un laquais qui était sous-diacre, s'amusent à achever les femmes à coups de couteaux, de barres de fer, même à coups de fourchettes, coupant les doigts pour tirer les bagues, arrachant et jupes et chemises. Trois curés, un vicaire, deux seigneurs, assistaient, regardaient. Les deux derniers étaient venus par force, et avaient tiré en l'air. Ceux du château rentrèrent avec ces nippes sanglantes, et furent maudits de leurs femmes mêmes. Les morts restaient aux bêtes. Un juge vit le lendemain ce champ hideux, qui soulevait le cœur. Il y avait, entre autres, une dame écrasée à coups de barres, la tête aplatie, le ventre crevé, d'où coulaient les entrailles. Il lui sembla que le ciel, que le soleil, avaient horreur. Il ne s'en alla pas qu'il n'eût fait faire un trou et n'eût caché cet affreux pêle-mêle au fond de la terre. (V. la lettre insérée dans Jurieu, t. III, 450, avec les noms des morts.)

Voilà la guerre civile. On commence a y prendre goût, à chercher les dépouilles. Peu à peu, on tue froidement. On veut le linge non sanglant. On déshabille avant tout les victimes. Agonie préalable, où le pauvre corps nu, frissonnant, prosterné, épuise toutes les affres dans une longue horripilation, sent et ressent vingt fois le coup mortel.

En vérité, devant ces faits horribles, ces supplices et ces carnages, les villes incendiées, des émigrations de peuples entiers, la polémique eût pu faire trêve. J'admire de quel froid courage Bossuet, dans ces années lugubres, pousse sa thèse de l'obéissance sans bornes à l'Église, à la royauté. Son livre des *Variations* a paru en 88; il y ajoute en 89 celui des *Avertissements*. Œuvres superbes d'outrageuse éloquence et de risée altière. Que n'y répondrait-on, si l'on pouvait parler du fond des galères, des cachots, des lointaines plages désertes? La réponse est du moins l'immense lamentation du Rhin, le râle des mourants des Cévennes.

Le grand Jurieu (grand par le caractère, la science et la force du cœur) avait trouvé déjà une seconde vue dans la douleur, la prophétie puissante dont Guillaume fut armé. Ici l'âcre caustique appliqué par Bossuet sur une plaie saignante servit encore Jurieu, le força d'avoir du génie contre cette vaine éloquence. Un vrai génie, inventif et fécond.

Regardons-les aux prises.

Bossuet est faible et il est fort. Il est faible quand il soutient l'immutabilité de l'Église. Il a beau affirmer que les premiers chrétiens furent d'aussi grands docteurs que saint Augustin même, que le progrès des temps n'ajoutait rien à une doctrine née complète. Il a beau entasser les témoignages des Pères qui, en changeant toujours, disaient ne pas changer. On lui prouve invinciblement que l'Église, modifiée de siècle en siècle, comme un arbre vivant, a poussé de nouveaux rameaux. Rien d'immuable que la mort. Tout ce qui vit vraiment procède par évolutions successives.

En revanche, Bossuet est très-fort quand il soutient que le christianisme défend la résistance, ordonne d'obéir aux puissances injustes, exige le silence et la résignation, — bref, damne la liberté. Dire une république chrétienne, c'est dire un triangle carré. Cela est évident. Et il ne s'agit pas des tendances seulement, mais du fond même du dogme. *Le salut par un seul*, c'est le dogme chrétien, et c'est aussi le dogme monarchique. MM. de Bonald et de Maistre, qui ont repris la thèse, n'ajoutent pas grand chose aux arguments solides, irréfutables, de Bossuet.

Cela avait arrêté Grotius. Il établit le droit de résistance pour l'homme, *mais non pour le chrétien*, lié par l'Évangile. Milton ne reprend pied qu'en laissant l'Évangile et s'appuyant sur l'Ancien Testament. Il en est de même de Sidney, dans son livre si fort, si net, mais très-biblique encore. Milton, Sidney sont des Anglais ; la liberté de Milton ne s'appuierait que sur une Chambre des lords non héréditaire, et la liberté de Sidney sur la monarchie mixte et tempérée des trois pouvoirs.

Sidney, du reste, n'était pas imprimé. Locke n'avait pas écrit. Jurieu, en 1689, est seul contre Bossuet. Seul, nullement appuyé des siens. Bien plus, désavoué de Genève, de l'école d'obéissance. Bien plus, moqué de Bayle, des indifférents, des sceptiques. Le doux Saurin, le pacifique Basnage feront bien plus ; ils agiront pour supprimer les résistances, et rendront à Louis XIV l'essentiel service d'énerver l'élan des Cévennes.

Jurieu, sans se troubler, dit à Bossuet que si l'exemple des premiers chrétiens implique la non-résistance sans exception, il prouve trop. Eux-mêmes ne purent être fidèles au principe de tout souffrir. S'ils l'eussent appliqué à la lettre, ils n'eussent pas résisté aux voleurs, qui sont aussi une puissance. Ils n'eussent point conservé de bien, et il n'y eût pas eu de propriété chez les nations chrétiennes. De là, il pousse Bossuet l'épée aux reins, ne le laisse plus respirer. Il lui prouve que tout devoir implique un droit, que l'inférieur a droit, que même notre droit sur l'animal n'est pas sans bornes, ni notre droit sur nos enfants, que même le pouvoir *absolu* (qui parfois sort des circonstances) n'est nullement *sans bornes*. La conquête ne fait pas droit Le peuple ne peut qu'*engager* la souveraineté, mais elle lui retourne toujours. Il fait les rois, et, comme source du droit, il leur est supérieur. Mais il ne peut leur donner le droit de le détruire, puisqu'il n'a pas ce droit lui-même.

La stérilité de Bossuet est ici curieuse. Les vieilleries de la *paternité royale* et de l'*État famille*, les sophismes usés de Hobbes, voilà tout son soutien. Il a recours aux plus pauvres moyens. Il croit l'embarrasser en lui demandant *où et quand* le contrat s'est fait entre le prince et le peuple. Belle demande! C'est à peu près celle d'un élève en géométrie qui ne voudrait admettre les propriétés du triangle *qu'autant qu'il aurait vu des corps* triangulaires. Que de tels corps existent ou n'existent pas, cela ne fait rien à l'affaire. Le triangle n'en subsiste pas moins d'une vérité éternelle. En justice, c'est comme en justesse ; les rapports légitimes ne tiennent nullement à tel fait matériel, moins encore à la durée, à l'antiquité de ce fait.

Si les Anglais ont dit très-justement : *Notre glorieuse Constitution*, ce n'est pas parce qu'ils retrouvèrent un parchemin troué dans le tombeau des rois normands, c'est parce que, pour la première fois, fut posée simplement, hors du nuage théologique, la pure lumière du droit invariable qui toujours avait existé.

Voilà les deux athlètes. Bossuet, transpercé par Jurieu, par le bon sens et l'idée pure du droit, veut lui jeter le lacet de l'histoire, l'embarrasser par le passé, le lier d'un câble sacré. Mais le câble rompt comme un fil. On ne lie pas le Droit ; il est la liberté, il est le libre souverain des mortels et des immortels. Les religions ne sont religions qu'autant qu'elles entrent dans le droit.

C'est avec une audace, mais avec une autorité extraordinaire et décisive que Jurieu proclame ceci : Dieu même a fait pacte avec l'homme ; il n'use point du pouvoir sans bornes. Il veut régner selon le droit.

Nous devons dire que si, par impossible, Dieu pouvait cesser d'être juste, ruiner sans cause des sociétés innocentes, il n'aurait plus autorité sur elles. Si Dieu damnait un juste, il ne serait plus Dieu. Quelle chose monstrueuse est-ce donc d'attribuer à des hommes une puissance que le roi des rois ne s'attribue pas à lui-même? (*Lettres*, III, 377.)

Telle est la base commune de toutes les libertés, religieuse, sociale, économique et politique, de celles du foyer et de la conscience. La liberté politique est logiquement la première, parce qu'elle enveloppe et protége les autres. L'État libre garde seul le foyer, la foi, la pensée. A tort, la pensée solitaire, dans son orgueil stoïque, croirait se sauver seule : on ne peut se sauver qu'ensemble. A tort la foi et la famille, s'enveloppant de leur innocence, croiraient subsister seules. Regardez la Révocation; voyez nos protestants, humbles royalistes et martyrs, que devinrent-ils au martyre de leurs femmes et de leurs enfants? La plupart succombèrent et ne purent conserver la foi.

Donc, rien de plus légitime, de plus juste devant Dieu que l'évolution protestante de 1688, où la religion s'engendra sa gardienne, sa Minerve armée qui la couvre de la lance et du bouclier, la sainte Liberté politique en sa déclaration des droits.

L'écho des deux rivages est admirable ici. Aux pleurs de la Révocation a répondu la Révolution d'Angleterre. A cette Révolution répond du continent le livre de Jurieu : *Les Soupirs de la France esclave*, qui paraît coup sur coup, par feuilles détachées, d'août 1689 à juillet 1690.

Livre tout politique. C'est l'évolution de Jurieu ; le théologien devient publiciste. Il parle au nom des catholiques, pour eux, pour tous, pour sa pauvre patrie. Il y montre, de classe en classe, la terrible asphyxie où est tombée la France, et combien les classes même oppressives y sont opprimées. Il y invoque les États généraux.

Livre chaleureux et sincère, très-noble par sa modération, par l'omission volontaire de certaines choses. Pas un mot sur les mœurs du roi. Devant les vices monarchiques, son austérité baisse les yeux. A tort, pourtant, à tort. Ces vices firent le destin du monde.

Que de choses aussi il ignore. Que de *soupirs* étouffés, contenus, eussent pu ajouter à ce livre! S'il eût vécu en France, il aurait vu mille détails douloureux dans l'écrasement des catholiques. Un surtout est frappant et trop peu remarqué, la manière outrageuse dont on traitait Paris, ses vieilles gaietés innocentes assommées à coups de bâton. Pour un mot de plaisanterie sur l'aqueduc de Maintenon, les bourgeois enlevés, et forcés de *gâcher* pour les maçons, de porter la hotte et de faire le mortier.

Partout où brille encore une faible étincelle vitale, à l'instant étouffée! Le Jansénisme, pour avoir persécuté les protestants, n'en est pas moins persécuté. Les velléités de libre pensée qui surgissent de l'Oratoire, sont rudement réprimées. Son grand penseur Malebranche est âprement censuré par Bossuet. Son grand critique, Richard Simon, savant dans la langue hébraïque, a le tort de deviner par quels accroissements a végété l'arbre mystérieux de la Bible, d'en donner la physiologie. Bossuet l'accable de sa fière ignorance. Menacé, mordu, poursuivi, il désespère et meurt, brûle ses manuscrits dont on eût abusé.

A ce moment où la langue française s'étend et pénètre partout, elle est persécutée en France. L'Académie française la met sous clef et prétend la tenir étouffée, étranglée, dans son petit lexique du langage poli. Son directeur, Charpentier, immortel par le ridicule et la boursoufflure des inscriptions, avec le concours de Bossuet, arrête l'entreprise séditieuse de donner à la nation sa langue complète dans un dictionnaire encyclopédique. Le très-savant, très-spirituel Furetière, qui a fait ce travail immense, meurt à la peine (1688). Son livre, qui paraît après sa mort et en Hollande, est à l'instant volé par les Jésuites, qui lui prennent tout, jusqu'à ses fautes, et ne suppriment que son nom. Siècle d'or pour les gens de lettres. Décimés par Boileau, asservis par Colbert et (pour coup mortel) *protégés*, ils finissent en deux académies. L'âge vert et fort du grand Corneille enfanta celui-ci, qui n'enfantera rien. Vers la fin du siècle, il tarit, attaqué du mal qui achève les vieillards, étisie et consomption.

Qu'il faudrait ajouter encore au livre des *Soupirs*, si l'on parlait encore des autres classes, des parlementaires, par exemple. Existent-ils encore? Reconnaîtrai-je nos magistrats austères, ou même au moins nos frondeurs intrépides, dans ces imitateurs ridicules des nobles, ces danseurs, ces joueurs, qui le matin arrivent au Palais sans avoir le temps de changer l'habit de bal, cachant Arlequin sous l'hermine? La justice est évanouie!

Où aura-t-il écho, ce livre des *Soupirs*, dans la servitude envieillie?

Cependant, l'excès des misères donnait certainement une prise. Les expédients extraordinaires dont vécut Pontchartrain, l'un des successeurs de Colbert, les municipalités vendues, les maires héréditaires, la banqueroute des monnaies par refonte (*lisez* filoutage), l'essor rendu aux gens d'affaires, à l'armée des vautours, voilà qui pouvait bien ouvrir les oreilles du peuple aux appels de la liberté.

A ce début de guerre immense, et dans ce dénûment, le roi jette des millions à Marly, en donne deux de dot à sa bâtarde. Il envoie sa vaisselle d'argent à la Monnaie, et il achète des diamants. Il en fait des loteries aux dames de la cour. L'intérieur même, madame de Maintenon, les honnêtes et faibles Beauvilliers et Chevreuse, leur ami, le nouveau précepteur Fénelon, sont effrayés de sa folie.

La corde allait casser, ce semble, si, de gré ou de force, on ne revenait au bon sens.

Le candide Vauban, bon cœur, vrai patriote, qui (hors son positif terrible dans l'art de tuer) était fort romanesque, osa espérer tellement de la magnanimité du roi qu'il rétractât tout ce qu'il avait fait depuis cinq ans, fît rentrer les protestants, leur rebâtit leurs temples, consacrât la liberté religieuse. Vain projet, où la petite cour dévote des honnêtes gens dont j'ai parlé se garda bien de l'appuyer. Même la fameuse lettre que Fénelon écrivit plus tard sur la misère du peuple, ne dit pas un mot pour les protestants.

Tout ce qu'on fit, ce fut de dire qu'on pourrait rendre les biens des fugitifs aux héritiers. Mais les financiers qui les tiennent sont trop dévots pour les rendre, sinon aux gens bien convertis, et se constituent juges de leur sincérité. La maltôte devient inquisition. C'est à ses bureaux qu'on produit des billets de confession, la preuve « qu'on fait son devoir de la religion catholique. »

Nul espoir de secours sans une révolution complète. Les revers les plus grands, dix batailles perdues n'eussent rien fait sur ce froid orgueil, sur un si long, si profond endurcissement. Il eût fallu l'abandon général, le délaissement où se trouva Jacques en Angleterre, un refus des armées de marcher (pieds nus et sans pain) dans une folle guerre où la France combattait pour sa propre destruction, se rencontrait elle-même, se massacrait dans les avant-gardes ennemies. Nos réfugiés étaient toujours en tête ; perte ou victoire, n'importe, c'était toujours aux dépens de la France.

Si l'émigration protestante ne s'était dispersée, elle avait un modèle. La petite tribu des Vaudois osa rentrer chez elle à main armée (août 89), se rétablit dans ses rochers, s'y maintint invincible, malgré les efforts de deux monarchies. L'histoire de ce fait incroyable est: *La glorieuse rentrée, par M. Arnaud, colonel et pasteur des Vallées*. Ils étaient mille. Leur mort semblait certaine. Mais les nôtres rougirent de les voir partir seuls. Ils firent en leur faveur une audacieuse diversion. Deux officiers (roturiers, à coup sûr, ils s'appelaient Bourgeois et Couteau) se chargèrent, avec une poignée de volontaires, de contenir Catinat et une armée de vingt mille hommes. Ils y périrent, mais les Vaudois passèrent.

Pourquoi les nôtres n'en firent-ils pas autant chez nous ? Pourquoi ne rentrèrent-ils pas au nom de la France sous le drapeau des États généraux ? La chose n'était pas impossible. Ils y pensaient en Suisse, ils y pensaient dans les Cévennes. On se rappelle ce Vivens, un cardeur de laine d'Anduze, petit boiteux très-jeune, mais une âme de fer et de feu. Cruellement trompé par Basville qui avait cru le perdre avec son peuple, il se jugea délié du serment, revint fièrement en France. Replacé dans son droit d'homme et sa royauté de nature, il déclara, lui Vivens, la guerre à Louis XIV. Contre Saül il se sentit David, proclama sa justice, ses justes représailles, et dit qu'il pendrait les bourreaux. Vivens, avec un vrai génie, pensait que dix mille hommes aux Cévennes seraient invincibles, et il appelait à lui la masse des réfugiés. Elle versait son sang partout, pour tous, excepté pour la France. Elle aidait à la délivrance de l'Angleterre, des Alpes ; pourquoi pas à la sienne ? à celle de sa propre patrie ?

Les envoyés de Vivens furent saisis. Ce vaillant juge d'Israël périt dans une obscure rencontre. Son plan était fort raisonnable. Cependant nos fiers gentilshommes se seraient-ils rendus à l'appel du cardeur de laine ? Ils songeaient à rentrer, mais par le Dauphiné.

Ils envoyèrent le plan de leur expédition à Londres, pour être mis sous les yeux de Schomberg.

La vraie difficulté du moment était celle-ci. Nos réfugiés semblaient devoir, avant tout, affermir Guillaume qui, solide une fois, leur donnerait l'appui de l'Angleterre. D'autre part, si leur rentrée en France ne s'exécutait en 89, tout au plus en 90, il était à craindre qu'elle ne se fît jamais, qu'établis peu à peu en divers États de l'Europe, divisés pour toujours, ils ne pussent plus agir d'ensemble.

Tous voulaient revenir. M. Weiss établit parfaitement que, bien loin de haïr la France, ils s'obstinaient à y rentrer, et ils le voulurent pendant vingt-sept ans! Comment y réussir?

La plupart s'arrêtèrent à l'idée de mériter ce retour par l'affermissement de Guillaume, qui ensuite le leur obtiendrait. C'est la France qu'ils cherchaient en s'en allant combattre dans les marais d'Irlande. Pour elle, à la bataille décisive de la Boyne, à travers la rivière, et contre une armée supérieure, ils firent cette première charge qui refoula l'ennemi. Mais Schomberg et son fils furent tués. Véritable malheur. C'était le seul homme de haute autorité militaire et morale qui aurait pu les réunir, les ramener d'ensemble, organiser dans le midi la légitime guerre des résistances nationales.

La défaite définitive de Jacques, sa fuite misérable à la Boyne, la capacité, le courage que Guillaume y avait montrés, le rendaient inébranlable sur le trône. La ligue d'Augsbourg armait lentement, mais en revanche l'Angleterre confiante votait à son roi des subsides énormes de guerre (par an cent millions, cent vingt-cinq millions, sommes inouïes alors). Le contraste était grand avec l'indigence de Louis XIV. Guillaume se trouvait le roi le plus riche de l'Europe. Ces ressources immenses ne furent pas employées avec génie.

On vit, en cette affaire, que le génie est surtout dans le cœur.

Ce politique, de cœur haineux, ingrat, étendait à la France la haine qu'il avait pour Louis XIV. C'est la destruction de la France qu'il eût voulue, et non pas son salut. Toute sa vie, il avait sourdement combattu la liberté en Hollande ; il n'avait garde de la vouloir chez nous. Appelé en Angleterre par quelques lords, préférant en secret les tories, ses ennemis, aux whigs qui l'avaient fait, libéral en religion par son indifférence, il eût été despote en politique, s'il avait pu. Au fond, il sympathisait fort peu avec nos calvinistes, dont Rohan avait dit : « Ils sont républicains. » Il sut se servir d'eux, mais il trouvait en eux une déplaisante ressemblance avec les puritains anglais.

Ceux-ci, dans leurs plus fameux chefs, comme le chaudronnier Banyan, touchent nos prophètes des Cévennes. Guillaume ne craignit rien tant que ces enthousiastes. Il fut constamment poursuivi d'un mauvais rêve, de l'idée d'un parti républicain, qui, dit Macaulay, n'existait plus en Angleterre. Cette crainte, la vive antipathie de la majorité pour le puritanisme, contribua plus qu'aucune chose à rendre très-timide la constitution de 88, à resserrer la belle Déclaration des droits, à affermir les pesantes aristocraties locales.

Un Anglais, M. Wall, nullement exagéré, un froid et ferme esprit, dans une très-belle lettre à Milton, dit que les révolutions anglaises n'atteignent pas les masses. Elles ne les affranchissent pas, dit-il, du vasselage normand des vieilles lois. Votre *Habeas corpus* garde mon corps d'être en prison. Mais s'il est prisonnier de la misère et de la faim, serf de la volonté du riche? Le cinquième de la nation était à la mendicité en 1685. Sa grande liberté fut l'exil. Jean *sans terre* se jette à la mer, devient le pauvre Robinson qui leur a fait l'empire du monde.

Une telle société, foncièrement aristocratique, n'avait pas grande sympathie pour la démocratie calviniste.

A l'arrivée des nôtres, les Anglais furent très-généreux; ils souscrivirent pour des sommes étonnantes. Quatre-vingt mille Français à Londres, bien accueillis, trouvèrent à travailler. Mais quand nos officiers, quand nos régiments protestants eurent amené Guillaume, versé leur sang à la Boyne et partout, la sympathie n'augmenta pas.

Cet élément ardent de vie et trempé au feu du martyre, il eût fallu, dans l'intérêt commun des deux pays, le concentrer, l'unir en un foyer, le fortifier des fugitifs de Suisse, d'Allemagne, de Hollande, les porter d'ensemble aux Cévennes, où la vraie France les eût joints pour convoquer en Languedoc les États généraux.

Il eût fallu aussi que les ministres laissassent là leur funeste moutonnerie chrétienne, la recommandation de se laisser égorger, ne secondassent plus les bourreaux ; qu'au contraire, ils rappelassent tous nos protestants dispersés à la délivrance de la patrie.

Eût-on réussi! Je ne sais. Mais l'initiative de la chose eût été de gloire immortelle pour l'Angleterre. Cette grande sœur, émancipée, aurait dû entreprendre quelque chose pour la France. On aida ceux de Quiberon à nous rapporter l'esclavage. Que n'aida-t-on, cent ans plus tôt, ceux de la Boyne et des Cévennes dans l'appel à la liberté?

Hélas! la France des Cévennes, héroïque, mais si ignorante, sauvage, insensée de misères, les sages en eurent horreur et détournèrent les yeux. Elle n'eût pas été cela, si elle eût été appuyée de l'élément sain, calme et fort, des réfugiés, qui eût aidé ce fanatisme aveugle à se transformer et devenir patriotisme. Elle fut effroyable. Mais votre abandon la fit telle.

En attendant, voilà que, pendant dix ans (jusqu'à Ryswick), dans une guerre maladroite où les alliés se font battre par le vieux éreinté, on disperse, on prodigue sur tous les champs de bataille nos réfugiés. Toujours à l'avant-garde, toujours cruellement décimés dans la fureur des premiers coups. C'est sur eux que s'essaye la nouvelle arme, la baïonnette meurtrière.

On les use en détail. On emploie leur persévérance à résister de poste en poste contre les grandes armées de Louis XIV. Jamais ils ne reculent. A la Marsaille, massacrés; à Neerwinde, taillés en pièces. Les blessés bien soignés; le roi les réserve aux galères.

Ceux qui survivent imaginent, à Ryswick, que l'on

va stipuler pour eux, que Guillaume, exigeant du roi humilié qu'il le reconnaisse, obtiendra bien encore le retour du pauvre petit reste de tant de gens tués pour lui.

Ils sont sacrifiés, mais ne renoncent pas. Ils gardent jusqu'à la paix d'Utrecht (dix-sept années de plus) leur espoir invincible, leur indomptable amour pour cette France cruelle, adorée.

Personne, au fait, n'avait envie de renvoyer ces colonies utiles. Ils avaient fait un jardin des sables de la Prusse et de Holstein, porté la culture en Islande, donné à la rude Suisse les légumes et la vigne, l'horlogerie, enseigné à l'Europe les assolements, le mystère de fécondité. Aux bords de la Baltique, on les croyait sorciers, leur voyant pratiquer l'art innocent de doubler, panacher les fleurs. Par Lyonnet et Bonnet, ils continuaient Swammerdam, ouvraient le sein de la nature. Par Jurieu, Saurin, ils préparaient Rousseau. Leur Papin porte à l'Angleterre le secret qui, plus tard, donnera à quinze millions d'hommes le bras de cinq cents millions (donc la richesse et Waterloo).

On ne les lâcha pas, et l'on se garda bien de leur rouvrir les voies vers la patrie.

De l'Angleterre un peuple était sorti en une fois, la grande tribu des puritains qui a fait l'empire d'Amérique.

De la France sortit une France dispersée, une rosée vivante sur l'Europe énervée. Toute la terre parla notre langue. L'universel triomphe de cette langue de lumière, commencé par l'admiration, s'acheva par la plainte de la liberté exilée. Aux *arbres de la Révocation*, que les nôtres plantèrent et qu'ils visitaient chaque année, tous les enfants entendaient le français. Tous comprirent et pleurèrent. Ils ne l'ont jamais oublié.

NOTES ET ÉCLAIRCISSEMENTS

NOTE I. — LA COUR, MADAME. 1661-1670.

Madame Henriette, pensant vivre peu, voulut que son amie, madame la Fayette, écrivît son histoire sous ses yeux, et (chose singulière qui témoigne d'une grande supériorité d'esprit) qu'elle écrivît au vrai et au complet, sans passer rien, ni supprimer ses fautes. Elle croyait avec raison que cette franchise lui ferait obtenir des circonstances atténuantes au jugement de la postérité. Cette dame, la plus fine plume du temps, a tout conté réellement, mais avec une extrême délicatesse. Tout y est, rien pour l'œil grossier. Quand on lit et relit, on voit reparaître à la longue maints caractères, invisibles d'abord, et qui reviennent peu à peu comme ce qu'on écrit avec l'encre de sympathie. Il faut aider ses yeux d'un bon verre un peu grossissant. Ce verre, je le prends dans Cosnac, ou chez la grande Mademoiselle, dans Molière et ses biographes, etc. Voici les résultats, plus nettement que dans mon récit :

1° *Madame n'avait point de confesseur* (Montpensier, année 1670). Pour que le peuple ne médît pas de son indifférence, elle avait soin d'avoir un capucin « bon à mettre dans son carrosse » et dont la belle barbe lui faisait honneur devant les bonnes gens. Du reste, ce n'était pas un esprit fort. Elle était aussi peu amoureuse que dévote. Elle n'aimait que ses frères, et c'est pour eux qu'elle s'immola, rechercha la faveur du roi. Le roi, à chaque enfant qu'elle eut, témoignait une vive joie (Motteville) et Monsieur de l'indifférence ou de la tristesse (Cosnac). — 2° La Vallière, fort simple d'esprit, née pour l'amour et la dévotion, fut jetée sur la route de Madame par les jeunes amis du roi (Roquelaure, Saint-Aignan, Vardes, la Feuillade, etc.) lorsque la première grossesse de Madame la mettant au comble de la faveur fit croire que l'influence passerait à la cour de Madame et Monsieur, c'est-à-dire aux Grammont, Guiche, Marillac, etc. Madame, alors si jeune, était déjà consultée par les deux rois sur les plus hautes affaires. (Exemple : le roi ira-t-il arrêter Fouquet à Nantes? Le roi d'Angleterre vendra-t-il Dunkerque? etc.) La reine mère et les dévots, après avoir essayé de détacher le roi de la Vallière, comprirent qu'il ne la quitterait que pour retourner à Madame, ne luttèrent plus avec les jeunes courtisans et subirent la Vallière, peu dangereuse et incapable de prendre influence. Nous devons à madame de Motteville cette précieuse lumière qui éclaire toute l'époque. Quelle que soit sa faiblesse pour sa maîtresse Anne d'Autriche, elle devient hardie à la fin. Le roi, quoique mécontent des coquetteries de Madame, se rapproche d'elle en 63, et elle devient nceinte le 16 octobre. A ce moment, la ligue agissait vivement. Les marquis rendaient aux dévots le service d'attaquer la pièce de l'*École des femmes;* les marquis la disaient de mauvais ton, et les dévots impie. Le roi voulut que Molière répondit et qu'il éreintât les marquis.

En réalité, la cause de Madame et de Molière semblait être la même. Molière-Arnolphe ne pouvait-il pas être le père d'Agnès, comme le roi amoureux de sa sœur (belle-sœur, c'est la même chose au point de vue canonique)? Le mariage de Molière restera toujours une question obscure. Ce qui est sûr, c'est qu'il se lia avec la mère de sa femme et l'admit dans sa troupe en 1645, l'année où sa femme naquit. De quel père? c'est ce que probablement ni Molière, ni la comédienne ne surent jamais au juste. Dans le pêle-mêle de la vie des coulisses, on pouvait s'y tromper. C'étaient es mœurs du temps, et même chez les plus grands seigneurs que es rapports du sang n'arrêtaient guère (j'en citerais de nombreux exemples). La Fontaine en plaisante dans ses contes. M. Beffara n'a pu trouver l'acte de naissance de madame Molière. L'acte de mariage qu'il a trouvé peut avoir été arrangé de complaisance, comme le pense M. Fortia d'Urban (brochure de 1824). Insoluble problème. Quoi qu'il en soit, Molière n'en est pas moins Molière, et Tartufe restera Tartufe.

Les dates nous servent bien ici. Nous leur devons ce coup de lumière électrique qui éclaire, de part en part, *le D. Juan quinze jours avant l'arrestation de Vardes*, et la révolution de cour qui chassa les marquis. Autre lumière chronologique : Madame, sauf son premier enfant, devient toujours enceinte en automne (octobre ou novembre) dans les grandes fêtes de cour. Au contraire, la Vallière, en mars ou avril, aux environs de Pâques, dans les combats que se livraient l'amour et la dévotion. Ce qui fut le plus fatal à Madame, ce fut le coup d'octobre 1664. Elle était alors au mieux avec le roi, et se remettait lentement à Vincennes d'une couche (du 24 juillet). Mais le triomphe de la Vallière présentée par le roi à la reine mère (5 octobre) semblait la menacer. Le roi, revenu près d'elle à Vincennes le 6, devait la quitter le 10, pour aller à Versailles (Motteville). Ses ennemis travaillaient contre elle. Elle reçut les adieux du roi le 9, et elle resta enceinte de ce jour. Meurtrière imprudence. De là, une santé ruinée, une beauté éclipsée. Quoiqu'elle ait eu encore une grossesse, ce ne fut plus qu'une femme politique.

Sa fin est triste. Sa confiance était dans un prêtre violent, intrigant, dangereux, Cosnac, l'évêque de Valence, qui, s'il eût pu, aurait noyé l'Angleterre dans le sang. Elle flottait misérablement et donna à son frère un très-mauvais conseil. Nul principe. On lui avait inculqué « que tout devoir était une bassesse. » Corrompue d'enfance, fatalement, presque innocemment, elle eut en elle toutes les misères morales de deux grandes monarchies. Et avec cela, trois hommes plaident pour elle dans l'avenir et voudraient désarmer l'histoire : Molière, qui fut très-ému d'elle à son moment sublime, qui, sans elle, n'eût risqué Tartufe ; — Racine, qui l'a mise partout, dans Andromaque, Monime et Bérénice, dont la douce lueur semble un rayon de Madame ; — enfin Bossuet, qui reçut son anneau et l'inspiration la plus vraie qu'il ait eue. Ils la suivent, ils la défendent et lui restent fidèles, comme les amants de son esprit.

NOTE II — POLITIQUE

La lumineuse histoire de mon savant ami M. Henri Martin, l'un des grands travaux de ce siècle, les belles publications de M. Mignet, si justement admirées de l'Europe, l'excellent livre e M. Chéruel sur l'Administration et plusieurs autres ouvrages estimables ont éclairci sous plusieurs rapports la politique de ce règne, les grandes vues de Colbert, la dextérité de Lyonne, etc. Je crois, pourtant, que ces écrivains auraient modifié, complété leurs tableaux, s'ils avaient tenu compte de tant d'actes qui font juger Louis XIV plus sévèrement. Pour l'administration il ne faut pas voir seulement ce que Colbert voulut, mais *ce qui se fit réellement*, ne pas donner seulement les mesures générales, mais *les innombrables mesures exceptionnelles* qui les rendaient vaines, et surtout avouer que la plupart des grands établissements de Colbert *ne durèrent pas*, croulèrent avant sa mort. La *Correspondance administrative* (éditée par M. Depping) dément à chaque instant les ordonnances. Nulle part, selon moi, Colbert n'est mieux jugé que dans le livre de M. Clément. Quant à la diplomatie, on a été certainement trop indulgent pour une politique (si différente de celle d'Henri IV et de Richelieu), qui étourdiment défie et provoque toute l'Europe à la fois. Nulle acquisition partielle de territoire n'équivaut à cette haine universelle du monde, qui réellement fit périr la France, autant que peuvent périr les nations. Cette haine n'est pas apaisée. On la retrouve brûlante, et, il faut le dire, souvent juste, dans le savant ouvrage d'Altmeyer (*Louis XIV et le Démembrement de la Belgique*, Bruxelles, 1850). On ne peut que respecter, même dans ses excès, cette indignation d'honnête homme. — La politique générale de ce temps reçoit une vive lumière de l'*Histoire secrète du cabinet autrichien*, par M. Alfred Michiels (1859). Je l'avais citée inexactement dans ma *Fronde*, ne la connaissant encore que par des articles de journaux et quelques faits (de 1624) qu'il doit à Hormayr. Il part de la guerre de Trente ans et va jusqu'à nos jours. C'est un travail immense et de premier mérite. Nulle part le système de la politique jésuitique n'a été plus savamment exposé et mieux interprété. Il a été déjà traduit en allemand, en hollandais, et le sera en toute langue.

Les satires les plus violentes contre Louis XIV en disent moins sur la prodigieuse infatuation où il parvint que le livre grotesque de Pélisson, intitulé : *Mémoires de Louis XIV*. Le roi certainement en endura la lecture. Une partie même du manuscrit semble écrite *de sa main*. Mais on sait que *sa main*, c'était le bonhomme Rose, son faussaire patenté, dont l'écriture ne peut se distinguer de celle du roi. L'abbé le Gendre, très-instruit des choses du temps et confident d'Harlay de Champvailon, affirme que Louis XIV « *savait à peine lire et écrire* » (*Mag. de librairie*, 1859, V, 102). La ferme foi qu'il avait cependant que les rois sont éclairés d'en haut le fit trancher intrépidement dans les grandes choses, — de l'intérieur contre Colbert, — et de la guerre contre Condé. Il ne regretta ni Colbert ni Turenne, croyant sérieusement les remplacer de sa personne. Il n'en était pas à savoir les choses élémentaires. De là cette étonnante sécurité. — Dans un livre populaire, très-piquant et très-véridique, qui, grâce à Dieu, ira partout et restera, M. Pelletan a marqué parfaitement cette action personnelle du roi qui fut immense. Mais, dans un cadre resserré, il n'a pu donner les coulisses, les luttes et les traités des deux influences qui se disputaient cet homme superbe ; je parle des prêtres et des maîtresses. — On a dit à tort que les femmes influèrent peu sur les affaires. Les maîtresses du roi et des ministres eurent plus d'une fois une influence désastreuse. C'est pour madame de Rochefort que Louvois donna à son mari l'avant-garde qui fit manquer la campagne de Hollande en 1672. C'est pour madame de Montespan que le roi nomma maréchal et vice-roi de Sicile son frère Vivonne, le *Gros Crevé*, qui perdit tout. C'est sur l'avis de madame de Maintenon que le roi, en 1686, ajourna la guerre du Rhin, qui, si elle eût été engagée, eût certainement empêché Guillaume de passer en Angleterre, eût sauvé Jacques II, etc., etc. — La critique n'a pas commencé sur ce règne. Mille erreurs se répètent. La plus grave, c'est de lui prêter des tendances populaires qu'il n'eut jamais. Le roi n'aima jamais que la noblesse, quoi qu'en dise Saint-Simon. L'enquête de Colbert sur les nobles n'est qu'une affaire fiscale ; on vendit deux fois la noblesse. La faveur de Molière, le second mariage, n'ont rien du tout de démocratique. On se trompe fort aussi en étendant au delà de 1666 *les belles années* de ce règne. Voir Bonnemère, *Histoire des paysans*. — Dès 1672, l'armée n'est plus nourrie. Sous Colbert, en 1672, 1675, les routes sont couvertes de bandits, c'est-à-dire de soldats du roi mourant de faim. Les voyageurs ne partent qu'en préparant de l'argent pour ces voleurs. *Archives de France. Extraits des cartons du Vatican, Lettres de particuliers*, L, 387.

NOTE III. — JANSÉNISME. — COUVENTS. — HISTOIRE DE LA RELIGIEUSE DE LOUVIERS.

On nous a tellement ennuyés, tannés de jansénisme dans les derniers temps, que j'ai pris le parti de n'en pas dire un mot. Cette question fort secondaire d'une petite secte catholique, à force d'être exagérée, étendue, épaissie, est devenue comme un mur pour empêcher de voir la grande affaire du temps, l'énorme révolution qui tua la France. Qu'on me laisse donc tranquille sur le jansénisme, et qu'on le cherche dans le très-charmant livre de Sainte-Beuve, exquis et pénétrant, à mon sens, le travail le plus délicat de l'époque. Au commencement de son troisième volume, il juge son sujet avec une rare indépendance d'esprit. Il pense que Jansénius, Saint-Cyran et Pascal, les trois grands hommes du parti, ne l'auraient pas laissé étouffer, et *auraient soutenu* la Grâce (le christianisme même) *contre le saint-siége*. Pascal dit : « Après que Rome a parlé et condamné la vérité, il faut crier d'autant plus haut. Le Port-Royal craint, et c'est une mauvaise politique. » Ceux qui suivirent, Arnauld en tête, dit très-bien Sainte-Beuve, « furent inconséquents et associèrent, moyennant l'appareil logique, toutes sortes de contradictions. » De là leur impuissance et leur stérilité réelle. La paix fourrée de 1668 que leur fit faire madame de Longueville n'aboutit qu'à faire de ce fier parti, du vieux lion rugissant Arnauld, une meute de dupes lancée (au profit des Jésuites) contre les protestants persécutés. Sainte-Beuve marque encore ici, avec une remarquable impartialité, la supériorité de Claude, Jurieu, etc., sur Nicole, dans cette polémique. — Avec tout cela, ce beau livre, minutieusement vrai, laisse pourtant une impression fausse, comme tout ce qu'on a écrit de nos jours sur le jansénisme. Il nous occupe tant d'une exception, qu'on prend le change sur les mœurs générales. Il n'y avait pas un couvent en France comme Port-Royal. Concentrer toute l'attention sur cette maison singulière et unique, c'est sanctifier et spiritualiser le siècle casuiste, le siècle quiétiste, l'âge matériel de Molinos, de Marie Alacoque, etc. Les trente mille directeurs quiétistes que dénonça déjà le P. Joseph nous donnent de bien autres idées. Le gouffre fut fermé soigneusement par Richelieu, et plus soigneusement par Louis XIV. Cependant la triste lumière éclate partout.

Celui qui voudra faire l'histoire sérieuse des mœurs de ce siècle peut avec confiance suivre le fil que je donne ici :

1° *La femme est sacrifiée au mari* par la casuistique, qui, d'après une sotte physique, croit qu'elle n'est que réceptive dans la génération, la dispense de tout plaisir, tout en l'asservissant au plaisir égoïste. Elle cherche le sien ailleurs. De là, en ce siècle, l'universalité de l'adultère, laquelle à son tour fait l'inquiétude du père, qui craint d'avoir des enfants ou s'en débarrasse.

2° *La fille est sacrifiée*. On crée pour elle d'abord des ordres assez doux et demi-libres, où son activité est occupée (Visitandines, Ursulines). Mais les scandales sont trop nombreux. La clôture devient plus sévère. Comment cette fille garderait-elle l'activité qui la distrait un peu? Par la langue et l'intrigue. Il y avait souvent douze parloirs dans un couvent (Furetière), où chacune, sans être entendue, pouvait parler à son amant ou à telle intrigante plus dangereuse. Louis XIV nettement appelle les Carmélites entremetteuses (Sévigné). La grille, dira-t-on, les gardait. Et cependant combien la fille devait être troublée quand elle recevait, par exemple, sa mère, riche, brillante, mondaine, triplement entourée du mari, de l'amant et du directeur! Quelle pénible comparaison! et quelle souffrance! Le célibat était alors plus difficile qu'au Moyen âge, les jeûnes, les saignées monastiques ayant diminué. Beaucoup mouraient de cette vie cruellement inactive et de pléthore nerveuse. Elles ne cachaient guère leur martyre, le disaient à leurs sœurs, à leur confesseur, à la Vierge. Chose touchante, bien plus que ridicule, et digne de pitié. On lit dans un registre d'une inquisition d'Italie cet aveu d'une religieuse ; elle disait innocemment à la Madone : « De grace, sainte Vierge, donne-moi quelqu'un avec qui je puisse pécher (dans Lasteyrie, *Confession*, p. 205). Embarras réel pour le directeur. S'il était âgé, il ne manquait guère, en les voyant si malheureuses, de leur laisser la petite consolation des amitiés de cloîtres qui font peu de scandale, mais souvent corrompent encore plus. Lui-même, quel que fût son âge, était en vrai péril. On sait l'histoire d'un certain couvent russe ; un homme qui y entra n'en sortit pas vivant. Chez les nôtres, le directeur entrait et devait entrer tous les jours. Elles n'avaient pas besoin d'être séduites. Elles se trompaient assez elles-mêmes, croyant communément qu'un saint ne peut que sanctifier, et qu'un être pur purifie. Le peuple les appelait en riant les *sanctifiées* (Lestoile). Cette croyance était fort sérieuse dans les cloîtres (V. le capucin Esprit de Boisroger, ch. XI, p 156). Certaines visions triomphaient des scrupules. Souvent un ange ou un démon prenait la figure du directeur. Des trois directeurs successifs du couvent de Louviers, en trente ans, le premier, David, est *illuminé* et molinosiste (avant Molinos); le second, Picart, agit *par le diable* et comme sorcier; le troisième, Boulé, sous la figure d'*ange*. Rien de plus important que ce procès de Louviers. Il nous donne l'histoire naïve de la direction. Le couvent de Louviers fut connu par une circonstance fortuite. Mais on l'eût trouvé certainement semblable à bien d'autres, si l'on eût fait l'enquête que demandait le P. Joseph pour les trente mille et que Richelieu refusa. Voici le livre capital : Histoire de Magdeleine Bavent, religieuse de Louviers, avec son interrogatoire, etc., 1652, in-4°, Rouen (Bibl. impériale, Z anc. 1016). — La date de ce livre explique la parfaite liberté avec laquelle il fut écrit. Pendant la Fronde, un prêtre courageux, un oratorien, ayant trouvé aux prisons de Rouen cette religieuse, osa écrire sous sa dictée l'histoire de sa vie.

Madeleine, née à Rouen en 1607, fut orpheline à neuf ans. A douze, on la mit en apprentissage chez une lingère. Le confesseur de la maison, un Franciscain, y était le maître absolu; cette lingère faisant des vêtements de religieuses, dépendait de l'Église. Le moine faisait croire aux apprenties (cuivrées sans doute par la belladone et autres breuvages de sorciers) qu'il les menait au sabbat, et les mariait au diable Dagon. Il en possédait trois, et Madeleine, à quatorze ans, fut la quatrième. Elle était fort dévote, surtout à saint François. Un monastère de Saint François venait d'être fondé à Louviers par une dame de Rouen, veuve du procureur Hennequin, pendu pour escroquerie. La dame voulait que cette œuvre aidât au salut de son mari. Elle consulta là-dessus un saint homme, le vieux prêtre David, qui dirigea la nouvelle fondation. Aux portes de la ville, dans les bois qui l'entourent, ce couvent pauvre et sombre, né d'une si tragique origine, semblait un lieu d'austérité. David était connu par un livre bizarre et violent contre les abus qui salissaient les cloîtres, le *Fouet des paillards* (V. Floquet, *Parl. de Norm.*, t. V, 636). Toutefois, cet homme si sévère avait des idées fort étranges de la pureté. Il était *adamite*, prêchait la nudité qu'Adam eut dans son innocence. Dociles à ces leçons, les religieuses du cloître de Louviers, pour dompter et humilier les novices, les rompre à l'obéissance, exigeaient (en été sans doute) que ces jeunes Èves revinssent à l'état de la mère commune. On les exerçait ainsi dans certains jardins réservés et à la chapelle même. Madeleine qui, à seize ans, avait obtenu d'être reçue comme novice, était trop fière (trop pure alors peut-être) pour subir cette vie étrange. Elle déplut et fut grondée pour avoir, à la communion, essayé de cacher son sein avec la nappe de l'autel. Elle ne dévoilait pas plus volontiers son âme, ne se confessait pas à la supérieure (p. 42), chose ordinaire dans les couvents, et que les abbesses aimaient fort. Elle se confiait plutôt au vieux David, qui la sépara des autres. Lui-même se confiait à elle dans ses maladies. Il ne lui cacha point sa doctrine intérieure, celle du couvent, l'illuminisme : Le corps ne peut souiller l'âme. Il faut, par le péché qui rend humble et guérit de l'orgueil, tuer le péché, etc. Les religieuses, imbues de ces doctrines, les pratiquant sans bruit entre elles, effrayèrent Madeleine de leur dépravation (p. 41 et *passim*). Elle s'en éloigna, resta à part, dehors, obtint de devenir tourière.

Elle avait dix-huit ans lorsque David mourut. Son grand âge ne lui avait guère permis d'aller loin avec Madeleine. Mais le curé Picart, son successeur, la poursuivit avec furie. A la confession, il ne lui parlait que d'amour. Il la fit sacristine, pour la voir seule à la chapelle. Il ne lui plaisait pas. Mais les religieuses lui défendaient tout autre confesseur, craignant qu'elle ne divulguât leurs petits mystères. Cela la livrait à Picart. Il l'attaqua malade, comme elle était presque mourante ; et il l'attaqua par la peur, lui faisant croire que David lui avait transmis des formules diaboliques. Il l'attaqua enfin et réussit par la pitié, en faisant le malade lui-même, la priant de venir chez lui. Dès lors il en fut maître, et il paraît qu'il lui troubla l'esprit des breuvages du sabbat. Elle en eut les illusions, crut y être enlevé avec lui, être autel et victime. Ce qui n'était que trop vrai. Mais Picart ne s'en tint pas aux plaisirs stériles du sabbat. Il brave le scandale, et la rendit enceinte. Les religieuses, dont il savait les mœurs, le redoutaient. Elles dépendaient aussi de lui par l'intérêt. Son crédit, son activité, les aumônes et les dons qu'il attirait de toutes parts, avaient enrichi leur couvent. Il leur bâtissait une grande église. On a vu par l'affaire de Loudun quelles étaient l'ambition, les rivalités de ces maisons, la jalousie avec laquelle elles voulaient se surpasser l'une l'autre.

Picart, par la confiance des personnes riches, se trouvait élevé au rôle de bienfaiteur et second fondateur du couvent. « Mon cœur, disait-il à Madeleine, c'est moi qui bâtis cette superbe église. Après ma mort, tu verras des merveilles... N'y consens-tu pas ? »

Ce seigneur ne se gênait guère. Il paya pour elle une dot, et de sœur laie qu'elle était, il la fit religieuse, pour que, n'étant plus tourière, et vivant à l'intérieur, elle pût commodément accoucher ou avorter. Avec certaines drogues, certaines connaissances, les couvents étaient dispensés d'appeler les médecins. Madeleine (*Interrog.*, p. 13) dit qu'elle accoucha plusieurs fois. Elle ne dit point ce que devinrent les nouveau-nés.

Picart, déjà âgé, craignait la légèreté de Madeleine, qu'elle ne convolât un matin à quelque autre confesseur à qui elle dirait ses remords. Il prit un moyen exécrable pour se l'attacher sans retour. Il exigea d'elle un testament où elle promettait *de mourir quand il mourrait, et d'être où il serait*. Grande terreur pour ce pauvre esprit. Devait-il, avec lui, l'entraîner dans sa fosse? Devait-il la mettre en enfer? Elle se crut à jamais perdue. Devenue sa propriété, son âme damnée, il en usait et abusait pour toutes choses. Il la prostituait dans un sabbat à quatre, avec son vicaire Boullé et une autre femme. Il se servait d'elle pour gagner les autres religieuses par un charme magique ; une hostie, trempée de son sang, enterrée au jardin, devait leur troubler les sens et l'esprit.

C'était justement l'année où Urbain Grandier fut brûlé. On ne parlait par toute la France que des diables de Loudun. Le pénitencier d'Évreux, qui avait été un des acteurs de cette scène, en rapportait en Normandie les terribles récits. Madeleine se sentit possédée, battue des diables; un chat aux yeux de feu la poursuivait d'amour. Peu à peu, d'autres religieuses, par un mouvement contagieux, éprouvèrent des agitations bizarres, surnaturelles. Madeleine avait demandé secours à un capucin, puis à l'évêque d'Évreux. La supérieure, qui ne put l'ignorer, ne le regrettait pas, voyant la gloire et la richesse qu'une semblable affaire avait données au couvent de Loudun. Mais, pendant six années, l'évêque fit la sourde oreille. Richelieu essayait alors une réforme des cloîtres.

Il voulait finir ces scandales. Ce ne fut guère qu'au moment de sa mort et de la mort de Louis XIII, dans la débâcle qui suivit, sous la reine et sous Mazarin, que les prêtres se remirent aux œuvres surnaturelles, reprirent la guerre avec le diable. Picart était mort, et l'on craignait moins une affaire où cet homme dangereux eût pu en accuser bien d'autres. Pour répondre aux visions de Madeleine, on chercha, on trouva une visionnaire. On fit entrer au couvent une certaine sœur Anne de la Nativité, sanguine et hystérique, au besoin furieuse et demi-folle, jusqu'à croire ses propres mensonges. Le duel fut organisé comme entre dogues. Elles se lardaient de calomnies. Anne voyait le diable tout nu à côté de Madeleine. Madeleine jurait qu'elle avait vu Anne au sabbat, avec la supérieure, la mère vicaire et la mère des novices. Rien de nouveau du reste. C'était un réchauffé des deux grands procès d'Aix et de Loudun. Elles avaient et suivaient les relations imprimées. Nul esprit, nulle invention.

L'accusatrice Anne et son diable Léviathan avaient l'appui du pénitencier d'Évreux, un des acteurs principaux de Loudun. Sur son avis, l'évêque d'Évreux ordonne de déterrer Picart, pour que son corps, éloigné du couvent, en éloigne les diables. Madeleine, condamnée sans être entendue, doit être dégradée, visitée, pour trouver sur elle la marque diabolique. On lui arrache le voile et la robe; la voilà nue, misérable jouet d'une indigne curiosité, qui eût voulu fouiller jusqu'à son sang pour pouvoir la brûler. Les religieuses ne se remirent à personne de cette cruelle visite qui était déjà un supplice. Ces vierges, converties en matrones, vérifièrent si elle était grosse, la rasèrent partout, et de leurs aiguilles piquées, plantées dans la chair palpitante, recherchèrent s'il y avait une place insensible, comme doit être le signe du diable. Partout elles trouvèrent la douleur; si elles n'eurent le bonheur de la prouver sorcière, du moins elles jouirent des larmes et des cris.

Mais la sœur Anne ne se tint pas contente; sur la déclaration de son diable, l'évêque condamna Madeleine, que la visite justifiait, à un éternel *in pace*. Son départ, disait-on, calmerait le couvent. Il n'en fut pas ainsi. Le diable sévit encore plus; une vingtaine de religieuses criaient, prophétisaient, se débattaient. Ce spectacle attirait la foule curieuse de Rouen, et de Paris même.

Un jeune chirurgien de Paris, Yvelin, qui déjà avait vu la farce de Loudun, vint voir celle de Louviers. Il avait amené avec lui un magistrat fort clairvoyant, conseiller des aides à Rouen. Ils y mirent une attention persévérante, s'établirent à Louviers, étudièrent pendant dix-sept jours. Du premier jour, ils virent le compérage. Une conversation qu'ils avaient eue avec le pénitencier d'Évreux, en entrant à la ville, leur fut redite (comme chose révélée) par le diable de la sœur Anne. Chaque fois, ils vinrent avec la foule au jardin du couvent. La mise en scène était fort saisissante. Les ombres de la nuit, les torches, les lumières vacillantes et fumeuses, produisaient des effets qu'on n'avait pas eus à Loudun. La méthode était simple, du reste; une des possédées disait : « On trouvera un charme à tel point du jardin. » On creusait, et on le trouvait. Par malheur, l'ami d'Yvelin, le magistrat sceptique, ne bougeait des côtés de l'actrice principale, la sœur Anne. Au bord même d'un trou que l'on venait d'ouvrir, il serre sa main, et la rouvrant, y trouve le charme (un petit fil noir) qu'elle allait jeter dans le trou.

Les exorcistes, pénitencier, prêtres et capucins qui étaient là furent couverts de confusion. L'intrépide Yvelin, de son autorité, commença une enquête et vit le fond du fond. Sur cinquante-deux religieuses, il y en avait six *possédées* qui eussent mérité correction. Dix-sept autres, les *charmées*, étaient des victimes, un troupeau de filles agitées du mal des cloitres. Il le formule avec précision ; elle sont réglées, mais hystériques, gonflées d'orages à la matrice, lunatiques surtout, et dévoyées d'esprit. La contagion nerveuse les a perdues. La première chose à faire est de les séparer. Il examine ensuite avec une verve voltairienne es signes auxquels les prêtres reconnaissaient le caractère surnaturel des possédées. *Elles prédisent*, d'accord, mais ce qui n'arrive pas. Elle traduisent, d'accord, mais ne comprennent pas (exemple : *ex parte Virginis*, veut dire le départ de la Vierge). *Elles savent le grec* devant le peuple de Louviers, mais ne le parlent plus devant les docteurs de Paris. *Elles font des sauts, des tours*, les plus faciles, montent à un gros tronc d'arbre où monterait un enfant de trois ans. Bref, ce qu'elles font de terrible est vraiment *contre nature*, c'est de dire des choses sales qu'un homme ne dirait jamais.

Ce que Madeleine dit des mœurs immondes et de la vie contre nature des supérieures et de leurs confidentes, est moins invraisemblable quand on voit leur entente dans ces ruses et leur friponnerie constatée. Le chirurgien rendait grand service à l'humanité en leur ôtant le masque. On voulait pousser loin la chose. Outre les charmes, on trouvait des papiers qu'on attribuait à David ou à Picart, sur lesquels telle ou telle personne était nommée sorcière, désignée à la mort. Chacun tremblait d'être nommé. De proche en proche gagnait la terreur ecclésiastique.

C'était déjà le temps pourri de Mazarin, le début de la faible reine. Plus d'ordre, plus de gouvernement. « Il n'y avait plus qu'un mot dans la langue : *la reine est si bonne.* » Cette bonté donnait au clergé une chance pour dominer. L'autorité laïque étant enterrée avec Richelieu, évêques, prêtres et moines allaient régner. L'audace impie du magistrat et d'Yvelin compromettait ce doux espoir. Des voix gémissantes vinrent à la bonne reine, non celles des victimes, mais celles des fripons pris en flagrant délit. On s'en alla pleurer aux pieds d'Anne d'Autriche pour la religion outragée. Yvelin n'attendait pas ce coup ; il se croyait solide en cour, ayant depuis dix ans un titre de chirurgien de la reine. Avant qu'il revint de Louviers à Paris, on obtint de la faiblesse d'Anne d'Autriche, d'autres experts, ceux qu'on voulait, un vieux sot en enfance, un Diafoirus de Rouen et son neveu, deux clients du clergé. Ils ne manquèrent pas de trouver que l'affaire de Louviers était surnaturelle, au-dessus de tout art humain. Tout autre qu'Yvelin se fût découragé. Ceux de Rouen, qui étaient médecins, traitaient de haut en bas ce chirurgien, ce barbier, ce frater. La cour ne le soutenait pas. Il s'obstina. Dans une brochure qui restera, il accepte ce grand duel de la science contre le clergé, déclare (comme Wyer au XVIe siècle) « que le vrai juge en ces choses n'est pas le prêtre, mais l'homme de science. » A grand'peine, il trouva quelqu'un qui osât imprimer, mais personne qui voulût vendre. Alors ce jeune homme héroïque se fit en plein soleil, distributeur du petit livre. Il se posta au lieu le plus passager de Paris, au Pont-Neuf, aux pieds d'Henri IV, donna son factum aux passants. On trouvait à la fin le procès-verbal de la honteuse fraude, le magistrat prenant dans la main des diables femelles la pièce sans réplique qui constatait leur infamie.

Revenons à la misérable Madeleine, que le pénitencier d'Évreux, son ennemi, qui l'avait fait piquer (en marquant la place aux aiguilles! p. 67), emportait, comme sa proie, au fond de l'*in pace* épiscopal de cette ville. Sous une galerie souterraine plongeait une cave, sous la cave une basse-fosse, où la créature humaine fut mise dans les ténèbres humides. Ces terribles compagnes, comptant qu'elle allait crever là, n'avaient pas même eu la charité de lui donner un peu de linge pour panser son ulcère (p. 45). Elle en souffrait et de douleur et de malpropreté, couchée sur son ordure. La nuit perpétuelle était troublée d'un va-et-vient inquiétant de rats voraces, redoutés aux prisons, sujets à manger des nez et des oreilles. Mais l'horreur de tout cela n'égalait pas encore celle que lui donnait son tyran, le pénitencier. Il venait chaque jour, dans la cave au-dessus, parler au trou de l'*in pace*, menacer, commander, et la confesser malgré elle, lui faire dire ceci et cela contre d'autres personnes. Elle ne mangeait plus. Il craignit qu'elle expirât, la tira un moment de l'*in pace*, la mit dans la cave supérieure. Puis, furieux du factum d'Yvelin, il la remit dans son égout d'en bas. — La lumière entrevue, un peu d'espoir saisi et perdu tout à coup, cela combla son désespoir. L'ulcère s'était fermé et elle avait plus de force. Elle fut prise au cœur d'un furieux désir de la mort. Elle avalait des araignées, vomissait seulement, n'en mourait pas. Elle pila du verre, l'avala. En vain. Ayant trouvé un méchant fer coupant, elle travailla à se couper la gorge, ne put. Puis, prit un endroit mou, le ventre, et s'enfonça le fer dans les entrailles. Quatre heures durant, elle poussa, tourna, saigna. Rien ne lui réussit. Cette plaie même se ferma bientôt. Pour comble, la vie si odieuse lui revenait plus forte. La mort du cœur n'y faisait rien. Elle redevint une femme, hélas! et désirable encore, une tentation pour ses geôliers, valets brutaux de l'évêché, qui, malgré l'horreur de ce lieu, l'infection et l'état de la malheureuse, venaient se jouer d'elle, se croyaient tout permis sur la sorcière. Un ange la secourut, dit-elle. Elle se défendit et des hommes et des rats. Mais elle ne se défendit pas d'elle-même. La prison déprave l'esprit. Elle rêvait le diable, l'appelait à la visiter, implorait le retour des joies honteuses, atroces, dont il la navrait à Louviers. Il ne daignait plus revenir. La puissance des songes était finie en elle, les sens dépravés, mais éteints. D'autant plus revint-elle au désir du suicide. Un geôlier lui avait donné une drogue pour détruire les rats du cachot. Elle allait l'avaler, un ange l'arrêta (un ange ou un démon?), qui la réservait pour le crime.

Tombée dès lors à l'état le plus vil, à un indicible néant de lâcheté, de servilité, elle signa des listes interminables de crimes qu'elle n'avait pas faits. Valait-elle la peine qu'on la brûlât? Plusieurs y renonçaient. L'implacable pénitencier seul y pensait encore. Il offrit de l'argent à un sorcier d'Évreux qu'on tenait en prison s'il voulait témoigner pour faire mourir Madeleine (p. 68). Mais on pouvait désormais se servir d'elle pour un bien autre usage, en faire un faux témoin, un instrument de calomnie. Toutes les fois qu'on voulait perdre un homme, on la traînait à Louviers, à Évreux. Ombre maudite d'une morte qui ne vivait plus que pour faire des morts. On l'emmena ainsi pour tuer de sa langue un pauvre homme, nommé Duval. Le pénitencier lui dicta, elle répéta docilement; il lui dit à quel signe elle reconnaîtrait Duval, qu'elle n'avait jamais vu. Elle le reconnut et dit l'avoir vu au sabbat. Par elle, il fut brûlé! Elle avoue cet horrible crime, et frémit de penser qu'elle en répondra devant Dieu. Elle tomba dans un tel mépris, qu'on ne daigna plus la garder. Les portes restaient grandes ouvertes; parfois elle en avait les clefs. Où aurait-elle été, devenue un objet d'horreur? Le monde, dès lors, la repoussait, la vomissait; son seul monde était son cachot.

Sous l'anarchie de Mazarin et de sa bonne dame, les Parlements restaient la seule autorité. Celui de Rouen, jusque-là le plus favorable au clergé, s'indigna cependant de l'arrogance avec laquelle il procédait, régnait, brûlait. Une simple décision d'évêque avait fait déterrer Picart, jeter à la voirie. Maintenant on passait au vicaire Boullé et on lui faisait son procès. Le Parlement écouta la plainte des parents de Picart et condamma l'évêque d'Évreux à le replacer à ses frais au tombeau de Louviers. Il fit venir Boullé, se chargea du procès, et, à cette occasion, tira enfin d'Évreux la misérable Madeleine et la prit aussi à Rouen. Il était fort à craindre qu'on fît comparaître et le chirurgien Yvelin et le magistrat qui avait pris en flagrant délit la fraude des religieuses. On courut à Paris. Le fripon Mazarin protégea les fripons; toute l'affaire fut appelée au Conseil du Roi, tribunal indulgent qui n'avait point d'yeux, point d'oreilles, et dont la charge était d'enterrer, d'étouffer, de faire la nuit en toute chose de justice. En même temps, des prêtres doucereux, aux cachots de Rouen, consolèrent Madeleine, la confessèrent, lui enjoignirent pour pénitence de demander pardon à ses persécutrices, les religieuses de Louviers. Dès lors, quoi qu'il advînt, on ne put plus faire témoigner contre elles Madeleine ainsi liée. Triomphe du clergé. Le capucin Esprit Boisroger, un des fourbes exorcistes, a chanté ce triomphe dans sa *Piété affligée*, burlesque monument de sottise où il accuse, sans s'en apercevoir, les gens qu'il croit défendre. Dans mon volume de la *Fronde*, à propos de Loudun, j'ai cité le beau texte du capucin Esprit, où il donne pour leçons des anges les maximes honteuses qui eussent effrayé Molinos.

La Fronde fut, je l'ai dit, une révolution d'honnêteté. Les sots n'ont vu que la forme, le ridicule; le fond, très-grave, fut une réaction morale. En août 1647, au premier souffle libre, le Parlement passa outre, trancha le nœud. Il ordonna : 1° qu'on détruisit la Sodome de Louviers, que les filles dispersées fussent remises à leurs parents; 2° que désormais les évêques de la province envoyassent quatre fois par an des confesseurs extraordinaires aux maisons de religieuses, pour rechercher si ces abus ne se renouvelaient point. Cependant il fallait une consolation au clergé. On lui donna les os de Picart à brûler et le corps vivant de Boullé, qui, ayant fait amende honorable à la cathédrale, fut traîné sur la claie au Marché aux poissons, où il fut dévoré par les flammes (21 août 1647). Madeleine, ou plutôt son cadavre, resta aux prisons de Rouen.

J'ai dit les efforts de Louis XIV pour que ces scandales énormes n'éclatassent plus. Le principe de l'*impunité ecclésiastique* (sauf le cas du flagrant délit et du crime public, impossible à cacher) est non-seulement pratiqué, mais avoué et posé sans détour. Les mœurs suivent la jurisprudence. Dans le monde dévot, nous trouvons la séparation absolue de la religion et de la morale. L'affaire de la Brinvilliers met cela en lumière. Je l'ai donnée au long et complet, dans la *Revue des Deux-Mondes* (1er avril 1860). Son procès, ayant été fait régulièrement en parlement, devait exister aux archives de France; mais les pièces ont disparu. Heureusement la Bibliothèque en possède un assez grand nombre de copies, et quelques-unes même originales. On y trouve : 1° aux manuscrits, un volume d'actes, de fragments d'interrogatoires, et un autre volume qui contient la relation de la mort de la Brinvilliers par son défenseur (*Supplément français*, 194, 250); 2° aux imprimés, les principaux mémoires publiés pour ou contre la Brivilliers (*Collection Thoisy*, Z, 2, 284).

Sauf Luxembourg, je ne vois pas qu'aucun des accusés de l'affaire des poisons fussent des esprits forts, des douteurs, des *libertins*, comme on disait. Je vois, au contraire, par la confession de Sainte-Croix, qu'on trouva et brûla, par celle de la Brinvilliers, qu'on ne brûla point, que ces gens pouvaient empoisonner, mais qu'ils se seraient fait trop de scrupule de ne pas satisfaire aux exigences des pratiques religieuses. Ils péchaient, mais ils s'accusaient. Ce n'étaient pas des philosophes. La société incrédule du Temple est loin encore ; elle se forme vers la fin du siècle. Au temps dont il s'agit, nous sommes, au contraire, dans l'époque triomphante du mysticisme. En 1674, Marie Alacoque est favorisée de la vision qui fit fonder quatre cents couvents en vingt ans. A Paris, l'innocente Mme Guyon prêche déjà, de 1670 à 1680, sa très-dangereuse doctrine. En 1674, à Rome, éclate Molinos, l'apôtre de la mort de l'âme ; approbation universelle, à Rome, en Espagne et en France pendant onze années (jusqu'en 1685) ; vingt éditions sur-le-champ et des traductions en toute langue. Ce succès se comprend. Dans sa douceur morbide, ce livre répondait aux besoins d'inertie que sentait le siècle souffrant. Aux trois quarts de son cours, il eût voulu déjà finir, du moins ne plus rien faire. La paralysie est son idéal. Cela n'apparaît que trop dans les hautes théories, qui, plus fidèlement qu'on ne croit, ont le reflet des mœurs publiques. Spinoza supprime la cause et le mouvement, immobilise Dieu dans l'unité de la substance. Hobbes, dans son fatalisme politique, a pétrifié l'État. — Spinoza, Hobbes et Molinos, la mort en métaphysique, la mort en politique, la mort en morale, quel lugubre chœur ! Ils s'accordent sans se connaître, et, sans s'entendre, se répondent d'un bout de l'Europe à l'autre.

NOTE IV. — PROTESTANTS, DRAGONNADES, ETC.

Les documents protestants de la Révocation méritent-ils confiance ? N'est-il pas imprudent de croire les victimes dans leur propre cause ? Non. Ces documents sont hautement confirmés par la meilleure autorité, celle de leurs ennemis. Les persécutions successives dont les protestants sont l'objet de 61 à 83 (sauf un court intervalle) sont : — 1° *constatées par l'exigence des Assemblées du clergé*, qui n'accordait au roi de l'argent qu'à ce prix. — 2° Elles sont *établies par la série des Ordonnances, et par la Correspondance administrative.* Ce ne sont pas là de ces lois simplement écrites, comme on en voit tant sous ce règne. Ici, l'exécution est sérieuse, était surveillée dans chaque localité par un corps très-puissant, dont la noblesse dépend pour avoir part aux bénéfices, et dont la populace oisive reçoit chaque matin la charité et le mot d'ordre. Les ordonnances sont non-seulement exécutées, mais aggravées en fait. — 3° Les récits protestants, *loin d'être exagérés, taisent souvent* des circonstances odieuses que nous savons d'ailleurs; ils épargnent souvent aux victimes, qui avaient survécu et qui lisaient leur propre histoire, le supplice d'y retrouver des détails trop amers, de désespérants souvenirs. — 4° Avec une modération véritablement admirable, *ils fournissent des circonstances atténuantes pour Louis XIV.* Ils établissent très-bien qu'il fut trompé, et qu'indépendamment de son bigotisme et de l'expiation qu'il cherchait dans cette bonne œuvre, il fut le jouet de son entourage. Tantôt on lui fit croire que le protestantisme n'était plus rien, qu'au premier mot les protestants quitteraient « cette religion de dupes, » qui leur fermait les places et tout avenir. Tantôt on lui fit croire, au contraire, que les protestants étaient encore très-fanatiques, qu'ils enlevaient les enfants catholiques, qu'ils formaient en dessous un grand parti armé, etc. Il se laissait duper des récits les plus ridicules. Parfois on émouvait sa sensibilité pour lui faire faire des choses cruelles. Par exemple, pour obtenir de lui qu'il n'y eût plus de sages-femmes protestantes, on lui dit que, dans les accouchements où la mère était en péril, elles tuaient l'enfant pour sauver la mère ; la petite âme, sans baptême, partant, était damnée. Les protestants disent encore, en faveur de leur persécuteur, que, sauf certains retours de cruauté dévote qu'on provoqua chez lui par d'atroites piqûres (*Corr. adm.*, IV, 295, 460), sa tendance générale fut de modérer les fureurs ecclésiastiques. Ils relèvent aussi avec soin les efforts que firent certains catholiques charitables de toutes classes, des dames, des paysans, des soldats même, pour faire échapper les protestants, ou diminuer les sévices qu'exerçait sur eux le clergé.

Voilà les quatre choses, très-graves, qui garantissent l'authenticité de leurs récits. Ajoutez-y une candeur visible. Les pièces insérées dans Jurieu, employées dans Élie Benoît, ne sont nullement littéraires, mais de simples procès-verbaux, des exposés naïfs, trempés de larmes ; c'est plus que la parole, c'est le fait tout chaud et sanglant, qui tombe là, qui saisit et qui trouble. J'ai cité dans mon texte les terribles livres du forçat *Marteilhe*, de *Jean Bion*, l'aumônier converti par les martyrs, les *Larmes de Chambrun*. J'aurais pu citer aussi *la Mort et les Souffrances de M. Lefebvre*, avocat du parlement ; *les Souffrances de M. de Marolles*, conseiller du roi. Je ne connais rien de si touchant en aucune langue que la *lettre de Marolles à sa femme*, insérée dans Jurieu (étonnantes joies de la conscience ! le paradis sur le banc des forçats !). Il y a aussi une sérénité merveilleuse, presque gaie, dans les lettres que les pieux galériens écrivent à des dames qui leur envoyaient des aumônes. Nombre de détails intéressants se trouvent dispersés dans la *France protestante* de MM. Haag, ce monument immense qui a ressuscité un monde, — d'autres aussi, non moins importants dans le *Bulletin d'histoire protestante*, créé par l'honorable M. Read. Je regrette de n'avoir pu louer autant que j'aurais dû le livre très-éloquent et très-exact de M. Peyrat : *Pasteurs du désert*. Ceux de MM. Coquerel et Pelletan, sous un titre analogue, et de si grand mérite, me viendront au xviiie siècle. — M. Baudry a bien voulu me communiquer la partie essentielle de la *Correspondance de Louvois et Foucault* sur les dragonnades qu'il va publier. Rien de plus intéressant.

Je fais des vœux pour qu'on publie un ouvrage important, le manuscrit de M. Dumont de Bostaquet ; il appartient à un de ses descendants, qui est aujourd'hui un dignitaire de l'Église anglicane, et qui l'a communiqué à MM. Macaulay, Weiss et Coquerel ; ce dernier en a mis dans le *Lien* un extrait dont j'ai profité. Rien de plus important pour faire comprendre la situation morale des protestants en Normandie, chez des populations réfléchies, intéressées, prudentes. Grande opposition avec le Midi et l'exaltation des Cévennes.

Un autre ouvrage, d'importance capitale, que M. Cuvier vient de réimprimer, est le récit d'un notaire, M. Olry. La scène se passe à Metz, sous M. de Boufflers, l'honnête homme et le modéré, qui fut accusé d'indulgence. Elle n'en est pas moins terrible. On y voit les angoisses d'une famille respectable et intéressante, le père, la mère, une grande fille et une autre plus jeune, une servante. D'abord l'attente de la catastrophe, l'indécision, l'abattement. On perd du temps, on veut vendre ses meubles, faire de l'argent et se sauver; on ne peut. Tout à coup trompettes et tambours ! Les troupes entrent ; on craint le pillage. Toutes les boutiques se ferme. Le lendemain, les protestants terrifiés sont mandés devant Boufflers et l'intendant, qui ne daignent même montrer l'ordre du roi. *Se convertir sur l'heure*, pas un mot de plus. Ils signent, moins un seul qu'on jette au cachot. On va ensuite faire signer les femmes. Celle du notaire et sa fille signent tremblantes. Mais elles restent désespérées. La famille ne peut se décider à aller à la messe. Les Jésuites disent qu'elle conspire. — On y met dix dragons, qui envoient le père chez les rôtisseurs chercher de la volaille, et s'enferment avec les femmes dans une seule chambre. Ils se gorgent de vin et de viande, chantent des chansons effroyables. Les dames ont tout à craindre. Mais un secours vient du ciel. Une courageuse voisine ose venir voir ce qui se passe. Puis, un officier, qu'elles ont logé l'autre année, a pitié d'elles, emmène les dragons dans une autre pièce, et les enivre tout à fait. Mais, avant, ils ont dit qu'après souper ils reviendraient fouetter les femmes. Pendant qu'ils dorment et roulent sous les tables, toute la famille s'enfuit ; le père chez un ami qui n'ose le garder, puis chez un juif. La petite fille et la servante trouvent une autre cachette. Mais la dame et la demoiselle avaient bien plus à craindre. Éperdues, la mère et la fille allèrent presque sous l'eau passer la nuit dans les saussaies. Morfondues, les infortunées trouvent pour la seconde nuit un trou de mur, se cachent dans des décombres. De là elles voyaient la chasse que l'on faisait aux fugitifs, attrapés dans les champs, chargés de grosses chaînes de fer, pour être expédiés à Toulon. Demi-mortes de froid et de peur, elles revinrent comme la bête qui se réfugie entre les chasseurs mêmes, elles rentrèrent en ville. Un juif eut la charité de leur ouvrir la synagogue, où elles passèrent une troisième nuit sur des dalles humides. Cela les acheva. Les pauvres brebis domptées, brisées aussi du bonheur imprévu de retrouver le père, ne résistent plus, elles se laissent mener chez un curé. Elles reçoivent de lui, en larmes, avec horreur, « la marque maudite » qui seule pourra faire sortir les dragons. Elles y rentrent. La maison présente un aspect désolant ; tout saccagé, brisé. Le lendemain la famille est forcée d'aller aux églises, d'y entendre le catéchisme. Ce martyre ne sert à rien. Les délations des Jésuites triomphent, le père est déporté. Sur la route, en France et aux îles, il trouve de la compassion. Il se sauve aux îles danoises et en Hollande, retrouve ses filles. Mais sa bonne et chère femme est perdue à jamais, ensevelie pour toute sa vie dans un couvent de Besançon.

Aux *registres du bagne* de Toulon, que l'amiral Baudin a retrouvés, il faut joindre les *registres et dossiers de la chaîne* qui généralement partait de Paris, et que possèdent les *Archives de la Préfecture de Police*. M. Haag, avec une patience plus que bénédictine, et que le cœur seul peut inspirer, a exploré l'énorme collection du Séquestre qui est aux *Archives de France ;* elle remplit trois à quatre cents cartons. Un inventaire en existait jadis, fait par M. Tourlet. M. Haag les a de nouveau analysés. Ce qu'il m'en communique pour les années 1687-1690, est curieux. Nombre de bons parents demandent la fortune des leurs. D'autres demandent sans parenté, sans causes ni prétexte. Exemple, le cocher de Madame demande le bien d'un protestant, dont le fils est ministre en Angleterre, etc. A Madame d'Harcourt, le bien d'un homme suicidé (V. Lemontey). — C'est la curée. Et cela fait penser à une affreuse cour de Versailles, qui existe encore, et où l'on faisait, au soir de la chasse, la grasse distribution des lambeaux aux chiens affamés. Petite, très-petite cour, qui devait être un abîme de sang, comme un puits de carnage. Un léger balcon intérieur permettait aux belles dames de regarder à l'aise et d'en aspirer le parfum.

FIN DU TOME QUINZIÈME

TABLE DES MATIÈRES

PRÉFACE

Pages.

MÉTHODE ET CRITIQUE.................................. 1

CHAPITRE PREMIER

LE ROI ET L'EUROPE. — FOUQUET ET COLBERT. 1661 21

CHAPITRE II

CHUTE DE FOUQUET. — MADAME ET LA VALLIÈRE. — LA TERREUR DE COLBERT.......................... 29

CHAPITRE III

LE COMPLOT CONTRE MADAME. — LE PARTI DÉVOT PRÉ-
VAUT CONTRE ELLE. — MORIN BRULÉ. 1662-63....... 45

CHAPITRE IV

MADAME ET MOLIÈRE. — LES MARQUIS PROSCRITS. 1663-65. 63

CHAPITRE V

MOLIÈRE ET COLBERT. — DON JUAN. — LES GRANDS
JOURS. 1665 76

CHAPITRE VI

LE MISANTHROPE. — LE ROI ATTAQUE L'ESPAGNE. —
PERSÉCUTIONS, ENLÈVEMENTS D'ENFANTS. 1662-1666... 88

CHAPITRE VII

CONQUÊTE DE FLANDRE. — MONTESPAN. — AMPHITRYON.
1667.. 103

CHAPITRE VIII

GRANDEUR DU ROI. — CRÉATIONS DE COLBERT. — LE
ROI ARRÊTÉ PAR LA HOLLANDE. 1668............... 117

CHAPITRE IX

LA DÉBACLE DES MŒURS. — DÉPOPULATION DE L'EUROPE MÉRIDIONALE 125

CHAPITRE X

MORT DE MADAME. 1667-1670 136

CHAPITRE XI

PRÉLUDES DE LA GUERRE DE HOLLANDE. 1670-72 151

CHAPITRE XII

GUERRE DE HOLLANDE. 1672 159

CHAPITRE XIII

GUILLAUME. — MORT DES DE WITT. — L'ALLEMAGNE ET L'ANGLETERRE CONTRE LA FRANCE. 1672-73 176

CHAPITRE XIV

L'AUTRICHE ET L'ESPAGNE DÉFENDENT LES PROTESTANTS. — MORT DE TURENNE. 1674-75 187

CHAPITRE XV

Pages.

Le Sacré Cœur. Mademoiselle Alacoque. — Molinos et madame Guyon. — Traité de Nimègue. 1675-79... 204

CHAPITRE XVI

Les mœurs. — Quiétisme et poisons. — La Brinvilliers. — La Voisin. 1676-1679...................... 219

CHAPITRE XVII

Conquêtes en pleine paix. — Fontanges. — Assemblée du clergé. — Premières dragonnades. — Bossuet. 1679-82.................................. 237

CHAPITRE XVIII

Mort de Colbert. — Madame de Maintenon. — Exécution militaire sur les protestants. 1683......... 248

CHAPITRE XIX

Infirmités et mariage du roi. — Révocation de l'Édit de Nantes 1684-85................ 261

CHAPITRE XX

Pages.

LES DRAGONNADES. — CONSTANCE ET FERMETÉ DES FEMMES. 1685-86.................................. 276

CHAPITRE XXI

HOPITAUX. — PRISONS. — CACHOTS. — GALÈRES. — LES FORÇATS DE LA FOI. — LES FORÇATS DE LA CHARITÉ... 289

CHAPITRE XXII

PRISONS DE FEMMES ET D'ENFANTS. — LES REPENTIES. — LES NOUVELLES CATHOLIQUES. — FÉNELON....... 303

CHAPITRE XXIII

LA FUITE. — L'HOSPITALITÉ DE L'EUROPE............. 318

CHAPITRE XXIV

MALADIE DU ROI. — MASSACRE DES VAUDOIS. — ASSEMBLÉES DU DÉSERT. — PROPHÉTIE DE JURIEU. 1686.... 330

CHAPITRE XXV

Pages.

Tension excessive de la situation. — Les morts traînés sur la claie. — Le roi opéré. — Les suspects. 1686-87................................. 348

CHAPITRE XXVI

Les petits prophètes. — Les Cévennes. — La belle Ysabeau. — Jurieu contre Bossuet. 1688......... 355

CHAPITRE XXVII

Révolution d'Angleterre. — Guillaume et nos réfugiés. — La Déclaration des droits. 1688....... 367

CHAPITRE XXVIII

Esther. — Palatinat. — Cévennes. — Les Soupirs de la France esclave, et l'appel aux États Généraux. 1689-1690.................................... 379

NOTES ET ÉCLAIRCISSEMENTS

	Pages.
Note I. La cour. — Madame	401
— II. La politique	403
— III. Mœurs. — Histoire de la religieuse de Louviers	406
— IV. Historiens protestants	417

Paris. — Imprimerie Moderne (Barthier, d'), rue J.-J.-Rousseau, 61.

www.ingramcontent.com/pod-product-compliance
Lightning Source LLC
Chambersburg PA
CBHW050908230426
43666CB00010B/2071